악마 기자
정의 사제

함세웅·주진우의 '속 시원한 현대사'

악마 기자 정의 사제

초판 1쇄 발행 2016년 10월 6일
초판 12쇄 발행 2016년 11월 10일

지은이·함세웅, 주진우
발행인·표완수
편집인·문정우

펴낸곳 · ㈜참언론 시사IN북
출판신고 · 2009년 4월 15일 제 300-2009-40호
주소 · 100-858 서울시 중구 중림로 27 가톨릭출판사빌딩 신관 3층
주문전화 · 02-3700-3256, 02-3700-3250(마케팅팀), 02-3700-3255(편집부)
주문팩스 · 02-3700-3209
전자우편 · book@sisain.kr
블로그 · book.sisain.co.kr

ISBN 978-89-94973-23-4 03300

이 도서의 국립중앙도서관 출판예정도서목록(CIP)은 서지정보유통지원시스템 홈페이지(http://seoji.nl.go.kr)와
국가자료공동목록시스템(http://www.nl.go.kr/kolisnet)에서 이용하실 수 있습니다. (CIP제어번호: CIP2016021932)

함세웅·주진우의 '속 시원한 현대사'

악마 기자
정의 사제

미의 얼굴도 정확히 모르는 상태에서 거사에 성공했습니다).

일곱 살 때부터 건방졌던 저는 누구를 쉬이 따르지 않았습니다. '문제 아동'은 '문제 소년'이 되고, '문제 청년'이 됐습니다. '문제 기자'가 된 후, 증상은 더 심해졌습니다. 기자 생활을 할수록 이 땅의 기득권은 친일파 일당이거나 독재자 패거리 그리고 이들에게 빌붙은 자들뿐이라는 생각이 깊어졌습니다. 출세했다는 사람을 만날수록 실망은 더 컸습니다. 이른바 사회에서 성공했다는 사람들은 추하고 역했습니다. 거의 돈의 노예가 된 듯한 느낌이었습니다. 힘 있는 자에게는 일단 대들었습니다. 제가 아무리 약자 편에 서도 기울어진 세상은 꿈쩍도 하지 않을 테지만……

함세웅 신부님을 만났습니다. 13여 년 전, 제기동 성당에서였습니다. 함석헌·윤보선·김대중 등과 함께 역사책에 나오는 인물이어서 처음에는 다가가는 것조차 힘들었습니다. 나이가 드신 분인 줄 알았는데 생각보다 젊어서 놀랐습니다. 박정희 정권에서 민주화운동을 하다 감옥에 가실 때 신부님은 삼십대 청년이었습니다. 그 나이에 어떻게 큰 용기를 냈을까 의아했습니다. 그때는 고문은 예사고 죽이기도 했는데……

신부님을 알아갈수록 경외감이 들었습니다. 어느 날, 신부님을 찾아온 분이 터무니없는 말을 늘어놓고 계셨습니다. 한참을 듣다가 말이 안 된다며 제가 말을 끊었습니다. 그러자 신부님은 저를 나무라면서 이야기를 끝까지 들었습니다. 대화가 끝나고 신부님은 제게 말씀하셨습니다. "저 분이 하소연할 데가 없어서 나

6

한테까지 왔다. 신부가 말은 들어줘야 할 것 아니냐." 집에 돌아오는 길에 부끄러웠습니다. 신부님의 삶과 말 그리고 고뇌와 결단은 항상 저를 되돌아보고 깨우치게 했습니다. 돈과 명예가 아닌 가치와 신념을 생각하게 했습니다. "신부님은 우리 곁에 오신 성인聖人이시구나!" 가끔 욕을 하실 때만 빼고는 그렇게 생각했습니다.

신부님과의 만남은 제게는 가장 큰 축복이었습니다. 존경하는 인물과 동시대를 살아가고, 함께 무언가를 하고 있다니…… 시간이 지날수록 존경심이 더했습니다. 첫사랑을 만나러 갈 때가 이랬을까요? 신부님과 약속이 잡힌 날은 떨리고 설레었습니다. 아예 신부님이 사시는 동대문구 제기동으로 이사를 하기도 했습니다. 제가 여자가 아니길 다행이라는 생각까지 들었습니다.

이 책은 사랑하고 존경하는 신부님에 대한 제 마음의 표현이기도 합니다. 능력이 부족해 다 담아 내기엔 모자라지만…….

독자 여러분도 격랑이 치는 한국 현대사의 바다에서 정의의 키를 지키고 있는 함세웅 신부님을 만나서 은혜로운 시간 가졌으면 합니다. 분명 한국 현대사에 자부심이 생길 것입니다. 아름다운 미래에 대한 확신도 함께…….

자, 설렐 준비 되셨나요?

2016년 8월 지독하게 더운 날 주진우

차례

역사
종북 원조는 박정희

© 시사IN 신선영

현대사 콘서트 / 서울

2015년 11월 13일

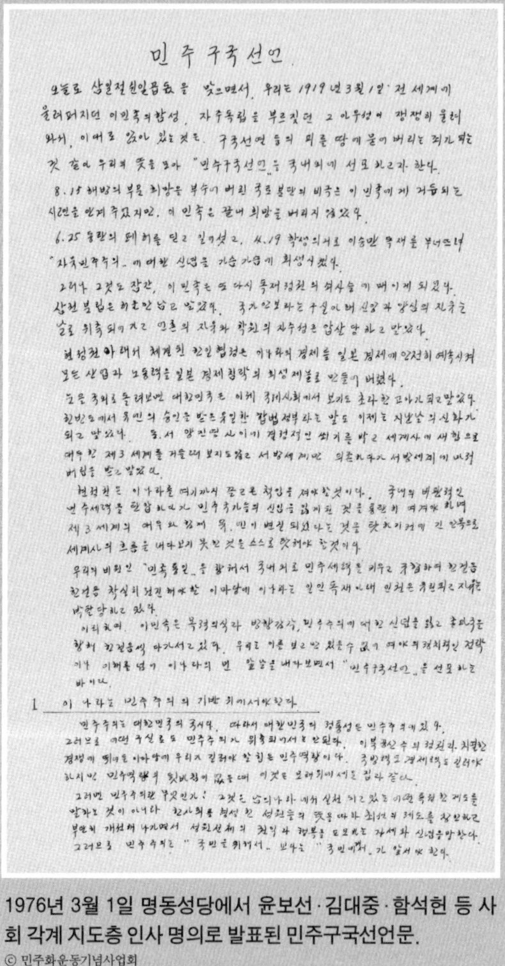

1976년 3월 1일 명동성당에서 윤보선·김대중·함석헌 등 사회 각계 지도층 인사 명의로 발표된 민주구국선언문.

전태일과 11월 13일 그리고 명동성당

주진우 안녕하십니까. '정통 시사 주간지' 〈시사IN〉 주진우 기자입니다(청중 웃음). 제 생활신조 중 하나가 '후회하지 말자'입니다. 그럼에도 후회하는 게 두 가지 있는데, 하나는 결혼한 거고(청중 웃음), 또 하나는 기자가 된 겁니다.

기자가 돼서 많은 경험을 하고 또 많은 사람을 만났습니다. 주로 나쁜 놈들을 만났죠. 사기꾼이 많았어요. 대개 사고가 터져야 기자를 찾게 되니까요. 일상적으로는 접하기 어려운 상황에 수시로 직면하다 보니 사람이 좀 피폐해지기도 했습니다. 혼자서 가슴을 치고, 삭이는 일도 많았습니다.

반면에 기자가 돼서 가장 좋았던 일은 좋은 사람들을 만난 거였습니다. 그중에서도 함세웅 신부님을 만난 게 제게는 가장 큰 축복이었습니다. 신부님을 돕거나 신부님을 통해 세상일을 하나하나 깨쳐가고—사실 깨치기까지는 못했습니다만—배웠던 그 시간이 저한테는 가장 은혜로운 시간이었습니다. 신부님을 알게 되면서 기자가 되길 잘했다는 생각이 들었죠.

박근혜나 박정희 얘기를 하려고 이 자리를 만든 건 아닙니다. 역사 교과서 국정화 이야기를 하려는 것도 아닙니다. 다만 함 신부님과 함께 신부님이 걸어온 길을 되돌아보면서 우리 현대사가 어떻게 흘러왔는지 살펴볼까 합니다. 격랑이 치는 한국 현대사의 중심에서 신부님은 어떻게 정의의 키를 놓지 않으셨는지 알아보려 합니다.

크게 다섯 가지 이야기를 하려고 합니다. 첫째는 역사에 관한 이야기입니다. 둘째는 정치, 셋째는 민주, 그다음은 통일, 마지막으로 신념에 대한 얘기를 해볼까 합니다. 제가 신부님을 통해 느끼고 배웠던 것들을 여러분이 조금이라도 공감할 수 있다면 좋겠습니다. 그렇다면 뜻깊은 시간이 되리라고 확신합니다. 함세웅 신부님의 말씀으로 현대사 콘서트를 시작하겠습니다(청중 박수).

함세웅 인사드리겠습니다. 함세웅 신부입니다(청중 박수와 동시에 환호). 이 자리엔 가톨릭 신자여서 저를 보러 오신 분이 아주 '쪼끔' 계시고요(웃음), 나머지 대부분은 우리 주진우 기자 때문에 오신 것 같네요. 여러분, 주진우 기자님을 사랑하시죠?(청중 큰 소리로 "네~") 그런데 주 기자님은 저를 사랑하시거든요. 그러니까 여러분은 저를 사랑하셔야 해요(청중 폭소). 오래전부터 이런 자리를 가졌으면 좋겠다고 주변 분들과 얘기를 했습니다. 차일피일 미뤄왔는데 결국 명동성당에서 첫 모임이 이뤄졌네요.

사실 강연 장소를 찾는 게 쉽지 않았다고 해요. 저는 꼭 명동성당에서 했으면 했거든요. 명동성당이 제게나, 다른 많은 분들께 상징적인 의미가 있는 곳이니까요. 1970~80년대 민주화와 인권의 성지였던 명동성당이 그 뒤엔 그렇지 못한 안타까움도 있고요. 마침 오늘, 11월 13일 금요일 밤, 이 장소가 비어 있다는 거예요. 아시다시피 미국 사람들이 돈도 많고 힘도 세지만 머리는 좀 나빠요. 그래서 미국인들은 오늘 같은 13일의 금요일을 꺼리는 경향이 있습니다. 그런데 유럽에서는 이런 금요일을 '블레스 프라이데이Bless Friday', 다시 말해 축복받은 금요일이라고 해요. 열두 사도 다음에 이어질 숫자가 '13'이니까요. 금요일은 예수님께서 돌아가신 날짜니까 그리스도적 관점에서 구원받은 날이기도 하죠. 그러니까 이중적인 의미에서 축복받은 날이죠. 그런데 한국 분들은 미국 문화에 종속돼 있다 보니 13일의 금요일을 꺼려하는 모양이에요. 덕분에 이날이 딱 비어 있었던 거죠.

명동성당은 역사적인 장소입니다. 1987년 6월항쟁 당시 전두환 독재 정권 타파를 위해 1만여 명의 시민들이 이곳에 들어와 5박 6일 동안 농성을 벌였어요. 마지막엔 500여 시민이 남아 항쟁했고, 6월 16일 성당을 나가면서 천주교 정의평화위원회 주최로 기도회가 열렸죠. 당시 모였던 수많은 시민들, 청년학생들, 명동성당 앞에 모여 있던 상계동 철거민들…… 오늘 아침 미사 때도 이런 분들을 떠올리며 기도를 올렸습니다.

오늘 주 기자님과 역사 얘기를 하기로 했는데, 우리의 삶이 곧 역사입니다. 개인의 삶, 가정의 삶을 넘어 공동체를 위한, 공동선을 위한 삶이 바로 역사죠. 우리 또한 2015년 11월 13일 지금 이 순간, 아름다운 역사를 쓰고 있습니다. 그런데 역사의 물줄기를 뒤로 돌리고자 하는, 역사에서 조금 뒤처진 분들, 이성적으로 생각하지 않는 분들도 분명히 있습니다. 이런 분들은 꾸짖기도 하는 시간을 오늘 갖게 될 것 같습니다. 나아가 오늘은 전태일 열사가 노동자들의 권익을 위해 자기 몸을 불살라 산화한 날이기도

합니다. 1970년 11월 13일이었죠. 우리 그리스도교 신학자들은 전태일의 죽음을 예수님의 죽음과 부활에 비유해 설명하곤 합니다. "벗을 위해 자기 목숨을 바치는 것보다 더 큰 사랑은 없다"라고 한 「요한복음」의 말씀을 따라 스물두 살 전태일 청년이 자기 몸을 불살라가며 노동자의 권익을 부르짖었죠. 그의 삶이 우리 시민들의 삶에, 우리 공동체의 삶에 길잡이가 되었으면 좋겠습니다. 나아가 그의 죽음을 떠올리며 오늘날 권력을 쥔 사람들, 노동법 개악을 추진하는 사람들이 좀 깊이 반성했으면 좋겠습니다. 역사를 살아가는 우리들이 오늘 대화를 통해 각자의 아름다운 개인사, 가정사, 공동체사, 또 남북 일치와 화해를 위한 역사의 한 장을 쓸 수 있으면 좋겠습니다. 여러분 모두의 영육간 건강과 행복을 기원하면서, 우리 시대의 가장 큰 염원인 민주주의의 실현을 위해, 또 세월호 참사 희생자들을 마음속에 모시면서 오늘 대화에 임하고자 합니다. 고맙습니다(청중 박수).

〈친북인명사전〉에 첫 번째로 오르다

주진우 본격적으로 대화를 시작하기 전에 한 말씀 드릴게요. 오늘 사진을 찍거나 녹음을 하는 건 자유입니다. 그런데 녹음 내용을 SNS나 개인 블로그에 올리지는 마세요. 오늘 이 자리에서 나누게 될 이야기들이 다른 건 몰라도 정권 비판에서는 최고 수위를 자랑할 겁니다. 물론 오늘도 기관원 몇 명이 이 자리에 와서 녹음을 하고 있을 거예요(웃음). 언젠가 신부님이 박정희를 재평가하는 책을 낸 일이 있어요. 그때 제가 이명박 대통령의 내곡동 땅을 찾아내 조금 인기가 있을 때였죠. 박정희 재평가 출판기념회 뒷자리에 서 있었는데, 안중근의사기념사업회 윤원일 사무총장님이 자꾸 한 마디 하라고 불러내시는 거예요. 몇 번 사양하다가 마지못해 한 마디 했죠. 우간다, 에티오피아, 콩고 등 아프리카 나라의 그 무시무시하다는 독재자들 가운데에서도 자기 딸뻘 되는 여대생 끼고 술 마시다 총 맞아 죽은 경우는 없었다, 라고요(청중 웃음). 아, 이건 팩트잖아요. 그런데 소송을 당했습니다. 민·형사 다 당했는데, 형사소송에서는 겨우겨우 2심까지 무죄를 받았고요, 민사소송에선 돈을 쪼끔 물어줘야 합니다.[1] 지금도 재판 중이에요. 그러니 여러분이 절 지켜주셔야죠(웃음). 어디서든 제가 얘기만 했다 하면 죄다 녹음해 가지고 소송을 걸더라고요. 기자 중에 저한테만 그래요. 대통령 편드는 기자들은 어떤 말을 해도 괜찮고요. 신부님도 1970년대에 그렇게 감시당했나요?

함세웅 주 기자가 빼먹은 게 좀 있네요. 박정희가 그런 일 했다는 얘기만 했다면 기소당하지 않았겠죠. 그런데 주 기자가 조금 흥

---

1 2011년 11월 박정희 전 대통령의 아들 지만 씨는 주진우 기자가 박 전 대통령에 대한 허위 사실을 퍼뜨려 박 전 대통령 및 유족의 명예를 훼손했다며 주 기자를 사자에 대한 명예훼손 혐의로 민·형사 고소했다. 이에 대해 형사재판부가 1심(2013년 10월)과 2심(2015년 1월)에서 주 기자에 대해 잇달아 무죄 판결을 내린 것과 달리 민사재판부는 1심(2013년 10월)에서 주 기자가 박씨에게 5백만 원을 지급하라고 판결했다.

분해서, 박정희가 독일에서 독일 대통령은 만나지도 못했다고 얘기 해버렸죠, 얼떨결에. 요게 딱 잡힌 거죠(웃음).

주진우 그렇지 않아도 지금 그 얘길 하려고 했어요. 2006년 독일 월드컵을 취재하기 위해 독일에 갔는데, 독일에 전설처럼 내려오는 얘기가 있었어요. '박정희 대통령이 재임 중 독일 탄광에 가서 한인 탄광 노동자들, 간호사들 앞에서 감명 깊은 연설을 했다. 그날 그 자리에 있던 뤼브케 독일 대통령이 너무 감동을 받아 눈물을 흘리면서 차관을 주기로 약속했다. 그 돈으로 경부고속도로를 깔고 우리나라를 반석 위에 올려놓았다.' 이런 내용이 〈조선일보〉에도 나왔어요. 2003년 강천석 논설주간의 '눈물 젖은 역사를 가르치다'라는 칼럼이었어요. 그런데 이게 사실과 거리가 멀어요. 박정희가 탄광에 가긴 갔어요. 거기서 한인 광부들한테 담배를 나눠준 것까지도 사실이에요. 그런데 뤼브케 당시 독일 대통령은 그날 탄광에 가지 않았어요. 그러니까 연설에 감명 받아 눈물을 흘리고, 차관을 주기로 약속했다는 얘긴 다 '구라'였던 거죠. 아, 죄송합니다. 말이 막 나와서. 어쨌거나 거짓말이었다는 얘기입니다. 이렇게 말해야 하는데 제가 흥분해서 박정희 대통령과 뤼브케 대통령이 만나지도 못했다고 했습니다. 그 한 마디로 구속영장이 청구됐고, 몇 백만 원을 물게 됐네요(웃음).

그나저나 신부님, 제가 신부님을 오랫동안 곁에서 지켜봤는데, 참 온순하세요. 순하시죠. 그런데 가끔 불같이 화를 내시기는 해요. 다시 말해 성격이 좋은 건 아니라는 거죠(청중 폭소). 학창 시절 함세웅은 어떤 학생이었나요?

함세웅 모범생이었죠.

주진우 정말요?

함세웅 네. 제가 중학교는 일반 중학교를 다니고, 고등학교는 신학교인 성신고등학교에 갔어요. 혜화동에 있는 동성고등학교 옆에 있던 학교인데, 학생들 전부가 기숙사 생활을 했죠. 새벽 5시에 기상해 아침 기도 하고 미사를 본 뒤, 아침 식사를 마치면 8시부터 첫 수업을 시작해요. 점심때가 되면 낮 기도를 한 뒤 점심 식사를 먹고, 또 오후 수업을 마치고 나면 5시에 다시 저녁 기도를 하죠. 그리고 9시 30분에 취침하는 등 철저히 규칙적인 생활을 했죠.

전 당시에 규칙을 한 번도 어기지 않은 모범생이었어요. 그런데 공부하면서 보니 예수님이 이렇게 말씀하셨더라고요. "안식일이 사람을 위해 있지, 사람이 안식일을 위해 있느냐?" 법과 규칙을 남용하는 자들을 꾸짖으신 거죠. 이런 가르침을 받들고 살다 보니까 본의 아니게 나쁜 사람으로 각인이 돼버린 것 같아요. 특히 언론에 의해 말이죠.

주진우 왜요? 〈친북인명사전〉에 1번으로 이름이 오른 훌륭하신 분인데요(청중 웃음).

함세웅 주 기자님이 친북 말씀을 하시니까 또 오늘 주제가 역사잖아요. 그래서 이 부분은 좀 짚어보고 싶은데요. 해방 이후 지금까지 한국 사회의 가장 중요한 사회 쟁점이 친북, 종북이에요. 독재자들이 정치 탄압이나 정권 유지를 위해 국민을 억압하고 탄압하는 수단으로 사용해왔고 지금도 여전히 정치 공세를 위해 악용하고 있습니다. 이건 정확하게 표현해야 하는데, 남북 문제는 이념이나 사상이 아니고 민족 문제거든요. 정권을 장악하기 위한 수단으로 사용하는 '빨갱이'나 '종북' 같은 프레임을 이제는 국민이 정확하게 인식해야 합니다. 북은 탄압이나 정복의 대상이 아니라 대화와 타협을 통해 서로 이해하고 공존해야 할 한 민족이고 동포라는 사실을 진심으로 이해해야 합니다. 정치인 특히 독재 정권에 복무했던 정치인들이 북한을 정치적으로 이용하지 못하게 된다면 한국 정치는 서구의 어느 나라보다 더 발전할 거라고 믿어요. 국가 공동체가 진짜 국민을 향한 정치를 하게 되리라고 확신합니다. 여야 정치인들은 이를 두고 이념 논쟁이라고 표현하는데 사실은 저들이 국민 사이를 이간질하고 갈등을 불러일으켜서 정치권력을 장악하기 위해 북한을 악용하고 있는 겁니다. 다음 선거에서는 민족 갈등을 이념으로 포장해서 악용하려는 정치인들을 국민들이 단호하게 심판해야 합니다.

주진우 중요한 말씀을 해주셨는데, 나중에 더 자세히 듣기로 하고 우선은 가벼운 질문부터 드리겠습니다. 그렇게 모범생이셨던 신부님인데, 규칙을 어긴 적은 없나요? 당시에도 '이건 좀 잘못됐다' 이런 생각이 불끈불끈 솟지는 않으셨어요? 성경이란 게 늘 '이거 하지 말라' '저거 하지 말라' 하는 식이잖아요. 성경 말씀 안 들으면 돌로 쳐 죽이라는 협박도 나오고요.

함세웅 고등학교 2학년 때 규율을 어긴 일이 있어요. 제가 어릴 적엔 몸이 약해서 감기에 잘 걸렸어요. 그런데 신학교가 난방이 되지 않아 너무 추웠어요. 그래서 감기에 걸렸죠. 감기에 걸리면 학교에서 주는 약이 해열제, 아스피린 정도였어요. 해열제와 아스피린을 먹었는데도 감기가 낫질 않는 거예요. 며칠 동안 끙끙 앓다가 어느 날 오후 그냥 신학교를 나왔어요. 그러고는 택시를 타고 원효로에 있는 집에 가서 어머니를 모시고 서울대병원으로 갔어요. 거기서 진찰 받고 약도 충분히 탄 다음 다시 택시를 타고 신학교로 향했지요. 당시 신학교 정문은 선생님들, 그러니까 신부님들만 출입하는 문이었어요. 학생들은 옆문을 이용해야 했죠. 그런데 그날은 제가 택시를 타고 정문으로 들어갔어요. 그날 이후 고민이 시작됐죠. 그렇게 무단 외출했다 돌아오기까지 3시간쯤 걸렸나? 내가 나갔다 온 걸 아무도 몰랐는데, 어린 마음에 그게 너무 꺼림칙한 거예요. 그래서 그 주 토요일 고해성사 때 신부님께 사실을 고백했어요. 신부님이 막 야단을 치셨죠. 그런데 날 쫓아내지는 못하시는 거예요. 고해성사 때 들은 고백에 대해서는 비밀을 지켜줘야 하니까 (청중 웃음). 당시 내 생각은 그랬어요. 내가 아무리 호소를 해도 학교 신부님들은 아무도 내 상황을 이해해주지 못할 거다, 하지만 하느님은 아실 거다. 이런 생각으로 고2 시절에 법과 제도를 뛰어넘은 신학적 판단을 내렸던 거죠 (웃음).

주진우 신자들은 고해성사를 하죠. 잘못을 한 뒤 고해성사를 하면 모든 잘못이 다 용서되는 건가요? 그러니까 박근혜 대통령이 아무렇게나 한 뒤 고해성사를 하면요?

함세웅 고백의 의미는 그런 게 아니죠. 오늘 주 기자님이 옷을 잘 차려입고 오셨잖아요? 다른 때는 막 입으면서(청중 웃음). 그런 식으로 고해성사를 할 때는 예를 갖춰야 합니다. 가톨릭 원리상으로는 다섯 가지 과정이 있어요. 맨 처음에는 성찰을 해야 해요. 거울에 자기 모습을 비춰보며 잘못된 것을 바로잡듯 그렇게 자기를 바로잡아야죠. 다음으로는 통회痛悔, 곧 뉘우침이 있어야 해요. 그런 다음 다시는 같은 잘못을 반복하지 않겠다는 자기 결심이 서야 해요. 그러고 나서 사제에게 자기 고백을 하는 거예요. 하느님께 자기 잘못을 말씀드리는 거죠. 그런데 고백이란 게 사람 따라 차이가 좀 있어요. 아주 예민하신 분들은 이미 고백을 했는데도 매일매일 자꾸자꾸 또 고백을 하고 싶어 해요. 반면 무딘 분들은 눈만 껌벅껌벅해요. 자기가 딱히 뭘 잘못한 것 같지 않은 거죠. 아마 새누리당 정치인들이 다 그 범주에 들어갈 겁니다. 자기 잘못을 도무지 모르니까(웃음). 마지막으로는 잘못에 대한 보속補贖[2]이랄까, 속죄를 해야 해요. 기도나 자선을 통해, 또는 다른 사람에 대한 봉사를 통해 죗값을 치르는 거죠. 고해성사는 이런 과정을 거쳐 이루어집니다. 그러니까 주 기자님이 말씀하신 대로 "잘못했습니다"라고 말만 하고 또 잘못을 범하면 아무 효과가 없는 겁니다. 약도 의사 처방에 따라 잘 먹어야 병이 낫죠. 처방에 따르지도 않으면서 병을 고치려고 하면 안 되는 거죠.

---

2 죄로 인하여 하느님의 벌을 받는다는 뜻의 신학 용어.

일본에서 납치돼 가택연금된
김대중을 만나러 가다

주진우 신학교 졸업한 뒤, 바로 유학을 가셨나요? 이탈리아에서 7년 동안 유학하셨죠. 박사학위도 따시고. 전공이 여성신학이었던 것은 아니죠?

함세웅 여성신학은 나중에 공부했고요. 대학을 2년 다니다 군대에 가서 군 복무를 마쳤어요. 그리고 1965년 10월에 로마로 가게 됐죠. 로마에서 8년 동안 공부하면서 사제가 되고 석·박사 과정도 마쳤습니다. 어린 시절에 외국에 나가 공부하게 되면 나라와 민족에 대한 열정이 더 커진다고 하잖아요? 실제로 외국 생활을 하면서 우리나라 그리고 우리의 역사를 객관적으로 볼 수 있는 시간을 가질 수 있었습니다.

주진우 공부를 마치고 언제 돌아오셨나요?

함세웅 1973년 6월에 돌아왔습니다.

주진우 전태일 열사가 돌아가신 게 1970년 11월 13일이니까 그로부터 3년 뒤였군요. 1972년 10월 17일 유신헌법이 공포되면서 한반도에는 폭풍우가 몰아치기 시작했습니다. 유신헌법 공포 직후인 1972년 12월 27일 박정희 대통령이 제8대 대통령에 취임했고, 그다음 날인 12월 28일에는 김일성이 주석으로 취임했죠. 남북 양쪽에서 영구 집권 시대가 열린 겁니다. 유신헌법이 선포되자 뜻있는 사람들이 일어나기 시작했고 그러자 긴급조치가 이어집니다. 1973년 8월에는 김대중 납치 사건이 벌어졌고요. 같은 해 10월에는 서울대 법대 최종길 교수가 중앙정보부에 끌려가 의문사를 당하는 일이 발생합니다. 그런가 하면 1974년에는 민청학련 사건, 인혁당 사건 등 대형 간첩단 조작 사건이 터집니다. 이른바 2차 인혁당 사건(인혁당 재건위 사건)에 연루된 여덟 명은 1975년 4월 8일 대법원이 사형 판결을 확정한 지 불과 17시간 만에 사형이 집행됐죠. 그 이틀 뒤인 4월 11일에는 서울대 김상진 열사가 박정희 대통령에게 공개서한을 띄우고 할복자살합니다. 공개서한 내용은 이렇습니다.

'대통령 각하, 위대한 지도자는 또 민족의 영도자는 국민의 열망과 진심에서 우러나는 존경으로 비롯되는 것이지 결코 강요와 복종으로 점철되는 시간의 흐름 속에서 민심이 형성되는 것이 아니라고 생각합니다. 왜 각하 혼자만이 이 시국과 이 나라를 이끌어갈 유일한 존재이며 이 조국의 안녕과 민족 번영을 위해 각하만이 중차대한 사명의 십자가를 져야 한다는 오류를 버리시지 못하는 겁니까? 우리 국민은 누구나 밝고 밝은 내일의 비전을 갈망하고 우리 국민은 누구나 국가의 앞날을 걱정하고 있습니다. 왜 우리 사회의 이유 있는 저항을 각하의 독선 속에 파묻어버리시려는 것입니까?

헌법 전문에 나타나 있듯이 우리 국민은 3·1운동의 숭고한 애국애족정신을 이어받았고 그래서 용납할 수 없는 불의에 항거하며 어떤 희생도 불굴의 의지로 대항해 나갈 줄 아는 슬기와 용기를 간직하고 있습니다. 인간이 느껴야 할 기본적인 양심이 무엇이고, 사회가 추구해야 하는 정의가 무엇이며 민족이 획득해야 할 진정한 자유가 무엇인가를 우리 국민은 알고 있습니다.'

그 뒤로도 많은 사람들이 목숨을 던졌습니다. 목숨을 바치면서까지 정권에 항거하고 민주주의를 외쳤습니다. 그러니까 1973년, 한국 현대사가 그토록 소용돌이치던 시기에 신부님께서 한국에 돌아오신 겁니다.

함세웅 그렇습니다. 돌아와서 서울 연희동성당에서 보좌신부를 했죠. 보좌신부를 한 지 2개월쯤 됐나? 그때가 8월쯤이었는데, 김대중 씨 납치 사건이 발생한 거예요.[3] 김대중 씨가 그때 연희동성당 신자였어요. 그래서 본당 신부님이 저보고 그분을 방문하고 오라고 하시더라고요. 우리 가톨릭에서는 성당에 못 오시는 분들을 위해 성체를 모셔 드리는 의식이 있습니다. 이걸 봉성체라고 하는데, 김대중 씨 집에 봉성체를 하러 갔더니 경찰과 중앙정보부원들이 그 집을 겹겹이 싸고 있더라고요. 그날 제가 하루 종일 끌려다녔어요. 무슨 증명서를 제출하라는 둥 이리 끌려가고, 저리 끌려가고. 그래서 제가 "아니, 가족들 요청에 따라 사제로서 가정 방문을 하려는 건데 왜 안 된다고 하는 겁니까?"라고 따졌죠. 그랬는데도 출입을 허락하지 않는 거예요. 계속 어딘가로 전화만 걸어대면서. 그때 제 나이가 서른두 살이었는데, 이건 참 부당하

---

3 1973년 8월 8일 일본에 망명 중이던 김대중 씨가 일본 도쿄 그랜드팰리스 호텔에서 중앙정보부 요원으로 추정되는 괴한들에게 납치됐다가 8월 13일 서울 자택 앞에서 풀려난 사건.

다고 느꼈어요. 아무리 정부가 감시하는 사람일지라도 의사나 변호사, 종교인 들은 방문이 법적으로 보장돼 있거든요. 제가 '이건 안 되겠구나' 싶어 이의를 제기했죠.

제가 처음 김대중 씨를 만난 건 김대중 씨가 가택연금에서 해제된 뒤였어요. 당시 김대중 전 대통령의 이모님이 수녀님이셨거든요. 장 글라라 수녀님. 용산성당 유치원에도 계시고 나중에 대구에서 선종한 수녀님인데, 집안의 큰 어른이었던 그 수녀님이 저와 같이 조카사위를 보러 가신 거죠. 그날 기자들을 뚫고 안방까지 죽 걸어 들어가 김대중 전 대통령, 당시는 김대중 선생님이라고 불렀던 때죠, 어쨌든 그분께 인사를 드렸던 기억이 납니다. 김대중 전 대통령과는 그렇게 개인적인 인연이 시작됐습니다.

주진우 당시에 끌려가시지는 않았나요?

함세웅 그때는 성당에서 미사를 잘 봉헌했죠. 기도도 열심히 하고 (웃음).

정의구현전국사제단이 출범하게 된 사연

주진우 민청학련 사건과 인혁당 사건에는 어떻게 관여하신 건가요?

함세웅 민청학련 사건과 인혁당 사건이 발발한 게 1974년인데요. 그해 1월부터 4월까지 박정희 정권이 긴급조치 1, 2, 3, 4호를 잇달아 발동했어요. 당시 저는 젊은 사제였기 때문에 유신 체제에 대해 이의는 있었지만 감히 앞에 나설 수 있는 처지는 아니었지요. 1973년 4월에는 남산 부활절 사건이란 것도 있었어요. 박형규 목사님과 개신교 신자 몇 명이 부활절 예배를 드리면서 짧은 유인물을 뿌린 사건이에요. 그런데 이 일을 큰 죄로 만들어서 목사님 여러 분을 구속하는 걸 보고 '목사님들이 이런 일을 당하시는구나' 하고 마음속으로만 안타까워했지요. 그런데 1974년 4월 박정희 정권이 민청학련 사건을 발표하면서 200명쯤 되는 학생들을 한꺼번에 구속해버리는 거예요.[4] 이와 관련해 천주교 지학순 주교님(1921~1993)도 구속됐어요. 그러면서 우리 사제들이 나설 수 있는 계기가 마련된 것이죠. 지학순 주교님이 해외에서 귀국하자마자 구속된 게 7월 6일이었어요. 그로부터 사흘 뒤인 9일이 주일날이었는데, 그날 저녁 미사 끝나고 서울·인천·수원 등 수도권에 있는 신부님들이 한 자리에 모였죠. 원주교구 신부님들이 주로 앞장을 섰어요. 당시 지학순 주교님이 원주교구 초대 교구장이었으니까요. 이렇게 모인 신부님 30여 분이 김수환 추기경 집무실로 가서 추기경님과 대화를 했어요. "이 불의한 정부에 대해 우리가 이의를 제기해야 한다. 지금 많은 청년 학생들이 갇혀 있는데, 이 사람들의 석방을 위해서도 노력해야 한다"라고요. 그

---

4 박정희 정권은 청년 학생과 종교인들을 중심으로 정치적 저항이 거세지자 1974년 4월 3일 긴급조치 제4호를 선포해 학생들이 수업 거부 등의 집단행동을 할 수 없도록 강제하는 한편 "전국민주청년학생총연맹(민청학련)이라는 단체가 불온세력의 조종을 받아 반체제 운동을 한 정황을 포착했다"고 발표했다. 그 뒤 1,024명이 조사를 받고, 이중 180여 명이 구속·기소됐다.

러면서 신부들이 세상에 나서게 된 거죠.

주진우 그럼 신부님도 그때 끌려가신 거예요?

함세웅 안 끌려갔죠. 제가 사람이거든요, 소가 아니고. 하하하.

주진우 그래도 결국에는 소처럼 끌려가셨잖아요(웃음). 당시 민청학련 사건과 인혁당 사건에서 탄압받는 국민들, 신자들을 곁에서 지켜보는 심정이 어떠셨어요?

함세웅 사실 처음에는 저희들도 정치적인 내막까지는 잘 몰랐어요. 그저 '주교님이 구속되셨고, 청년 학생들도 너무 많이 구속됐으니까 이건 문제가 있다' 이런 소박한 마음으로 시작했던 거죠. 그래서 기도회 이름도 '인권 회복 기도회'라고 지었어요. 인권이 인간의 가장 중요한 권리니까 인권 회복을 앞세운 겁니다. 사제들은 월요일에 쉬어요. 그 월요일마다 각자 속한 교구 사제들이 모여 미사를 봉헌했어요. 당시만 해도 우리 주장은 소박했어요. 절차 없이, 불의한 방법으로 연행됐거나 구속된 분들을 석방하라, 이런 주장이었습니다. 또 군사법정에서 행해지던 비밀재판을 공개재판으로 진행하라고 요구했어요.[5] 민주 사회에서는 재판이 공개적으로 진행되는 게 너무도 당연한 일이잖아요. 이 정도 소박한 수준에서 요구를 하다 차차 변호사 등을 통해 공부를 하게 됐어요. '아, 유신 체제 자체가 문제구나. 이게 성서적으로나, 신학적으로나, 또 인간적으로나 완전히 불법인 거로구나' 하는 걸

---

5 긴급조치가 내려진 당시 민청학련 사건 관련자 등 긴급조치 위반자는 군법회의에 회부되었다.

깨닫게 된 겁니다. 그러면서 1974년 9월 26일 결성한 것이 천주교정의구현전국사제단이에요. 7월에만 해도 소박한 마음으로 모였던 신부들이 '이래선 안 되겠다. 이런 불법을 자행하는 경찰, 중앙정보부, 나아가 권력자에 대해 국민의 이름으로, 시민의 이름으로 이의를 제기하자'고 전국적으로 나서게 된 것이죠.

주진우 전국적으로 나섰다고요? 이런 말씀 드리긴 죄송하지만, 대구교구 신부들 여러 명은 독재정권의 앞잡이 노릇을 했습니다. 대구교구의 경우는 몇몇 신부님하고 스님들이 매주 골프 회동을 가진다고 해요. 그런데 이 모임에 참석하는 스님 한 분이 항상 억울해해요. 사람들이 스님 머리를 보고 항상 자기한테만 손가락질을 한다면서요. "사실은 쟤도 신부야. 그런데 왜 나만 보고 뭐라하냐고? 신부들은 골프장도 가지고 있고, 골프장 회원권도 갖고 있는데 말이야" 하면서 불만스러워하는 거죠(청중 웃음). 대구교구에 속한 분들은 정치적, 세속적으로 출세를 하기도 했죠.

함세웅 주 기자님이 말씀하신 그런 내용들은 1980년대 이후 얘기고요. 1974년 당시에는 그렇지 않았어요. 1960년 3·15 부정선거가 벌어졌을 때 전기가 나갔는데도 투표함을 끝까지 지킨 분들이 대구 분들입니다. 과거 대구는 아름다운 민주 도시, 야당의 도시였어요. 물론 문제 있는 분들도 있긴 했죠. 이효상이라고 대구 출신으로 공화당 때 국회의장을 지내면서 3선 개헌 날치기(1969)를 주도했던 분인데, 이분이 가톨릭 신자였어요. 1974년 당시 대구교구장을 지낸 서정길 주교 또한 박정희와 친분이 있는 분이었죠. 그렇지만 이분들이 당시에는 노골적으로 나서질 못했어요. 그때 대구에 우리 또래 동창도 많았거든요. 그래서 대구교구에 속한 계산동 성당이나 남산동 성당에 가서 1974년 12월까지 미사를 봉헌했죠. 천주교정의구현전국사제단이 출범할 때 대구교구 신부님 중 절반이 서명을 했어요. 그 정도로 대구교구의 활동이 활발했죠. 그런데 1975년부터 서정길 주교가 우리 동창을 비롯해 사제단 활동을 하던 신부님들을 울릉도나 필리핀으로 보내는 등 좀 묘하게 해체 작업을 벌였습니다. 그러고 나선 안타깝게 됐죠. 대구 분들이 참 훌륭한데, 결정적인 때는 대들지를 않더라고요.

주진우 1970년대까지는 대구에 야성이 있었다는 얘기네요. 대구교구도 살아 있었고요.

함세웅 그렇죠. 대구 농민회도 활동을 많이 했어요. 대구가 지금 이렇게 소극적으로 된 건 교구장들 탓이라고 할 수밖에 없어요. 신부님들 중에는 건강한 의식을 가진 분들이 많아요. 그런 신부님들이 요즘 대구에서 다시 활발하게 활동을 하신다고도 하고요. 사제단과 함께하는 신부님들도 여러분 계시다고 들었습니다.

사제단은 본래 회원이 없어요. 회칙도 없고, 정관도 없어요. 그냥 '모여' 하면 다들 모여요. 그러니까 여기 계시는 모든 분들도 정의구현사제단 잠재 회원들인 셈이에요. 그러다 보니 정의구현사제단은 중앙정보부에서도 제대로 파악을 못했어요. 1980년에 전두환 정권이 들어서고, 당시 안기부에서 불러 가봤더니 정의구현사제단을 해체해달라고 하더라고요. 그래서 제가 그랬죠. "내가 어떻게 해체합니까? 내게는 그럴 권리가 없습니다." 그랬더니 이름만이라도 바꿔달라는 거예요. 1970년대 박정희 정권에 항거했던 단체들이 전두환 때 다 해체돼버렸거든요. 남은 건 우리들뿐이었어요. 그러니 이름만이라도 바꿔달라는 거지. 그런데 이게 불가능한 게, 천주교정의구현전국사제단에서 '천주교'를 무엇으로 바꿉니까?(청중 웃음) 그다음 '정의구현'도 그렇죠. '정의구현'을 '불의구현'이라고 바꿀 순 없잖아요. '전국'과 '사제단'도 마찬가지고요. 그래서 제가 "사제단은 제가 만든 이름이 아니에요. 그건 성서에서 시작된 이름입니다. 그러니 바티칸에 가서 요청하세요" 하고 말했죠(웃음). 덕분에 그 이름을 지금까지 고이 간직하고 있는 겁니다(청중 박수).

주진우 그때 안기부에 불려 다니면서 고문은 안 당하셨어요?

함세웅 유럽식 내지 유엔식 기준으로 하면 고문을 당한 셈이죠. 거기 가서 며칠 동안 잠도 못 자고, 모욕적인 언사도 듣고 했으니 심한 고문을 받은 셈이잖아요? 그런데 한국에서는 그 정도를 고문이라고 하지 않죠.

주진우 그렇죠. '물' 내지 '전기' 정도는 나와줘야죠.

함세웅 맞아요. 통닭구이, 전기고문 정도는 나와줘야죠. 매도 좀 맞고…… 아무튼 저는 그런 물리적인 고문은 안 당했습니다. 다만 좀 특이한 소감문을 쓴 일은 있습니다. 그런 곳에서 조사를 받게 되면 무조건 서약서를 써야 해요. 이곳에서 일어났던 일을 절대로 밖에 나가 발설하지 않겠다, 뭐 이런 내용의 서약서죠. 서약서를 써야 나갈 수 있었어요. 그렇다고 신부가 순순히 그런 서약서를 쓸 수는 없잖아요. 그래서 어떻게 할까 고민하다 신학적 지혜를 발휘했습니다. "그러면 저는 소감을 쓰겠습니다" 했어요. 그랬더니 소감문을 써도 좋대요. 그래서 남산5국⁶에서 겪은 일을 썼어요. 제가 남산5국에 불려간 게 인혁당 사건 관련자 여덟 분이 사형을 당한 다음 날이었거든요. 당시 5국은 대공수사국이었어요. 참 무서웠어요. 6국은 정치국이라 조금 괜찮은 편인데, 5국은 정말 무서웠어요. 이곳은 가자마자 욕을 합니다. 복장에 있는 사제 표식을 다 떼게 한 다음, (똑바로 바라보는 표정을 하며) 이렇게 쳐다보면 막 욕을 해요. 그래서 시선을 이렇게 조금 위로 해서 쳐다봐야 했죠. 조사하다 마실 걸 주었지만 안 마셨더니 그걸 갖고도 또 막 욕을 했어요. 마실 것에 독약을 넣거나 뭐 다른 걸 탄다는 말을 듣고 갔기에 그 사람들이 주는 걸 아예 안 마셨거든요. 그렇게 욕을 먹으며 조사를 받고 있는데 전화가 걸려왔어요. 저를 조사하던 안기부 요원의 부인한테 걸려온 전화였나 봐요. 애 시험 결과가 어땠느냐는 둥 아주 친절하게 대화를 하더라고요. "어머닌 잘 계셔?" "아이들은 학교 잘 다니고?" 뭐 이런 인사도 하고요.

주진우 욕하다 말고 가족과는 다정하게 통화를 했다는 건가요?

함세웅 네. 너무 신기했어요. 그래서 소감문에 그 내용을 썼어요. '어제 이런이런 일이 있었는데, 선생님들이 전화 받는 걸 보니 참

6 현재 서울시청 남산별관에 위치했던 안기부 제5별관.

신기했습니다.' 이렇게 쓴 거죠(청중 폭소). 사실 저는 물리적 고문을 당하지 않았지만 옆방에서는 누군가 심하게 고문당하는 소리가 들리곤 했어요. 제가 조사받던 곳 옆방이 옛날에 김지하 시인이 고문당했던 방이라고 하더라고요. 이분이 지금은 좀 변질됐지만, 당시에는 고생도 많이 하고 애도 많이 쓰셨죠. 그런 분이 고문당한 방이라니, 저도 겁이 났죠. 하지만 '조사하는 여러분이 통화하면서 가족 안부를 묻는 걸 보니까 좀 새삼스럽더라, 여러분에게 귀중한 부모님, 부인, 자녀가 있듯 여기 와 조사받는 분들도 다 누군가의 귀중한 아들딸이자 부모, 아내 또는 남편이다, 그러니 이분들한테 좀 더 인간적으로 대해주셨으면 좋겠다' 이렇게 소감문을 마쳤어요. 그랬더니 조사관들이 얼굴을 좀 찡그리면서도 나가보라고 하더라고요. 제가 신부로서 신부다운 얘길 한 거잖아요?

주진우 소감문은 그 뒤로도 여러 번 쓰셨겠네요?

함세웅 아, 그 뒤로는 없어요. 그 뒤부턴 제게 소감문 쓰라는 소리는 안 하더라고요(청중 웃음).

긴급조치 9호에 맞서 3·1 민주구국선언을 외치다

주진우 신부님이 중정(중앙정보부)이나 경찰에 처음 끌려간 게 언제였나요? 무슨 사건 때문이었죠?

함세웅 맨 처음이 언제였는지는 나도 잘 모르겠네요(웃음).

주진우 참, 여러 번 끌려가셨지요.

함세웅 아마 지학순 주교님이 구속됐을 때였을 거예요. 하루는 혜화동 신학교에서 강의를 마치고 내려오는데 입구에 세 사람이 서 있었어요. 신학교 겸 성당 땅에서 잡혀간 셈이죠. 책가방을 든 채로 끌려간 데가 중앙정보부 종교과라는 곳이었습니다. 나중에 알고 보니 종교과라는 게 저희들 때문에 생겼더라고요(청중 웃음). 끌고가자마자 제 가방부터 뒤지더군요. 그때 저 말고도 신부님 몇 분이 붙들려갔는데, 죄목은 학생들을 배후 조종했다는 것이었습니다. 당시 명동성당에 청년 학생들이 많이 모였어요. 이명준이라고 당시 중앙대 다니던 학생이 가톨릭 신자였는데, 이 친구가 주선을 해서 서울대 학생, 고려대 학생 등도 명동성당에 모였던 모양이에요. 이 친구들 중 한두 명은 진짜로 세례를 받은 신자였고, 다른 몇몇은 성당에 온 지 얼마 안 돼 보좌신부님에게 속성으로 세례를 받았어요. 그러고는 청년회에 가입해, 청년회 방에서 늘 모이다가 '천주교정의구현학생총연맹'을 만들었어요. 이게 보고되면서 학생들이 다 중앙정보부에 끌려가 조사를 받았죠. 그러면서 '신부들이 배후다!' 이렇게 지목된 거고요. 그 바람에 저를 포함해 몇몇 신부님이 끌려가 며칠 동안 고생을 했는데, 실제로 학생들과 신부님들 사이에 직접적인 연관은 없었어요. 하지만 중앙정보부 입장에선 신부들을 함께 묶어야 사건이 커지니까 조직표를 크게 만들고, 나중에 청년 학생 몇 명만 구속하고 만 거죠. 그때 청년들이 고생을 아주 많이 했습니다. 고문도 정말 많이 당했어요. 이분들은 재판도 거부했습니다. 유신 치하 재판이라고 거부해서 형도 굉장히 세게 받았죠. 아마 당시에 제일 고생한 사람들이 천주교정의구현학생총연맹에 연루된 학생들일 거예요.

주진우 맨 처음 끌려가 조사받을 때 심정은 어땠나요? 무섭지 않았나요?

함세웅 무서웠죠. 무서운데 저희는 어려서부터 무서울 때 화살기도를 바치라고 배웠거든요. 화살기도가 뭐냐면 "하느님, 도와주십시오"라고 짧고 빠르게 (손으로 아래에서 위로 화살표를 그리며) 화살기도를 바치면 '샤악' 하고 그 기도가 하느님한테 올라간다는 거예요. 옛날엔 화살이 제일 빠른 무기였거든요. 지금은 미사일이 더 빠르겠지만(청중 웃음). 그러니까 정보부 수사를 이길 수 있는 게 화살기도죠. 그래서 저를 조사하는 중정 요원들을 바라보면서 이렇게 화살기도를 올렸어요. "하느님, 저 사람들 머리를 좀 나쁘게 해주십시오. 그래서 수사를 좀 마비시켜주십시오." 이렇게 기도를 올리면 수사가 마비돼요(청중 폭소). 주 기자는 이런 기도법을 좀 덜 배우셨어요.

주진우 저는 검사한테 끌려가면 검사를 계속 째려보면서 화살욕을 한답니다(청중 폭소). 자, 처음 끌려간 건 천주교정의구현학생총연맹 사건 때고요, 처음 구속된 건 언제였죠? 1976년 3·1 구국선언 때였나요?

함세웅 1974년은 정말 무서운 해였어요. 일제강점기 때 독립운동하던 분들이 받았던 것과 비슷한 정도의 고통과 고난을 받은 해라고나 할까요? 소련 스탈린 치하, 독일 나치 치하, 북한 김일성 치하에서 의인들이 받은 고통도 그와 비슷했을 겁니다. 전화는 하루 스물네 시간 도청당하는 게 기본이고 우리 성당 앞이나 모든 민주 인사들, 뜻있는 문인·교수 들 집 앞은 담당 형사 한두 명이 꼭 지키고 있었어요. 하루 스물네 시간 내내. 중앙정보부, 보안사, 경찰이 합동으로 그렇게 했습니다. 가택연금을 당하면 당연히 아무 데도 못 가고, 연금을 당하지 않아도 어딜 가든 그 사람들이 쫓아오는 참으로 무서운 시절이었습니다. 외국에는 당연히 못 나갈 때였고요. 그나마 우리는 종교인이라는 이유로 기본적인 대우는 받은 셈이었는데, 일반 시민이나 청년 학생, 노동자 들은 물리적으로도 무서운 고통을 받았던 그런 시절이었죠.

그랬던 1974년이 흘러가고 1975년이 되니까 박정희가 유신헌법을 국민투표에 부쳤어요. 그게 아마 2월 12일이었을 거예요.[7] 그런데 무슨 국민투표란 게 반대도 못해요. 찬성만 할 수 있고(청중 실소). 그래서 우리가 "이런 투표가 어디 있느냐? 이건 자가당착이다"라고 반발했는데, 그때까지만 해도 신부를 더는 구속하지 않았어요. 지학순 주교님을 구속한 건으로 부담스러웠던 모양이에요. 그런데 그해 4월 베트남이 패망한 거예요. 베트남 남쪽에 있던 고딘디엠 정권이 무너진 겁니다. 고딘디엠이 워낙 독재자고

---

7 유신헌법에 대한 반대 여론이 들끓자 박정희 당시 대통령은 1975년 1월 22일 '정국의 혼란을 예방하고 국론 통일을 위해 유신헌법과 유신체제 유지 여부를 묻는 국민투표를 실시하겠다'고 발표했다. 3주 뒤인 2월 12일 전격적으로 국민투표를 실시했다. 그 결과 총 투표자의 73.1%가 유신헌법 유지에 찬성표를 던졌다.

미국 앞잡이 노릇을 하다 그렇게 된 거죠. 여기서는 '봐라, 종교인들이 일어나니까 결국 베트남이 망하고 공산화가 됐다'라는 식으로 분위기를 잡으면서 우리에게 압박을 가하기 시작했어요. 그러다 5월에 긴급조치 9호를 발동한 거죠.[8] 그 뒤로는 유신헌법을 바꿔달라는 말도 못해요. 그렇게 말하면 긴급조치 위반이 됩니다. 긴급조치를 위반하면 무조건 10년, 20년형을 언도받아요. '헌법 바꿔주십시오' 이 말을 하는 것 자체가 죄가 되는 시기였던 거죠.

1975년 5월 이후는 적막의 시대였어요. 우리도 기도회를 많이 열지 못했어요. 대신 몇몇이 모여 대화하고 세미나하고 공부했죠. 늘 마음의 부담을 느끼던 차에 1976년이 됐어요. 새해가 밝으면서 원로 목사님들이 '우리가 뭔가 해야 하지 않을까'라는 고민들을 하셨던 모양이에요. 오늘 여기 문성근 선생님도 와 계시는데, 문성근 선생님 아버님인 문익환 목사님(1918~1994) 등이 중심이 됐죠. 가톨릭 사제들도 마찬가지로 고민이 많았어요. 그런데 1월이 가톨릭과 개신교 일치운동을 위한 기도주간이었어요. 그래서 이 기도주간에 개신교 목사님들과 가톨릭 사제들이 함께 모여 교회 일치와 남북 일치를 위해 기도하자며 원주에서

---

8 1975년 5월 13일 공포된 긴급조치 9호는 △유언비어를 유포하거나 사실을 왜곡하고 △헌법의 개정 또는 폐지를 주장하는 행위를 하면 1년 이상의 징역에 처한다는 내용 등을 담고 있었다. 긴급조치 9호 위반 시에는 법관의 영장 없이 체포·구금·압수·수색이 가능했고, 이 조치에 따른 명령이나 조치는 사법적 심사 대상이 되지 않았다. 긴급조치 9호에 대해 2013년 5월 헌법재판소는 재판관 전원 일치로 위헌 결정을 내린 바 있다. "긴급조치 1·2·9호는 입법 목적의 정당성과 방법의 적절성을 갖추지 못했을 뿐 아니라 죄형법정주의에 위배되고 참정권, 표현의 자유, 집회·시위의 자유, 영장주의 및 신체의 자유, 학문의 자유 등 국민의 기본권을 지나치게 제한하거나 침해했다"는 이유에서였다.

모임을 가졌습니다. 그런 상태에서 3·1절이 다가왔어요. 당시 전 3·1절이 되면 독립기념일 미사와 더불어 구속자들을 위한 석방 미사를 봉헌해야겠다고 생각하고 있었죠. 명동성당 신부님께 이런 생각을 밝히고 미사 봉헌 허락도 받은 상태였어요. 그런데 2월 하순, 우연히 문익환 목사님을 만나뵙게 된 거예요. 목사님이 "3·1절에 혹시 무슨 계획이 있어요?"라고 물으시더라고요. 그래서 명동에서 이런저런 미사를 봉헌할 계획이라고 말씀드렸더니, 당신도 뭔가를 계획 중이었는데 장소를 못 찾았다는 거예요. 예배당이나 다른 회관도 여의치 않다면서 명동성당에서 함께할 수는 없겠느냐고 물으시기에 제가 "좋습니다. 저희들 미사 봉헌하고 2, 3부는 목사님과 같이할 수 있습니다"라고 말씀드렸죠. 그렇게 약속을 하고 헤어진 뒤 목사님은 목사님대로 많은 분들을 만나고 다니셨어요. '3·1 민주구국선언'을 준비하면서요.

3월 1일 당일, 미사는 김승훈 신부님이 집전하셨죠. 강론도 하시고. 미사 봉헌을 마치고 2부에 접어들면서 문동환 목사님이 설교를 하셨어요. 「신명기」 33장에 나오는 모세의 죽음에 대한 얘기였는데, 아주 감동적인 설교였습니다. 그런 다음 이우정 선생님께서 3·1 민주구국선언문을 낭독하셨어요.[9] 미사를 마치고 서로 잘 헤어졌어요. 그게 다예요. 그런데 그다음 날인 화요일부터

---

9 1976년 3월 1일 명동성당에서 윤보선·김대중·함석헌 등 사회 각계 지도층 인사 명의로 발표된 민주구국선언문은 △긴급조치의 철폐 △구속 인사의 석방 △언론·출판·집회의 자유 보장 △국회 기능의 회복 △사법부의 독립 등 5개항을 요구하는 한편 박정희 정권의 퇴진을 촉구하는 내용이 담겨 있었다.

목사님들을 막 구속하기 시작한 거예요. 제가 구속된 것은 3월 7일이었어요. 나중에 정보기관원한테 들은 이야기에 따르면, 3·1절에 명동성당에서 있었던 일이 보고된 게 그날 오후였대요. 박정희 당시 대통령이 편안히 술 마시면서 쉬고 있는데 그때 보고가 들어간 겁니다. "아, 지금 명동에서 민주구국선언이란 걸 발표했는데……" "뭐라고?" "거기에 김대중이 가 있답니다." "뭐? 김대중이?" 본래 박정희가 김대중 말만 들으면 질색을 했거든요. "다 구속시켜버려!"

사실 3·1 민주구국선언은 미사 봉헌한 걸로 끝나는 거였어요. 그런데 이 사람(박정희)이 제정신이 아니다 보니 이걸 국제적인 사건으로 키워버린 거죠. 이 사건으로 김대중·윤보선 같은 정치인에다 변호사, 교수, 목사, 저희 같은 사제, 그리고 여성들까지 줄줄이 입건이 됐어요. 한국 사회를 상징적으로 압축해 보여주는 거울이 돼버린 겁니다. 결국에는 박정희 정권의 종말을 재촉한 셈이 되었지요. 우리끼린 이걸 신학적으로 해석해요. 이건 사람이 일으킨 사건이지만 그 안에 하느님의 섭리가 임했던 거라고요. 하느님이 사건을 통해 역사를 바꾸신 거라고요. 안병무 교수님은 '사건의 신학'이라는 말도 쓰셨어요. 그러면서 세계 신학의 방향을 제시하셨죠. 어쨌거나 1974년, 1975년 너무도 암울했던 시기에 '이렇게 가만히 있으면 안 되겠다. 감옥에 계신 분들한테 우리가 빚을 지고 있다. 그러니 뭔가 얘기해야 하지 않겠는가. 3·1절에 순국선열들의 뜻을 되새기면서 뭔가를 얘기해보자.' 이런 소박한 마음으로 기도하고 호소했던 게 3·1 민주구국선언 사건이었던 것이죠.

주진우 정말 소박한 사건이었네요. 그분은 왜 그렇게 흥분하셨던 걸까요? 김대중만 구속시키면 되지 신부님은 왜 잡아간 걸까요?

함세웅 그게 저도 아쉬운 부분입니다. 누군가는 직언을 해야 하는 거잖아요? 합리적인 결정과 명령이 아니라면요.

주진우 직언은 지금도 이뤄지지 않고 있죠(청중 웃음).

함세웅 허허. 그게 참 아쉬운데. 어쨌거나 당시 상황으로 볼 때 직언을 할 분이 안 계셨던 겁니다. 사실 김대중 전 대통령만 구속시켰으면 그렇게까지 큰 사건이 되지는 않았을 테니까요.

2년간의 감옥 생활에서 얻은 것

주진우 자, 이제 감옥 이야길 해주셔야죠(청중 웃음). 감옥 생활은 어떠셨어요? 처음 가셨으니 많이 힘들었을 듯한데요. 자, 여러분! 감옥에 다니기 시작하면서 작은 도둑은 큰 도둑이 됩니다(청중 웃음).

함세웅 제가요? 사실 교도소가 처음은 아니었어요. 1962년 군 생활을 할 때 제가 헌병학교에 갔어요. 그때는 논산훈련소에서 대학생들을 뽑아 헌병학교로 보냈거든요. 얼떨결에 뭐가 뭔지도 모른 채 헌병학교로 보내져 두 달 훈련을 받고 헌병이 됐죠. 그러고 나서 배치된 곳이 부산 육군교도소였어요. 옛날 포로수용소 자리였다고 해요. 시설도 열악해서 낡은 철조망이 앞뒤로 한 개씩 있는데, 그 가운데에서 우리가 근무를 했어요. 양쪽 철망 사이에 갇혀 있었던 거죠. 그게 너무 갑갑해서 '서울 갈 사람은 지원하라'고 하기에 얼른 지원했어요. 그렇게 옮겨가게 된 곳이 남한산성 육군교도소였습니다. 당시 새로 지은 교도소였죠. 그곳에서 군 복무를 하면서 '나도 성경에 나오는 분들처럼 저기 갇혀 있는 분들과 잘 대화를 해야겠다. 그래서 하느님께로 이끌어야겠다'고 마음을 먹었습니다. 신학교를 다니다 군대에 간 상태였으니까요. 그런데 군대 문화라는 게 그런 걸 허용하지 않는 거예요. 제 군대 생활하기도 바빴다고나 할까. 어쨌거나 제가 교도소랑 인연이 좀 있어요(청중 웃음).

3·1 민주구국선언 건으로 조사받을 때는 중앙정보부에서 며칠 밤을 지새우다 새벽 1시쯤 구속 결정이 나면서 서대문구치소로 가게 됐어요. 이곳에 가면 일단 죄수복으로 다 갈아입어야 해요. 그런데 제가 돈이 한 푼도 없었어요. 전 구속될 각오를 하고 그냥 헌 옷을 입고 조사받으러 갔었거든요. 그런데 그 옷마저 갈아입으라니까 아무것도 없는 거예요. 아무것도 없이 그저 성경 한 권만 들고 있었어요. 그런데 칫솔도 사고, 치약도 사야 한대요. 난감했지요. 구치소에 제가 아는 사람이라곤 딱 한 명밖에 없었어요. 김대중 씨요. 그래서 "김 선생님, 돈 천 원만 꿔주세요" 했더니 5천 원을 주시더라고요(청중 웃음). 그걸 받았더니 제가 들고 있는

성경을 보고서는 달라고 하시는 거예요.

주진우 그러니까 5천 원 주고 성경을 달라 하신 거예요?

함세웅 네, 그런데 (사제인) 제가 성경을 드릴 수는 없잖아요. 그래서 성경을 꼭 껴안고 있었어요. 그랬더니 김대중 선생님이 이러는 거예요. "신부님은 성경 박사인데 성경이 왜 필요해요? 나한테 필요하지. 날 주세요"(청중 웃음). 그래서 그냥 드렸어요. 아픈 맘으로(청중 폭소). 그 성경, 아마 지금은 김대중도서관에 있을 거예요. 교도소 갈 때 이문영 교수(1927~2014, 고려대 정경대 행정학과)도 함께 계셨는데, 이분이 유머가 참 많으세요. 교도소에 가면 통로를 따라가다 1동, 2동 뭐 이런 식으로 방이 나뉘거든요. 그 긴장된 순간에 이문영 교수님이 "신부님, 신부님" 하고 부르는 거예요. 그래서 "네?" 하고 대답했더니 이래요. "이게요, 꼭 비행기 타러 가는 게이트 같아요. 가다 말고 누구는 1동, 누구는 2동, 이렇게 하나씩 흩어지잖아요"(청중 웃음). 사실 그분들은 저보다 연세가 열 살에서 열다섯 살은 많았고, 다들 스승뻘이셨어요. 그래서 저는 가만히 듣고만 있었죠.

그날 교도관이 저를 어느 방에 집어넣은 게 새벽 2시 반쯤이었어요. 그때부터 정신없이 잤어요. 며칠 동안 잠을 못 잤으니까요. 그런데 다음 날 아침이 되니 막 깨워요. 그래서 일어나 보니까 방이 완전 쓰레기통이더라고요. 특히 화장실. 교도소에선 유리를 못 써요. 그래서 화장실 문이 비닐로 돼 있습니다. 다 찢어지고 펄럭펄럭하는 문을 열고 화장실이란 곳에 들어갔더니 조그마한 변기통이 있는데, 변이 제대로 안 내려가 그게 (산처럼 쌓인 모양을 흉내 내며) 이만~큼 쌓여 있는 거예요(청중 탄식). 그래 '어떡하나' 하고 있는데 교도관이 물을 두 통 주더니 "청소하쇼. 당신이 살 방이니까" 하더군요. 그 순간 정말이지 막막했어요. '야, 이런 데서 어떻게 사나' 싶기도 하고요. 하지만 곧 마음을 가다듬었죠. 신학교 처음 들어갈 때 결심한 바가 있잖아요. 그때처럼 이곳에서도 수련을 해야 한다, 생각했죠. 그래서 그 물을 갖고 열심히 청소를 했어요. 나무 막대기를 달라고 해서 변도 다 내려보내고요. 그렇게 한 세 시간쯤 깨끗이 청소를 한 뒤 숨을 가다듬고 기도에 들어갔죠. '이제부터 새로 신학교에 들어온 셈 치자. 몇 년이 될지는 모르지만' 하면서요. 그런데 조금 있으니까 교도관이 문을 막 두들기더니 문을 드르륵 열어요. 교도소 문은 밖에서만 열 수 있게 돼 있거든요. 그러더니 "나오쇼!" 그래요. 제가 "왜요?" 했더니 "방을 바꿔야 합니다" 그러더라고요. 어우, 세상에, 뭐 이런 일이(청중 폭소). 그래서 제가 싫다고, 안 나가겠다고 버텼죠. 그랬더니 교도관이 "뭐 이런 사람이 다 있어. 교도소에 자기 방이 어디 있어요. 어서 나오쇼!" 하고 막 다그치는 거예요(청중 계속 폭소). 이게 사실, 제가 몇 시간 청소하고 공을 들인 거잖아요. 그러니 마음이 아프고 안타까웠던 거죠.

주진우 신부님도 그런 것에 열 받으시는군요(웃음).

함세웅 그때 순간적으로 깨달았어요. 야, 소유욕이란 게 참 무섭구나(청중 폭소). 제가 몇 시간 공 좀 들였다고 뺏기기 싫었던 겁니다.

결국엔 그 방에서 나와 옆방으로 갔는데, 이전 방에 비하면 호텔 방인 거예요. 너무 깨끗하고, 비록 신문지로 했지만 도배도 잘돼 있고. 바둑판도 그려져 있고. 문 앞에는 성탄 카드도 붙어 있었어요. 아기 예수와 성모마리아, 요셉, 그리고 천사들이 그려져 있는 카드요. 그 성탄 카드가 저한테는 성당의 제단이었어요. 그걸 바라보면서 기도를 드리며 많은 생각을 했습니다. '아, 감옥에서 다 뺏겼다고 생각했는데도 뺏기기 싫은 게 있었던 거구나. 이런 게 인간의 마음이구나' 뭐 그런 생각들을요.

지금이 11월인데, 가톨릭에선 11월을 위령성월慰靈聖月이라 합니다. 죽음을 묵상하는 달이죠. 우리가 죽을 때는 모든 것을 놓아야 하잖아요. 감옥에서 지낸 2년 동안, 저는 저의 이런 체험을 성서와 신학, 또 저의 수련 생활과 연결시키면서 재해석하고자 했습니다. 그런 의미에서 감옥은 정화소이자 수련소였습니다. 감옥에서 성경을 읽으면 밖에서 읽을 때보다 깨닫는 게 훨씬 많아요. 밖에서 읽을 때는 성경에 '감옥'이란 단어가 나와도 그냥 스쳐 지나가는데 감옥 안에서는 그 단어가 (크게 팔 동작하며) 이만하게 다가옵니다. 기도도 더 열정적으로 나오고요. 그렇게 보자면 감옥살이는 예수님과 순교자들을 새롭게 만났던 좋은 체험이기도 했습니다.

주진우 미사 한 번 주관해 정의를 외쳤다는 이유로 2년 가까이 감옥에 계셨어요. 그런데 그것만으로는 수련이 부족하셨던 건가요? 그 뒤로도 감옥을 들락거리셨는데…….

함세웅 (3·1 민주구국선언으로) 처음 교도소에 갔다가 1977년 성탄절 즈음에 나왔죠. 문익환 목사님은 저희보다 조금 더 나중에 나오시고. 김대중 씨만 끝까지 못 나왔죠. 1978년에는 동일방직 사건이 있었어요. 노조를 결성한 여공들에게 오물, 그러니까 똥을 막 끼얹은 그런 사건이었죠. 그런 걸 보면서 마음이 참 힘들었지만 저는 그냥 한강성당에서 성당을 지으면서 조심조심 지냈어요. 그런데 1979년 오원춘 씨라고 경북 영양군에 살던 농민이 울릉도로 납치되는 사건이 벌어졌어요.[10] 감금된 지 14일 만에 집에 돌아온 오원춘 씨가 납치 사실을 본당 신부님께 알리면서 안동교구 전체 신부님들과 주교님이 '농민을 이런 식으로 납치해도 되느냐'며 이의를 제기하게 됐습니다. 그 신부님들이 명동성당에 오셔서 단식을 하실 때 우리도 합세했어요. 사실 당시에 김수환 추기경처럼 우리 마음대로 미사를 봉헌할 수 있게 해준 분은 몇 되지 않았어요. 대부분은 그 반대였죠. 특히 당시 수원교구의 김남수 주교님은 별명이 유신 주교였어요. 늘 정부 편이었거든요. 그래서 수원교구 신부님들은 기도회를 잘 못했어요. 그런데 어느 날 이분이 외국으로 출장을 가신 거예요. 그 틈을 타 수원교구 신부님들이 주교좌 성당이었던 고등동성당에서 미사를 봉헌해보자, 이렇게 됐어요. 그러면서 제게 와서 강론을 해달라

10 1979년 5월 감자 피해 보상 활동에 앞장섰던 농민 오원춘 씨가 신원불상의 남성 2명에게 납치돼 울릉도에 감금됐다가 14일 만에 집으로 돌아온 사건. 오씨는 신변 위협에도 불구하고 본당 신부에게 납치와 테러 사실을 알렸고, 그해 7월 천주교정의구현전국사제단이 이 사실을 전국에 폭로했다.

는 거예요. 부담은 됐지만 거절을 못 하겠더라고요. 그것도 다름 아닌 수원교구라는데. 그래서 가서 강론을 했어요. 아주 조심조심, 성경을 중심으로 했죠.

주진우 신부님께서는 오늘도 성경을 중심으로 말씀하고 계십니다(청중 웃음).

함세웅 그런데 그 일로 또 구속이 된 거예요. 긴급조치 9호 위반으로. 이번에는 재판도 없었어요. 왜냐하면 구속집행정지 상태였거든요. 3년형 받은 상태에서 2년 살고 나왔으니까 아직 1년이 남았잖아요. 이런 상황에서는 아무 때나 그냥 구속영장 없이 사람을 잡아갈 수 있습니다. 그래서 문정현 신부님하고 저하고 다시 구속이 된 거죠. 덕분에 별이 두 개입니다(웃음).

주진우 비록 구속되진 않았지만 무참히 끌려가신 적이 또 있지 않았나요?

함세웅 아, 5·18 때 그랬죠. 그때도 저희를 구속하려 했는데 묶어내기가 쉽지 않았던 것 같아요. 그래서 우리 신부들은 구속하지 못했습니다. 그때는 좀 힘들었어요. 그때 제가 5월에 계엄사령부 합동수사본부라는 곳에 끌려가 7월에 나왔는데, 밀폐된 공간에 냉방장치를 너무 세게 틀어놓은 상태에서 오랜 시간 조사를 받다보니 축농증도 걸리고, 좀 힘들었어요.

주진우 그때 건강이 안 좋아지셔서 신부님은 그 뒤로 정말 추위를 많이 타세요. 겨울엔 말할 것도 없고 한여름에도 스웨터에 재킷을 껴입으십니다. 한여름에 신부님을 모시고 지방에 갈 때면 신부님께서 더위를 많이 타는 저를 걱정하십니다. "주 기자 에어컨 틀어. 29도로 맞춰놓아."

함세웅 중앙정보부에서 처음 출두하라고 한 게 8월이었는데 출두 전에 제가 중앙정보부에 끌려간 경험이 있는 선배 신부님을 찾아 갔어요. "정보부에서 오라는데 어떻게 할까요, 신부님?" 하고 물 었더니 그 신부님이 무조건 옷을 많이 입고 가래요. 매를 때릴지 도 모른다면서요. 그나마 옷을 많이 입으면 덜 아플 거 아니에요? 그래서 8월인데도 내복을 입고 갔습니다. 그때부터 습관이 돼서 그런지 옷을 많이 입게 되네요, 하하하(청중 웃음).

역사를 바로잡기 위한 다섯 가지 처방

주진우 제가 신부님을 처음 뵌 것은 2002년이었습니다. 신부님 이 제기동성당에 계실 때였어요. 그 즈음 학교 폭력 문제가 심각 했어요. 같은 반 아이를 왕따시켜 아이가 자살한 사건이 벌어졌 어요. 게다가 일진 여중생, 폭주족 문제들로 연일 시끄러웠죠. 당 시 청소년 비행 범죄는 정도가 꽤 심각했어요. 비행 청소년 출신 인 제가 보기에도 심하더라고요. 그래서 아이디어를 냈죠. 사실 꾀였어요. 항상 그렇지만 그때는 정말 일하기 싫었거든요. '6개월 동안 고등학교에 다니고 그 생활을 토대로 청소년 관련 기사를 쓰겠다'는 기획안을 냈어요. 그런데 저를 학생으로 받아주겠다는 학교가 없었어요. 어렵게 얘기가 되는 듯하다 막판에 틀어지고, 틀어지고. 그래서 신부님을 뵈어야겠다는 생각을 했어요. 신부님이라면 제 생각을 이해해주시고, 부탁을 들어주시겠거니 싶어서요. 그때 처음 뵌 것 맞죠?

함세웅 네, 맞아요. 저는 처음에 '이 사람이 혹시 돌았나?' 싶었어요. 그때 주 기자가 아마 스물여덟, 아니면 스물아홉 살이었을 텐데, 그런 사람이 고등학교에 가겠다고 하니까(웃음). 그날 주 기자와 한참 얘기를 나눴어요. 머리 깎고 교복 입고 고등학생들과 함께 생활을 해봐야 요즘 학생들의 언어나 사고를 알고 조금이나마 이해할 수 있다, 청소년의 눈높이에서 문제의 해법도 만들 수 있다고 말하는 걸 듣고 그때 '참 대단한 청년이구나' 하고 생각했어요. 그날 이후 저는 천주교 사제니까 이런 청년이야말로 천주교 신자로 만들어야 한다 싶어 꾀었는데, 제 꼬임엔 안 빠지더라고요. 아직 천주교 신자로 이끌지 못했습니다, 허허허(청중 웃음).

주진우 전 기도도 하고 미사 때 뒤에 앉아 있잖아요.

함세웅 그렇죠. 앉아만 있죠(청중 웃음).

주진우 세례명도 있어요. 아직 세례는 못 받았지만(웃음). 어쨌든 그때부터 신부님과 인연을 맺기 시작했지요. 신부님 주변에서 제가 필요할 때면 가끔 도움을 드렸어요. 신부님이나 저나 경찰·검찰과 인연이 질긴 사람들이잖아요. 그럴 때면 저를 불러 상의도 하고 뭐 좀 알아보라고 하시고. 가끔 신부님이 일을 시키면 그게 그렇게 좋았어요. 큰 보람을 느꼈달까요. 사랑하고 존경하는 분께 작은 보탬이라도 될 수 있다는 생각에 굉장히 벅찼죠. 신부님과 인연을 맺은 뒤, 저는 신부님이 계신 제기동으로 이사도 갔어요. 얼마 안 돼 도망을 가긴 했지만요(청중 웃음). 제가 신부님이랑 제기동에서 한 5년 같이 살았나요?

함세웅 아마 그럴 겁니다.

주진우 그 즈음에 〈시사저널〉 사태가 터졌죠.[11] 밥벌이를 못 했죠. 그때 신부님이 저를 불러 격려도 해주시고, 추석 때 집에 가져다주라고 돈도 주셨죠. 그 돈으로 제가 스웨터를 샀습니다. 너무 비싸서 눈물을 찔끔 흘리면서요(청중 웃음). 스웨터는 지금도 잘 입고 있어요, 신부님. 이렇게 신부님과의 인연이 지금까지 이어져 왔습니다.

　신부님은 민주화를 위한 고난의 길을 걸어왔을 뿐 아니라 특히 통일을 위해 노력해오셨습니다. 안중근의사기념사업회 이사장도 맡고 계시고요. 아, 참 저도 안중근의사기념사업회 홍보간사를 맡고 있습니다. 날라리 간사이긴 하지만요(웃음). 신부님의 생각과 걸어온 궤적을 보면 우리 사회가 독립운동에서 민주화운동으로, 나아가 통일운동으로 나아가야 하는데 그러지 못하고 있다는 생각이 들어요. 일제에 빌붙어 이 땅에서 기득권을 누리고 살았던 사람들이 해방 뒤에는 민주화를 막고, 민주주의도 막고, 통일도

---

11 2006년 시사 주간지 〈시사저널〉에 실리기로 돼 있던 삼성 관련 기사가 당시 금창태 사장에 의해 인쇄소에서 무단으로 삭제되면서 〈시사저널〉 기자들이 전면 파업에 돌입한 사건. 이 사건 이후 주진우 기자를 비롯해 파업에 참여했던 기자들을 중심으로 2007년 〈시사IN〉이 새로 창간됐다.

막고 있다는 생각이 들거든요. 권력을 잡은 사람들이 왜 이러는 건지, 왜 역사를 자꾸 되돌리려 하는 건지, 알다가도 모르겠습니다.

함세웅 (불쑥) 주 기자님, 존경합니다.

주진우 (당황하며) 갑자기 왜 그러세요?

함세웅 (빙그레 웃으며) 어렸을 때는 누구나 다 예쁘죠. 살도 부드럽고. 어른들도 어린이는 누구나 다 예뻐합니다. 성경에도 보면 "어린이처럼 돼라, 그래야 하늘나라에 들어갈 수 있다"고 돼 있죠. 결론인즉 '순수해야 한다' '정직해야 한다'는 게 핵심일 겁니다. 초심을 지킬 수 있다면, 우리가 어려서부터 부모님이나 선생님에게 받은 가르침이나 교훈을 잊지 않고 간직할 수 있다면 참 좋겠지요. 그런데 사람은 나이가 들면서, 또 자아가 형성되면서 욕심이 생기게 됩니다. 그러면 때가 묻습니다. 나이가 든 만큼 때가 많이 묻게 되는 거죠. 그러니 늘 어린 시절을 생각하며 초심으로 돌아가려 노력해야 합니다. 그런데 주 기자는 늘 초심을 잃지 않으니 존경한다고 말할 수밖에 없어요. 저는 주 기자를 만날 때마다 제 어린 시절을 생각하곤 합니다. 제가 살아가야 할 방향에 대해서도 생각하게 되고요.

역사라는 관점에서 보면, 제가 길잡이로 생각하는 주제는 세 가지예요. 첫째는, 친일 잔재 청산이죠.

주진우 신부님은 민족문제연구소 이사장도 맡고 계시죠?

함세웅 네, 그렇습니다. 며칠 전에는 민족문제연구소에서 제8회

임종국상 시상식을 가졌는데요.[12] 올해는 〈뉴스타파〉가 상을 받았어요. 1시간 30분가량 시상식을 하면서 제가 감동을 받았습니다. 시상식 행사가 마치 미사 같았거든요.

임종국 선생은 1928년생이신데, 1965년 한일협정이 체결되는 걸 보고 마음이 많이 아프셨다고 해요. '이건 제대로 된 협정이 아니구나, 친일파가 세상을 지배하는구나' 싶으셨던 거죠. 그 뒤 선생은 문학평론가로서 친일문학에 대한 평론을 주로 쓰셨어요. 30대 젊은이가 이런 평론을 쓰니까 문단에서는 말이 많았다고 해요. '젊은 놈이 왜 이런 걸 쓰느냐'면서 선배 비평가들도 막 야단을 쳤고요. 그런데 1980년대 공개된 친일 행적을 추적하다 보니 당신의 아버지인 임문호 선생이 친일파였던 거예요. 고민하던 임종국 선생은 어느 날 아버지에게 직접 물었답니다. "아버님, 이런 친일 행적이 있던데 어떻게 된 건가요?" 임문호 선생이 잠시 침묵하다 이렇게 말했다고 합니다. "(친일인명록에) 내 이름을 넣어라. 네가 연구하면서 내 이름을 빼면 연구가 되겠느냐." 그 뒤 임종국 선생은 자신의 연구 결과를 내놓으면서 아버지의 이름도 만천하에 공개합니다. "우리 아버지는 친일파"라고요.

그런데 이번에 〈뉴스타파〉가 해방 70년을 맞아 친일파 후손 몇백, 몇 천 명을 인터뷰한 내용을 보니 우리 역사가 바뀐 게 없는

---

12 임종국상은 친일 청산을 위한 저술 활동에 앞장섰던 고 임종국 선생의 뜻을 기려 2005년 제정된 상이다. 친일 청산, 역사 정의 실현 등 선생의 뜻을 실현하고 있는 개인·단체를 학술·문화와 사회·언론 두 분야로 나누어 시상한다.

거예요. 대부분이 "옛날 일은 캐서 뭐할 거야?" 하면서 막 소리 지르고, 항의하고. 게다가 대부분이 부자들이더군요. 성북동 부자, 서초동 부자 등등. 그런데 딱 세 분만이 속죄를 했다고 해요. 목사님 한 분, 정치인 한 분, 문인 한 분. 이분들이 카메라 앞에서 말했어요. "아, 제가 잘 몰랐는데 우리 할아버지께서 그런 일을 하셨다니 정말 잘못했습니다. 마음이 아픈 분들께 사죄합니다." 저는 이게 우리의 시대정신이어야 한다고 생각했습니다. 임종국 선생은 자기 아버지까지도 친일파라 고발했잖아요. 그 아버지 또한 자신의 이름을 친일인명록에 빼지 말고 넣으라면서 자신의 잘못을 속죄했고요. 이런 분들이 우리 민족정기의 중심이 돼야 하는데, 김무성 씨나 박근혜 씨 같은 분들이 보인 태도는 정말 부끄럽지 않나요?

친일 청산과 함께 둘째로 생각하는 주제는 민주주의를 욕되게 한 자들을 미화하는 행위는 막아야겠다는 겁니다. 이승만·박정희·전두환, 이 사람들 다 범죄자 아닌가요? 아니, 4·19 혁명이 국가기념일로 온존해 있는 판에 이승만을 다시 떠받들자고 하다니요? 박정희의 군사반란은 예컨대 역적질을 한 건데, 이걸 미화하다니요? 이건 역사를 뒷걸음치게 하는 일입니다. 이런 건 막아야 합니다.

셋째는 분단으로 먹고사는 자들을 가만두면 안 된다는 겁니다. 대결과 분열을 조장하는 정치인과 군인부터 시작해 미군 군수물자를 수입하면서 빼먹고 사는 사람들, 그리하여 민족정의를 흐리게 하는 사람들을 처벌해야 합니다.

경제학자들 중에는 여기서 더 나아가야 한다고 주장하는 분들도 있습니다. 노동자들을 핍박하는 신자유주의와 재벌을 해체해야 한다는 거죠. 재벌 해체 그게 잘못된 말인가요? 재벌들이 누리는 건 본래 다 우리 거예요. 그런데 이자들이 모두 자기들 것인 양 굴고 있어요. 국가 예산보다 더 많은 돈을 갖고 영향력을 행사하고 있다 이겁니다. 이건 말이 안 돼요. 이젠 재벌 중심의 시장만능주의를 통제해야 합니다. 헌법 119조 2항도 이걸 보장하고 있어요.[13]

덧붙여 선거 제도를 개혁해야 합니다. 특히 비례대표를 많이 뽑아야 합니다. 예를 들어볼까요? 19대 때 새누리당 국회의원 수가 160명이었어요. 전체 의석의 52%에 해당하는 숫자죠. 그런데 새누리당이 총선에서 얻은 득표율은 43%였단 말예요. 43% 지지를 얻었다면 43% 의석만 가져가야지 왜 52%를 가져가느냐, 이건 문제가 있다는 겁니다. 19대 총선의 경우 새누리당이 영남 지역에서 얻은 득표율은 54.7%인데 이 지역 의석의 94%를 싹쓸이했지요. 새정치민주연합(더불어민주당) 또한 호남 지역 득표율(53.1%)보다 훨씬 많은 의석(83.3%)을 가져갔고요. 이건 문제가 있다는 거예요.

---

13 헌법 119조 2항에 따르면 "국가는 균형 있는 국가 경제의 성장 및 안정과 적정한 소득 분배를 유지하고, 시장 지배와 경제력의 남용을 방지하며, 경제 주체간의 조화를 통한 경제 민주화를 위하여, 경제에 관한 규제와 조정을 할 수 있다"고 되어 있다. 경제 민주화를 위해 국가가 자본의 시장 지배력 남용을 방지할 수 있다는 이 조항은 일명 '경제 민주화 조항'으로도 불린다.

그러니 앞으로는 유권자들의 민의를 제대로 반영해 권역별 비례 대표제를 시행하는 쪽으로 선거 제도를 개혁하라는 겁니다. 우리가 이 같은 내용을 새정치민주연합에 요청했어요. 하지만 긍정적인 반응을 얻을 수 있을지는 모르겠습니다.

청년들에게 다시 꿈꿀 권리를 안겨줄 정치

주진우 문제는 민주주의를 가로막고 통일을 가로막고 국민을 가로막는 사람들이 힘과 권력을 갖고 있다는 사실입니다. 이 사람들 하는 얘기를 잘 들어보면 국민들, 청년들, 우리를 위한 건 아무것도 없어요. 늘 혼이 나간 얘기만 하죠(청중 박장대소). 그런데도 왜 정치가 바뀌지 않을까요? 우리나라 사람들만큼 똑똑하고 일 열심히 하는 사람들이 왜 3등으로 살아야 하느냐고요? 지도자라는 사람이 자꾸만 땅이나 파고 귀신 타령만 하고 있으니 나라가 앞으로 가겠습니까?

함세웅 지도자라뇨? 아니에요.

주진우 아, 지도자가 아닌가요?

함세웅 그럼요. 지도자는 무슨(청중 폭소).

주진우 예, 알겠습니다. 신부님이 말씀하시니 지도자로 인정할 수 없습니다(웃음). 그런데 성경에 보면 모세가 이집트에서 노예생활 하던 이스라엘 백성들을 광야로 끌고 가잖아요. 그 과정에서 이른바 노예근성 때문에 모세가 얼마나 힘들어 합니까. 이스라엘 백성들이 "아이고, 거기서 일했으면 채찍은 맞지만 밥은 먹여줬잖아. 매 좀 맞다뿐이지 잘살 수 있었는데……"라면서 끊임없이 불평을 늘어놓으니 말이죠. 우리도 마찬가지입니다. 본래는 우리 땅이고 우리 강인데, 강은 지네들이 파고 돈은 우리들이 물고 있죠. 우리 돈으로 폐기된 무기를 몇 천억 원어치 사오기도 하고요. 그런데도 눈과 귀를 열지 않는, 깨어 있지 않은, 무조건 찍어주는 시민들은 도대체 어떻게 해야 할까요?

함세웅 기자들이 먼저 반성해야 할 것 같아요.

주진우 기자들이 일단 반성해야 하는 건 맞습니다. 그런데 그다음은 어떻게 해야 하나요? 우리가 안중근의사기념사업회 한다고 총을 쏠 수는 없는 것 아닙니까? 물론 문정현 신부님은 "안중근 운동하지 말고 안중근이 돼"라고 말씀하시긴 합니다(청중 웃음). 그럴 때면 제가 그러죠. "우린 아직 살날이 많이 남아 있으니, 총은 신부님께서 쏘세요. 총은 어떻게든 구해드릴게요"라고요(청중 폭소).

함세웅 브라질에 헬더 카마라(1909~1999) 주교님이 계셨어요. 정의평화 운동가로, 노벨평화상 수상을 거부하신 분이죠. 그분이 1989년 세계성체대회 때 한국에 오셨어요. 헬더 카마라 주교는 브라질 시골에 머물고 있는 은퇴한 주교지만, 한평생을 정의와 평화를 위해 사신 분이죠. 이분이 브라질 인민들이 깨어나야 한다며, 각성해야 한다면서 이런 말씀을 하셨어요. "꿈을 가지십시오, 꿈을! 한 사람이 꿈을 꾸면 그 꿈은 한 사람의 꿈이지만, 모두

같은 꿈을 꾸면 그 꿈은 현실이 됩니다." 이렇게 강연하면서 브라질 시민들을 일깨우신 거죠.

오늘 이곳에 오신 분들도 마찬가지입니다. 여러분은 이미 깨어 있으시지만 가족, 친지까지 깨어나면 그게 백 명, 천 명, 만 명, 백만 명이 되겠지요. 이렇게 하다 보면 세상을 바꿀 수 있지 않을까, 이런 생각을 해봅니다. 또 한 가지, 제가 가톨릭 사제다 보니 기도 얘길 많이 합니다만, 기도는 곧 신념입니다. 기도라는 것 자체가 자기 신념의 확인이거든요. 그런 의미에서 신념을 가지면 안 되는 게 없다는 말씀을 드리고 싶습니다. 정원 가꾸는 분들도 말씀하시잖아요. 사랑을 준 꽃이 더 잘 핀다고요. 이 세상도 아름다워지게끔 우리가 의지를 가져야 합니다.

박근혜나 새누리당 국회의원들은 사실 불쌍한 사람들이에요. 인간이 좀 덜 됐거든(청중 웃음). 그러니까 이 불쌍한 사람들이 제대로 된 인간이 될 수 있도록 우리가 기도하면서 기를 뿜어내면 됩니다. 요즘 역사 교과서 문제 때문에 분노하시는 분들이 많던데, 전 분노하지 않아요. 텔레비전에 박근혜가 나와도 그냥 이렇게 지켜봅니다. "음, 오늘은 옷을 저렇게 바꿔 입었구나" 하면서요(청중 박장대소). 그것 때문에 흥분하면 내 건강만 나빠지잖아요. 그러니까 가만히 관찰하는 거예요. 대신 일기를 쓰세요. 이를테면 박근혜가 무리한 일을 너무 많이 하고 있다 싶으면 집에 가서 일기를 쓰는 겁니다. '야, 참 이 사람이 이렇게 무리한 일을 하고 있다. 바보 같은 일을 하고 있다'라고요. 이게 나중에 역사가 됩니다. 후대 역사가가 "2015년의 박근혜가 참 모자란 일을 했다" 이렇게 쓰게 되는 거죠. 이게 바로 역사의 평가 아니겠습니까?

우리 신학에서는 이를 '종말론적인 삶'이라 합니다. 조금 더 유식한 말로는 '묵시록적인 삶'이라 하지요. 이 말은, 우리가 미래를 산다는 겁니다. 아까 감옥 얘기를 했습니다만, 제가 감옥에 있을 땐 물론 힘들었습니다. 그렇지만 항상 나갈 날을 생각했습니다. '내가 나간 뒤에는 감옥 생활을 어떻게 얘기할까?' 이렇게 생각하면 재밌잖아요. 감옥을 세세하게 관찰해야 하니까 할 일이 너무 많습니다. '이 얘기도 해야지' '요 얘기도 해야지' 하면서요. 그러니 지금 박근혜나 새누리당이 하는 나쁜 짓들을 잘 관찰해두세요. 그러고는 미래를 상상하는 겁니다. 내가 미래에 살고 있으면 지금을 과거로 어떻게 얘기할까, 하면서요. 미래와 대화하는 사람이 되면 현실을 잘 극복할 수 있습니다. 덕분에 이렇게 제가 살고 기도합니다(청중 박수).

주진우 신부님은 거짓말 안 하시죠? 저는 신부님을 믿습니다. 그래서 하나 묻겠습니다. 정말로 텔레비전에 박근혜 대통령이 나오면 욕 안 하시나요?

함세웅 아니, 저를 믿지 마시고 하느님을 믿으셔야죠(청중 폭소). 저도요, 개인적으로는 욕 좀 해요. 그렇지만 뭐…….

주진우 그냥 문학적인 표현이다, 이 말씀이죠?(웃음). 이제, 요즘 젊은이들 얘기 좀 해보겠습니다. 요즘 젊은이들, 어려서부터 공부하라고 하니까 열심히 공부했습니다. 그런데 우리 시대에 필요한 건 암기력이 특출하고 인내심이 강하며 엉덩이가 무거운 아이들뿐입니다. 창의력, 꿈, 사회 정의 이런 걸 생각하거나 얘기하면 그냥 이상한 학생 취급받고 뒤처지죠. 회사에서는 뽑아주지도 않고요. 그러다 보니 점점 꿈을 꾸지 못하는 시대가 되어가고 있습니다. 요즘 유행하는 말이 '헬조선'인데, 저희 때만 해도 부모님보다 나은 교육을 받고 더 좋은 직장을 잡을 수 있는 기회가 있었습니다. 그런데 지금은 그마저도 어려워지는 것 같습니다. 꿈도 사라진 시대에서 사는 것도 점점 힘들어집니다. 경제지표나 사회지표를 바라볼수록 비관적인 게 현실입니다. 이런 현실에서 청년들에게 어떤 얘기를 해줘야 할까요?

함세웅 네, 참 어렵죠. 죄송합니다. 과거 1970~80년대 젊은이들은 그냥 묵묵히 공부하고 졸업만 하면 미래가 보장돼 있었죠. 그런데 당시에도 보장된 미래를 제쳐놓고 자기 젊음을 바친 젊은이들이 있었습니다. 그 투신의 결단. 그걸 보면서 저는 '아, 이런 삶이 순교자적 선택과 맥을 같이하는구나' 생각했었습니다. 지금은 시대가 다르기는 합니다만, 우리 청년들도 지금의 어려운 상황 속에서 세상을 저주하고 주저앉기보다는 뭔가 함께할 수 있는 것을 찾으면 좋겠습니다. 어떤 교수님도 요즘 이런 책을 썼잖아요. 청년이여, 정당으로 쳐들어가라고.[14]

주진우 저도 정당에 불 지르자는 얘기는 하고 있습니다만(청중 웃음).

함세웅 일단 정치권으로 쳐들어가야 해요. 그러니 오늘부터 새누

---

14 강준만 교수의 〈청년이여, 정당으로 쳐들어가라!〉(인물과사상사, 2015)를 가리킴.

리당에 전화를 거세요. "이건 이렇게 하면 안 됩니다" 이렇게요. 우리 안중근의사기념사업회에 사무국장이 계시는데, 그분은 신문을 보자마자 항의 전화를 거는 분이에요. 국정원한테도 거침없어요. 아, 마침 얘기 나온 김에 해킹의 뜻 아세요? 해킹의 본래 뜻을 아는 분은 손들어주세요. 제가 상 드릴게요. '훔쳐보다' '몰래보다' 이런 것 말고, 컴퓨터가 나오기 전에 해킹이 무슨 뜻으로 쓰였을까요? 주 기자님, 말씀해보세요.

주진우 전 박사가 아닌데요(웃음).

함세웅 가서 한번 찾아보세요. '난도질하다'라는 뜻이 있어요. 그래서 제가 국정원 해킹 사건이 터졌을 때 이렇게 얘기했어요. "국정원이 박근혜와 함께 우리의 민주주의를 난도질하고 있다. 헌법을 난도질하고 있다. 역사를 난도질하고 있다. 이걸 막아야 한다" 라고요. 그런데 어떤 분들은 "국정원을 개혁하라"고만 하시더라고요. 개혁은 무슨 개혁이야, 해체해야지(청중 웃음). 저는 젊은이들이 이렇게 사회를 향해 거침없이 발언하는 패기를 가졌으면 좋겠어요.

　또 하나 생각나는 게, 제가 어렸을 때 들은 교훈이에요. 나폴레옹이 본래 교회사에서 좀 부담되는 인물이에요. 로마에 쳐들어와 교황을 무릎 꿇리고 따귀까지 때린 인물이니까요. 그런데 이탈리아 유학 시절, 대주교님이 신학생 훈화 첫 번째 시간에 "나폴레옹을 본받으라"고 하시는 거예요. 그래서 깜짝 놀랐죠. 나폴레옹을 본받으라니요. 그랬더니 그분이 "호모 카락테리스homo characteris

가 돼라"면서 나폴레옹이 유배지로 향하던 마지막 시간을 얘기해주셨어요. 라틴어로 호모homo는 사람, 카락테르character는 캐릭터니까 '호모 카락테리스'라면 '개성 있는 사람'이라는 뜻이에요. 이게 무슨 말이냐면 나폴레옹이 몰락해 세인트헬레나 섬으로 유배를 갈 때 에바 섬을 거치게 됐는데, 거기서 자유 시간을 얻게 됐대요. 그때 나폴레옹이 죽음을 앞둔 상황이었죠. 그런데도 배에서 내리는 사람한테 쫓아가 "선생은 어디서 왔나요?" "며칠을 묵으시나요?" "무슨 일을 하나요?" "종교는 뭔가요?" "정치에 대해 어떻게 생각하나요?" 등등 끊임없이 질문을 하더라는 거예요. 죽음을 앞두고도 이웃에 대해, 세상에 대해, 역사에 대해 끊임없이 관심을 보였던 나폴레옹. 그와 같은 개성적 인간이 되라는 얘기를 하신 겁니다.

저는 우리 청년들도 나름대로 자기 자신을 바로 세우는 한편 더 어려운 분, 그러니까 우리 순국선열들이나 민주화를 위해, 또 통일을 위해 애쓰신 분들, 노동자를 위해 희생하신 분들을 생각하며 더 큰 꿈을 꾸셨으면 좋겠어요. 그나마 요새 이재명 성남시장과 박원순 서울시장 같은 분들이 청년들을 배려하는 정책을 만들고 있던데요. 여기에 대해 또 반대하는 법도 지금 만들고 있다죠? '이재명 시장 반대법' 뭐 이런 이름이 붙었다던데, 이런 걸 추진하는 사람들은 아까 말씀드린 대로 인간이 좀 덜 된 사람들이에요(청중 웃음). 그러니 청년들이 정치에 조금 더 관심을 가졌으면 좋겠어요. 저희들도 청년들이 직업을 갖고 할 일을 찾으면서 이 사회에서 살아갈 수 있게끔 노력해야죠. 제가 할 수 있는 일은 "재벌을 해체하라, 재벌 돈 다 풀어라"라고 주장하는 정도인 것 같습니다만(청중 웃음).

'종북' 원조는 박정희

주진우 2012년 대선 끝나고 제가 잠깐 외국에 나갔다 왔죠. 검찰 내부에서 '너는 꼭 잡으라고 한다. 잠깐 도망갔다 오는 게 좋겠다'고 귀띔해준 사람이 있어서요. 그렇게 나갔다 왔는데도 결국에는 구속영장이 청구됐어요. 영장실질심사를 받기 전날, 신부님과 점심을 먹었습니다. 어쩌면 구속돼서 오랫동안 신부님을 뵐 수 없을지도 모를 상황이었죠. 그날 신부님이 "우리 주 기자, 구속되면 안 되는데……" 하면서 걱정을 하셨지요. 그런데 함께 온 명진 스님이 그러시더라고요. "주 기자가 구속되는 게 사람들 맘에 불을 붙일 수 있어요." 그랬더니 신부님이 가만히 계시다가 한 마디 하셨어요. "그래, 가야 되겠다"(청중 박장대소). 저 그때 좀 섭섭했습니다. "인생 공부도 하고, 갔다 와야 큰 인물이 된다" 이런 말씀도 하셨는데, 저는 큰 인물 되고 싶지 않거든요(웃음). 공부도 싫고요.

어찌 보면 저희들은 신부님이 감옥 가면서까지 민주주의를 외치신 덕에 이렇게 살고 있죠. 끌려가지도 않고 고문 받지도 않고 말이죠. 사실 이분들 덕에 제가 지금처럼 자유를 누리면서 살 수 있는 거니까요. 그런 점에서 항상 감사한 마음을 갖고 있습니다. 〈친북인명사전〉에 1번으로 오르신 함세웅 신부님(청중 웃음). 저기 종북의 꽃인 임수경 누나도 계시고(청중 계속 웃음). 저도 종북 기자 소리를 들은 적이 있어요. 제가 박근혜 친인척을 많이 쫓아다니잖아요. 사기를 치던 박근혜 5촌 조카 애인이 계은숙이라고, 일본에서 유명했던 가수예요. 제가 검찰이나 경찰에 정보를 흘려줘도 움직이질 않았어요. 하는 수 없이 제가 직접 행당동에 있는 계은숙 씨 아파트로 그분을 찾아갔지요. 그날 제가 취재하고 돌아간 뒤 그분이 바로 청와대에 전화를 했대요. 종북 기자가 왔다 갔다고(청중 웃음). 종북, 종북, 종북. 사실 이게 말도 안 되는 얘긴데, 또 잘 먹힙니다.

함세웅 제 생각엔 진지하게 접근하는 방법도 있고, 농담으로 접근하는 방법도 있어요. 먼저 농담으로 접근하자면, 종북은 '종'하고 '북'하고 합친 말이잖아요. 그러니 종 치고 북 쳐라, 뭐 이렇게 넘어가면 되죠(청중 실소). 진지하게 접근하자면 이래요. 제가 몇 년 전, 이런 얘길 했어요. 종북의 원조는 박정희라고요. 무슨 말이냐면요. 연세대 박명림 교수(정치학)가 미국에서 기밀 해제된 문서를 공개한 자료를 보니, 유신정변이 있기 5일 전 우리 측 이후락이 북쪽 박성철 부수상한테 연락을 해요. 5일 뒤 우리한테 큰 변화가 있을 거다. 유신정변—당시엔 유신정변이란 표현을 안 썼겠죠. 이건 제 표현입니다—이게 북을 겨냥한 게 아니니 오해 말라, 이건 남쪽용이다, 이렇게요. 그러고는 유신헌법이 공포되기 하루 전날에도 우리 측에서 또다시 북쪽에 연락을 하죠. 내일이니 오해하지 말라고요. 그러면서 미국 대사에게도 이런 사실을 전했어요. 미국이 이걸 기록으로 남겼죠.[15] 미국 측에서 볼 때는 괘씸했겠죠. '아니, 이 자들이 북한에는 5일 전에 미리 통보하고 우리한테는 하루 전에 얘길 해?' 싶어서요. 그 직후 북한은 사회주의헌법을 제정하고 1인 독재의 길로 나아갔죠. 남한은 박정희 영구 집권 체제로 간 거고요. 그런 의미에서 보자면 남의 박정희와 북의 김일성이 서로 짠 거예요. 그래놓고 입만 열면 '종북' '종북'이래. 너무 뻔뻔한 사람들이에요.

저는 누가 종북 얘길 하면 "지금 종북이 어딨어요? 종북이. 남북이 다 한 형제, 한 자맨데"라고 대꾸해요. (프란치스코) 교황이 바로 이곳 명동성당에서 2014년 8월 18일에 말씀하셨잖아요. "여러분은 남과 북이 갈라졌지만 다 같은 언어를 쓰고 있습니다. 같은 언어를 쓰고 있다는 것은 어머니가 같다는 증거입니다. 어머니가 같은 한 형제자매입니다. 남쪽에 계신 여러분이 북에 계신 형제자매님들을 도와주셔야 합니다." 아니, 외국인인 교황님이 그렇게 말씀하셨는데 동족인 우리는 왜 헐뜯고 있나요? 이건

---

15 1972년 10월 31일 주한미국대사관이 국무부에 보낸 비밀문서에 따르면, 이후락 당시 중앙정보부장은 10월 12일 박성철 북한 부수상을 만나 "남북대화를 지속적이고 성공적으로 지속하기 위해서는 정치 시스템을 바꾸는 게 필요하다고 우리 정부는 생각한다"라고 밝혔다. 그런가 하면 이 문건은 "남북조절위원회 남쪽 실무 대표인 정홍진이 계엄 선포 하루 전인 10월 16일 북쪽 실무 대표인 김덕현을 판문점에서 만나 명시적이고 구체적인 내용을 통보했다"라고도 밝혔다. 2012년 기밀이 해제된 이 비밀문서는 연세대 박명림 교수에 의해 발굴돼 내용이 알려졌다.

부끄러운 일인 겁니다. 외교만 봐도 그래요. 우린 미국뿐 아니라 옛날 소련이었던 러시아, 옛날 중공이었던 중국하고 다 국교를 맺었잖아요. 그렇다면 북은 일본, 미국하고 국교를 맺어야 해요. 우리가 도와줘야죠. 미국과 일본을 설득해서. 그런데 도와주기는커녕 방해를 놓고 있어요. 이런 못난 형제자매가 어디 있겠어요? 이건 순국선열에 대한 큰 죄예요. 이렇게 역사관과 민족의식이 없는 자들이 정권을 쥔 채 권력을 남용하고 있기에 문제가 있는 거죠. 자꾸 종북거리는 사람이 있으면 저는 그래요. "자, 입 좀 크게 벌려보세요. 그리고 (입가에 손가락을 넣고 양옆으로 당기는 시늉을 하며) 이렇게 찢으세요"라고요. 아, 자기 스스로 찢어야 한다니까요(청중 박수).

주진우 선거철만 되면 어김없이 북풍이 붑니다. 현 정권에 통일을 반대하는 세력만 있는 건 아닙니다. 하지만 선거철이 되면 북한에 돈을 주고 총을 쏴달라는 자들이 있어요. 그랬던 자가 국정원장을 하다가 현재 청와대 비서실장을 하고 있어요. 그래놓고 평화를 원하고, 통일을 이야기하면 북한으로 가라고 합니다. 종북타령을 합니다. 마음이 아픕니다. 마음이 아픈 사람이 너무 많습니다. 특히, 꿈꾸어야 하는 젊은이들이 그렇습니다. 신부님, 요즘은 사랑도 못 한다고 해요. 사람이 사랑을 하고 살아야 하는데, 너무 힘들어서, 생활이 제대로 안 돼서 사랑을 못 한다는 젊은이들이 많습니다. 중장년도 그렇고요. 오늘 문성근 형님도 연애를 못 하니까 이런 데 오시는 겁니다(청중 웃음). 사랑하지 못하는 이 젊은이들, 청년, 장년까지 포함해서요, 이 사람들은 어떻게 해야 할까요? 신부님, 사랑이 뭐예요? 신부님, 첫사랑 이야기 해주세요.

함세웅 첫사랑요? 저는요, 첫사랑은 없고 끝 사랑만 있어요. 아니, 첫사랑, 둘째사랑, 셋째사랑, 넷째사랑, 다섯째사랑, 수없는 사랑을 갖고 있죠. "모두의 친구는 아무의 친구도 아니다Amico di tutto, amico di nessuno!"라는 이탈리아 격언에 따르면 결국 사랑이 없다는 말도 될 텐데요. 어쨌든 '한 사람보다는 모두를 사랑하는 것이 더 아름답지 않을까'라고 생각합니다. 좀 궤변이죠? 그런데 제가 고등학생 때 신학교를 갔잖아요. 그냥 우연히 간 게 아니고 성당에서 복사를 하면서 신부님과 수녀님들을 만나고, 중학생 때 본당 주임신부님을 따라 공동묘지에서 미사를 봉헌하면서 사제가 되기로 결심을 했어요. 저는 어려서부터 '영원한 하느님을 사랑하라'는 신앙에 세뇌되었잖아요. 어린 시절에 하느님 사랑 외에는 모든 것이 헛되고 한계가 있다는 가르침이 제 안에 각인되어 있었어요. 그래서 여자 친구를 만나도 늘 이 한계를 생각했거든요. 특히 신학생이 되고, 신학교의 엄격한 생활을 하다 보니까 저절로 이 점을 더욱 마음속에 되새기며 살게 되었죠.

주진우 신부님도 모르게 가슴이 쿵쾅거리고 그런 적은 없나요?

함세웅 솔직히 말하자면 첫사랑이 있긴 있었겠지만 기억이 잘 안나요. 어린 시절 복사할 때, 수녀님들에게 많은 사랑을 받았어요. 그 사랑이 매우 아름답고 좋았죠. 수녀님의 사랑 속에서 저는 늘 하느님의 사랑을 읽고는 했습니다. 이런 연유에서인지 저는 첫사랑의 한 여인이 있기보다는 첫사랑의 여인을 넘어서서 더 큰 사랑, 수녀님께 대한 사랑, 더 나아가 성모님께 대한 사랑 그리고 예수님 사랑, 하느님 사랑으로 끊임없이 상승한 것 같아요. 그렇다고 제가 감히 성인의 경지에 올라갔다고 말할 수는 없겠죠. 다만 인간 사랑의 한계를 절감하면서 끊임없이 초월의 세계를 찾아 나아간다는 구도자적 처지를 말씀드리고 싶은 겁니다. 실제로 제가 혼배미사를 봉헌하면서, 부부를 위해 기도를 바치면서 그분들이 아름답고 행복하게 살도록 하느님께 은총을 빌고 있습니다. 하지만 모든 부부와 가정의 내면을 들여다보면 거기에는 늘 한계가 있고 갈등과 마찰이 있음을 확인하곤 합니다. 저는 남녀의 사랑, 부부의 사랑, 가정생활의 아름다움을 늘 확인하면서도 적어도 사제로서 나의 삶은 첫사랑의 범주를 넘어선 무한한 사랑을 지향해야겠다, 이렇게 생각하고 있어요.

주진우 신부님, 어떻게 사랑이 그래요?

함세웅 주 기자님이 원하는 답을 못 드려 죄송합니다. 키르케고르가 말했잖아요. "연애를 해보아라. 그래도 후회할 것이다. 결혼해보아라. 그래도 후회할 것이다." 그러니 아예 후회를 넘어서서 연애와 결혼을 넘어선 초월자를 향한 투신의 삶이 더 아름답지 않겠어요? 죄송합니다.

몇 달 전, 서울제일교회에서 통합진보당 해산 이후 감옥에 갇혀 있는 분들을 위해 기도회를 열었어요. 그날 예배당이 꽉 찬 걸 보고 함께 갔던 김상근 목사님이 무척 좋아하셨어요. "어우, 예배당에 이렇게 젊은 분들이 많이 오시면 정말 좋겠습니다" 하면서요. 요즘엔 예배당에나 성당에나 젊은 분들이 별로 오시질 않는다 하더라고요. 그래서 제가 목사님 말을 이어 "일단 오늘 예배당에 오신 분들은 구원의 세례를 받은 겁니다" 했죠. 무슨 말이냐 하면, 성경「마태복음」25장에는 최후의 심판에 대한 내용이 나와요. 거길 보면 최후의 심판관으로 온 예수님이 "여러분들은 내가 배고프고 목말랐을 때, 감옥에 갇혀 있을 때, 병들었을 때 찾아와 먹을 것도 주고 마실 것도 주면서 돌봐주었으니 하늘나라에 들어오십시오"라고 구원을 선포하는 대목이 있습니다. 그러자 사람들이 기뻐하면서도 의아해하죠. "저희가 언제 예수님을 뵈었나요? 저흰 뵌 적이 없습니다." 그때 예수님이 말씀하십니다. "당신들이 가장 작은 사람들, 억울한 사람한테 해준 것이 곧 나에게 해준 일입니다." 그런가 하면 예수님은 그 반대편에 앉아 있던 사람들에게는 저주를 내리시죠. "너희는 저주를 받아라. 왜냐하면 내가 목마르고 배고팠을 때, 또 감옥에 있거나 병들었을 때 아무것도 해주지 않았기 때문이다." 이에 대해 저주받은 사람들이 "우리가 언제 예수님을 알고도 모르는 척했습니까? 그런 일 없습니다"라고 억울해하자 이렇게 말씀하세요. "주변에 있는 가장 약한 사람에게 뭔가를 해주지 않았다면 그것이 곧 나에게 해주지 않은 것이다."

1960년 이전만 해도 가톨릭에서는 이 말씀을 그냥 권고사항으로 받아들였어요. 그런데 1960년대 이후 가톨릭교회가 성서 해석을 다시 하면서 '이건 권고가 아닌 명령이다' 이렇게 받아들이게 됐죠. 제가 신학교에서 교수 생활을 하면서 마지막 시험을 칠 때도 학생들에게 이런 얘길 했어요. "나는 졸업시험 문제를 가르쳐 주지 않았지만 예수님께서는 시험문제를 미리 알려주셨다. 최후의 심판에서 구원받느냐, 구원받지 못하느냐를 가르는 관건은 억울한 사람, 약한 사람, 굶주린 사람에게 무엇을 해주었는가 또는 무엇을 해주지 않았는가이다." 이것이 그리스도인의 핵심입니다. 제가 통합진보당 해산 이후 그 당 젊은이들과 당원들을 위해 애쓰는 것은 이분들이 지금 억울하게 고통 받고 있기 때문이에요. 그날 후원회에 모인 분들도 이 사람들을 돕고자 하는 분들이었죠. 그래서 제가 그날 모인 분들께 말씀드렸어요. 여러분은 세례를 받았든 받지 않았든 넓은 의미에서 구원의 영역 속에 들어온 분들이라고요. 오늘도 마찬가지입니다. 오늘 이곳 명동성당 꼬스트홀에 모인 분들은 민주와 평화와 통일을 사랑하는 분, 하느님 안에서 축복받고 은총 받은 거룩한 분들입니다. 고맙습니다(청중 박수).

김수환 추기경을 생각하다

주진우 신부님이 명동성당에 계실 때 김수환 추기경께서 가장 의미있는 일을 하셨어요. 두 분은 어떻게 만나셨어요?
함세웅 아마 1968년 여름쯤일 거예요. 제가 로마에서 유학 중에 당시 마산교구장 김수환 주교님이 서울교구장으로 임명되었다는 소식을 들었습니다. 그분이 로마에 방문하실 때마다 늘 뵙고 안내도 해드리면서 지냈습니다. 아무래도 신임 교구장이고 저는 신임 사제였기 때문에 좀 서먹서먹한 편이었는데 로마에서 여러 번 만나면서 친해지게 되었죠. 그런데 로마에서 뵐 때마다 이분이 일본 사제들을 만나면 일본어로 대화를 나누는 거예요. 그래서 제가 좀 직언을 했어요. "주교님! 왜 일본어를 쓰십니까? 유엔에서 쓰는 공식 언어인 영어를 쓰든지 아니면 여기는 이탈리아니까 이탈리아어를 쓰시죠." 제 말을 듣고 조금 언짢아하시더군요. 그러나 그분께서 박정희 유신 독재에 맞서 직언을 하시는 강론들을 들으면서 저를 비롯한 사제들은 매우 기뻤습니다. 지학순 주교님 구속 사건 이후 구속된 많은 분들의 석방 운동과 정의구현사제단 활동을 하면서 그분과 가깝게 지냈죠. 그러나 마찰과 갈등도 많았습니다. 아무래도 저희는 젊은 세대이니 정부 당국과 직접적인 마찰도 꺼리지 않고 앞으로 돌진한 반면, 교구장으로서 김수환 추기경은 저희보다 더 신중한 편이었지요. 외부에서 볼 때는 함께 손잡고 일한 것으로 보였지만 내부에서는 많은 갈등과 마찰이 있었습니다. 그래도 그 나름대로 잘 해결하면서 지내왔죠. 특히 제가 1985년 서울교구 홍보국에서 일할 때는 교구장인 추기경님은 물론 사무처장 신부님과 한마음 한뜻으로 전두환 독재에 대응하며 호흡을 잘 맞췄습니다.

김수환 추기경은 대구교구 출신으로 마산을 거쳐 서울에 왔기에 어쩔 수 없는 대구식의 사고랄까, 한계가 있었어요. 그 때문에 아픔이 좀 있었습니다. 교구장으로서 그분의 훌륭한 업적도 많지만 서울교구의 정체성이랄까, 선후배 사제들과의 끈끈한 연대의식 같은 전통이 좀 사그라든 것 같아요. 특히 서울교구장 말기와 은퇴한 뒤의 그분의 언행은 다소 수구적이고 친정권적으로 변질된 듯해 더욱 마음이 아팠습니다. 이 점 때문에 제가 발길을 끊었는데 지금 되돌아보니 그때 인권변호사님들이나 가톨릭 성직자들을 모시고 그분을 더 자주 방문해 대화를 나누었더라면 좋았을 텐데 하는 생각을 해보기도 합니다. 어쨌든 그분의 교구장 전반기는 아름다웠지만 후반기는 큰 아쉬움으로 남습니다. 이 점을 개인적으로 늘 마음 아프고 안타깝게 생각합니다.

주진우 이제 마무리할 시간이 됐습니다. 오늘 신부님들은 안 오시고 수녀님들만 많이 오셨네요.

함세웅 아니에요, 신부님도 오셨어요. 박동호 신부님요.

주진우 아, 그렇군요. 신부님, 감사합니다(청중 박수). 많은 수녀님들도 감사합니다(청중 계속 박수). 스물두 살 청년 노동자가 "노동권을 보장하라" "기계처럼 살 순 없다" 이 한 마디를 외치고 스스로를 불사른 지 45주년 되는 오늘, 이곳에 모인 모든 뜻있는 분들에게 감사드립니다. 동료를 위해, 민주화를 위해, 통일을 위해 지금도 달려가고 있는 많은 분들에게도 감사드립니다. 신부님, 이분들을 위해 기도해주십시오.

함세웅 기도에 앞서 잠깐 말씀드리고 싶은 게 있어요. 제가 1985년에서 2005년까지 성심여대에서 종교 강의를 했어요. 나중에 이곳이 가톨릭대로 통합이 됐는데, 가톨릭대는 종교 과목 이수가 의무입니다. 가톨릭대는 신자만 진학하는 게 아니어서, 가톨릭 신자가 아닌 분들도 종교 강의를 듣게 되잖아요. 이분들한테는 성경을 강의한다는 게 좀 언짢게 여겨질 수도 있을 것 같았어요. 그래서 강의 제목을 '유다와 문학사상'이라고 짓고, 성서에 나오는 문학적 관점의 주제를 12개가량 뽑아 강의를 했죠.

성서도 처음엔 역사서로 시작합니다. 보통 역사 이전 얘기들은 신화로 쓰게 되잖아요. 우리 단군신화가 그렇듯 말이죠. 이게 사실이냐 아니냐 하는 것은 중요치 않죠. 중요한 것은 단군신화 속에 담긴 역사적 교훈이니까요. 성서도 「창세기」 1장에서 11장까지에는 신화적 요소가 담겨 있습니다. 그 뒤로는 왕들의 역사가 담겨 있죠. 그런데 왕들한테 허물이 참 많았습니다. 다윗이 대표적이죠. 가장 훌륭한 왕이었지만 가정사에 서너 번의 분란이 이어집니다. 사학자들이 왕의 허물을 있는 그대로 제시하듯, 성서 또한 이를 기록하면서 후대에 증언해주고 있습니다. 이런 역사서 시대가 끝나면 두 번째는 예언자 시대입니다. 이 시대에는 예언자들이 불의한 왕을 막 꾸짖습니다. 목숨을 걸고 싸웁니다. 젊을 적 우리들의 삶이 한때는 그랬겠지요. 세 번째는 바빌론이라든가 페르시아처럼 큰 나라에 둘러싸여 자기들끼리 싸우면 안 되는 시기가 도래합니다. 이 시기에는 '아, 싸움을 하면 안 되겠구나. 지혜로워져야 되겠구나' 해서 지혜문학이라는 게 형성됩니다. 이 시기 지혜문학을 공부하다 보면 '아, 이게 바로 격언집이구나' 싶어져요. 여기 나오는 격언, 속담 이런 것들을 하느님과 연계해 이해하다 보면 그것이 바로 성경이 됩니다. 우리들의 삶 전체가 성서적인 요소가 되는 거죠.

그런데 지혜문학 다음으로 필요한 것이 있습니다. 바로 꿈입니다. 아까 주 기자가 말씀하신 그 꿈입니다. 뭔가 황당무계하면 꿈같다는 얘기들을 많이 하죠. 그렇지만 문익환 목사님 같은 분은 구약 학자로서 그 꿈을 가지셨기에 서울역에 가서 "평양으로 가는 기차표를 주쇼" "간도 가는 기차표를 주쇼" 할 수 있었던 겁니다. 그러면서 시도 쓰고,[16] 북으로 훌쩍 가서 김일성 주석도 껴안고 오셨던 거죠. 이처럼 체제를 넘어서는 꿈을 꾸는 분들, 묵시문학을 하는 분들이 바로 신앙인입니다. 어떻게 보면 황당한데 꿈을 지녀야 현실이 되는 거죠. 저도 은퇴한 뒤로는 젊을 때처럼 막 뛰어다닐 수가 없어요. 힘도 없고요. 그렇지만 우리에게 필요한 게 지혜라는 건 알 수 있습니다. 지혜를 가진 자는 항상 내일을 꿈꿀 수 있어야 합니다. 오늘에 매몰되어서도 안 되죠. 물론 주변을 돌아보면 분노가 치밀죠. 조·중·동이 유포하는 잘못된 정보와 불의한 정치인들에 휘둘리는 분들도 많으니까요. 그렇지만 현실에 매몰될 게 아니라 이분들을 우리가 움직여야 해요. 다른 생각과 다른 표현으로 이분들에게 감동을 줘야죠. 그러자면 우리가 모범이 돼야겠죠?

이렇게 모범이 되는 삶을 살아야겠다 생각하면서, 가톨릭 얘기

---

16 문익환의 시 「평양 가는 기차표」를 가리킴.

로 마무리를 하겠습니다. 이달 말이면 성탄을 한 달 앞둔 대림 시기가 옵니다. 대림 곧 미래를 기다리는 시간인데요. 미래에는 두 가지 의미가 있습니다. 하나는 영어로 퓨처future, 그러니까 그냥 가만히 있어도 오는 미래예요. 그런데 성서의 대림에서 말하는 미래는 앞당기는 미래, 선취先取하는 미래입니다. 선취적 미래. 그러니까 내가 지금 비록 2015년을 살고 있기는 하지만, 나는 이미 2020년, 아니 멀리 2050년을 살고 있는 거예요. 민주주의가 이룩되고 통일이 이룩된, 박근혜는 이미 타파된 그런 미래를 살고 있는 거죠(청중 환호). 여러분이 그런 희망을 가질 수 있다면 참 좋겠습니다. 그런 미래를 꿈꾸면서 기도드릴게요. 가톨릭 신자나 개신교 신자처럼 그리스도교 신자들은 용어가 같으니까 괜찮을 거고, 불교나 원불교 신자들께서는 제가 '하느님' '예수님'이라고 부르는 대목에서 '부처님' '원세상'을 떠올리시기 바랍니다. 우리 부모님과 선조들을 마음속에 모셔도 괜찮고요. 각자 앉은 자리에서 편안하게 우리 마음속의 하늘을 향해 잠시 묵념기도 올리겠습니다.

함께 하는 기도

거룩하신 하느님, 이곳 뜻깊은 명동성당에서 사랑하는 시민들, 청년들과 함께 주진우 기자가 주관하는 대화 모임을 함께하고 있습니다. 오늘은 전태일 열사가 산화한 날입니다. 자기 몸을 불태우면서 "우리도 인간이고 싶다. 노동자의 인권을 보장하라"고 외친 그 이십대 초반 청년의 헌신을 마음속에 되새깁니다. 순국선열들의 헌신과 예수님의 십자가의 죽음을 통한 부활의 의미 또한 전태일 청년의 삶에서 다시 확인합니다. 불의한 정권, 불의한 재벌과 기업은 여전히 건재합니다. 많은 노동자들 또한 제2, 제3의 전태일과 같은 마음으로 지금 불의한 현실과 싸우고 있습니다.

이곳 명동성당에서 역사의 의미를 되새기며 민주주의의 실현과 통일, 인권 회복을 위해 노력했던 많은 분들을 마음속에 품으면서 또 기도드립니다. 한때 김대중·노무현 대통령 시절에 민주화의 의미를 잠시 맛보기도 했습니다만, 다시 이명박에서 박근혜로 이어지는 동안 거짓말하는 정치인들, 거짓 언론 때문에 우리들이 마음 아파하고 속상해하고 있습니다. 그렇지만 이는 우리들의 업보이기도 합니다. 이명박, 박근혜, 새누리당, 친일파·독재자들의 후손, 잔존자들이야말로 우리 시대의 악이며 동시에 우리가 짊어져야 할 십자가입니다. 성서 속의 그 십자가입니다. 이 십자가를 잘 짊어지고 고난의 언덕을 넘어 아름다운 평등 공동체, 민주주 공동체를 이룩하고 싶습니다. 저희의 간절한 염원과 기도를 들어주소서.

주님의 이름으로 사랑과 선행을 베푼 모두 교우들과 또 동지들을 기억하며 기도합니다. 병마와 싸우고 있는 많은 형제자매들의 치유를 위해, 또 감옥에 갇혀 있는 형제자매들의 석방을 위해서도 기도합니다. 제주 강정마을의 평화일꾼들, 밀양 송전탑 등지에서 애쓰고 있는 우리 주민들, 전교조의 형제자매들, 세월호 참사 희생자와 가족들을 모두 아픈 마음으로 기억합니다. 국정교과서 저지를 위해 애쓰는 많은 시민과 청년 학생들, 교사와 교수들, 뜻있는 의인들의 노고도 기억합니다. 노동자, 농민들의 염원 또한 마음속에 되새깁니다.

하느님, 불의한 정치인과 관료들, 재벌, 부패한 모든 공직자들, 사법부와 검찰 인사들을 모두 정화해주시고 정의롭고 평등한 공동체를 꼭 이루어주십시오. 저희와 국민 모두를 깨우쳐주십시오. 순국선열의 고귀한 뜻, 그리고 민주주의와 통일을 위해, 노동자의 권익을 위해 애썼던 희생자의 삶을 늘 되새기며 아름다운 삶을 살겠습니다. 오늘 역사를 배운다는 주제 속에서 나 개인의 삶, 가정의 삶, 공동체의 삶과 증언이 역사의 가장 중요한 핵을 이루고 있음을 깨닫습니다. 거짓된 자들이 잠시 우리를 짓누르고 있습니다만, 역사의 물줄기와 기록은 그것을 넘어서 언제나 정사를 기록하고 있음을 기억합니다. 희망을 갖고 살아가는, 꿈을 실현해가는 아름다운 민주시민들이 되게 해주십시오. 함께하는 저희들과 가족들, 그리고 우리 겨레와 동지들을 영육간에 지켜주시고 축복해주옵소서. 이 밤, 기쁘게 잠들 수 있게 해주시고 희망찬 기쁨의 내일을 우리 모두에게 허락해주옵소서. 우리 시대의 주역인 청년들에게 희망과 기적을 보여주옵소서.

이 모든 것을 성령 안에서 그리스도를 통하여 비나이다. 성부와 성자와 성령의 이름으로, 아멘(청중 다 같이 "아멘"). 고맙습니다(다 같이 박수).

정치
쟤들 망하겠죠?

현대사 콘서트 / 부산
2015년 11월 27일

1987년 6월 항쟁을 통해 직선제 개헌이 이뤄졌으며, 그해 12월 개정헌법에 따라 대통령선거가 처음 치러졌다. 사진은 명동성당 앞에서 구호를 외치는 시민들.
ⓒ 천주교사제단

부마 민주항쟁을 불러일으킨 YH 사건

주진우 안녕하세요, 주진우 기자입니다(청중 박수). 신부님, 인사하시죠.

함세웅 함세웅입니다. 오신 분들 모두 반갑습니다. 오늘 여기 오신 분들, 특별히 여성분들은 주진우 기자를 사랑하시죠?(청중 다 같이 웃으며 "네" 하고 대답.) 오늘 주진우를 아끼고 사랑하는 모든 분들, 그리고 비록 소수지만 청년·남성들이 용기를 내어(웃음), 가정과 세상을 바꿀 수 있도록 함께 노력하면 참 좋겠습니다.

주진우 자, 그럼 함 신부님을 모시고 두 번째 이야기를 시작하겠습니다. 지난번에는 명동성당에서 역사 얘기를 했고, 오늘은 두 번째로 정치 얘기를 해보려 합니다.

신부님이 걸어오신 길이 한국 현대사를 관통하는 길이었고, 현대사의 주요 고비마다 신부님이 자리를 지켜주셨습니다. 그 얘기를 젊은 사람들이 마음에 깊이 새겼으면 하는 게 제 바람입니다. 제가 신부님을 10년 넘게 모시고 같이 일을 해왔습니다. 어려운 일이 생길 때마다 신부님은 경험에서 우러난 냉철한 판단으로 저를 크게 깨우치셨습니다. 여러분도 신부님을 보면서 많은 것을 배우고 느꼈으면 합니다.

제가 기자 일을 이렇게 오래할 거라곤 상상도 못 했습니다. 전늘 셋째 줄 정도에 서 있었어요. 그런데 앞에 섰던 놈들이 다 도망가버린 겁니다(청중 웃음). 삼성 기사는 못 쓴다, 국정원 기사는 못

쓴다, 종교 기사는 못 쓴다, 이명박 기사는 못 쓴다, 박근혜 기사
는 못 쓴다, 이렇게 다들 빠져나가다 보니 제가 앞에 서게 됐습니
다. 제 신조가 '쪽팔리게 살지 말자'잖아요(청중 웃음). 제가 돈이
없지 '가오'가 없는 건 아니잖습니까. 그러다 보니 여기까지 오게
됐습니다. (함 신부를 바라보며) 신부님만 안 만났으면 이명박하고
땅 파고 놀았을 텐데…… 한숨이 납니다. 신부님, 제가 이렇게 기
자질을 열심히 할 줄은 몰랐어요(웃음). 기자가 된 뒤 신부님을 만
난 게 제게는 가장 큰 축복이었습니다. 여러분도 신부님과 함께
은혜로운 시간, 축복된 시간 갖기 바랍니다.

함세웅 아멘(일동 박수와 웃음).

주진우 어제가 김영삼 전 대통령 장례식(2015년 11월 26일)이었습
니다. YS 하면 YH 사건을 떠올리는 사람이 많습니다. 1979년 8
월로 시계를 돌려보겠습니다. 당시 우리나라 10대 수출품 가운
데 가발이 5위 안쪽에 위치하고 있었습니다. 그러니까 우리 누이
들 머리카락을 잘라 팔아서 기름도 수입하고 기계를 사와서 경제
를 굴리는 구조였습니다. 그런데 가발 산업이 점차 수지가 맞지
않게 됐습니다. 이런 건 후진국, 인건비가 싼 나라에서나 하는 산
업이잖아요. 인건비는 오르고 이익이 점점 줄어들자 YH무역의
사장은 회사 문을 그냥 닫습니다. 그러자 우리 누이들이 노동조
합을 만들었어요. 청춘을 바친 회사가 없어진다고 하니까. 그런
데 노조를 만들었다고 사장이 직장을 폐쇄하고 미국으로 건너가
겠다고 합니다. 억울한 누이들은 파업을 하고, 정치권의 힘을 빌

리러 마포에 있는 신민당사에서 농성을 하게 된 거죠. 1979년 당시 YS가 신민당 총재였죠. DJ는 감옥에 가 있었고요. 그때 신부님도 감옥에 계셨나요?

함세웅 저는 그 일이 끝난 다음에 갔어요.

주진우 끝난 다음에 가셨다고요? 그전에도 감옥에 계셨잖아요?

함세웅 그러니까 그전에 갔다 잠깐 나와 있었는데(청중 웃음), 그사이에 YH 사건이 터진 거예요.

주진우 부끄러워 마시고요(웃음). 그러니까 그전에 감옥에 간 건 3·1 민주구국선언 사건 때였던 거죠?

함세웅 그렇습니다. 1976년에 명동성당에서 3·1절 미사를 봉헌하면서 민주구국선언을 발표했다가 관련자들이 전부 구속됐죠. 한 2년 정도(41~44쪽 참조) 감옥 생활을 했습니다.

주진우 그래서 감옥에 갔다가 출소하신 게?

함세웅 제가 1977년 12월 성탄 때 나왔다가 8개월 만에 다시 구속되었어요. 그때는 정국이 아주 무섭고 살벌했죠. 그때 마침 기관원으로 추정되는 자들이 경북 영양군의 농민 한 사람을 울릉도로 납치한 사건이 벌어져 거기 항거했다가 문정현 신부님하고 저하고 다시 구속이 되었죠(45쪽 참조). 구속집행정지 상태였으니까 재판 절차도 없어요.

주진우 1979년 8월 9일 신민당사에 들어간 누이 100여 명이 농성을 시작하자 그로부터 이틀 뒤인 8월 11일 새벽 2시 공권력이 투입됩니다. 경찰이 투입되기 직전, 경찰이 YH 노동자들을 연행하려

하자 YS가 마포경찰서장 뺨을 때렸다고 합니다. 당사에 와서 단속하고 채증하는 경찰 멱살도 잡고요. 그런데도 결국 새벽녘에 경찰이 들이닥쳤죠. 이때 여공들이 강하게 저항을 했을 거 아녜요? 이 과정에서 김경숙이라는 스물한 살 된 여공이 목숨을 잃습니다. 당시 언론이 "살인적인 진압 과정에서 비극적인 일이 벌어졌다." 이렇게 보도했을까요? 그러지 않았습니다. 우리 농민 백남기 씨가 물대포를 맞고 사경을 헤매는 일이 벌어졌을 때 언론 대다수가 외면했던 것처럼요. 만일 언론이 당시 진압 과정을 자세히 설명했다면 여론이 들끓었겠죠. 그런데 9월, YS가 〈뉴욕 타임스〉와 인터뷰를 합니다. "미국은 공개적이고 직접적인 압력으로 한국의 박정희 대통령을 제어하라"는 내용으로요. 이걸 보고 박정희가 열이 받아서는 국회를 움직여 날치기로 YS를 제명하죠. 박근혜 대통령이 아버지의 나쁜 면을 그대로 따라 하는 정치를 하고 있다는 게 보이죠.[17] 끓어오르던 민중의 힘이 이곳 부산에서부터 분출하기 시작합니다. 1979년 10월, 부산대 학생 5천여 명이 박정희의 독재를 규탄하며 시위에 나섭니다. 동아대 학생 1천여 명도 같이 나서 시위에 가담했죠. 그러자 부산에 위수령이 내려집니다. 위수령은 질서와 치안을 위해 군부대가 지역에 주둔해 임하는 것에 대해 규정한

---

17 YS의 〈뉴욕 타임스〉 인터뷰 직후 여당이었던 민주공화당과 유신정우회 국회의원 159명 전원은 국회에 YS 징계동의안을 제출했다. 제명안은 10월 4일 통과됐다. 국회의장이 경호권을 발동해 수백 명의 무술경위를 배치해놓은 상태에서 10분 만에 날치기로 제명안이 통과된 것이다. 그날로 YS는 국회의원직에서 제명되고 가택연금 상태가 되었다. 이에 맞서 신민당 국회의원 66명과 통일당 국회의원 3명이 의원직 총사퇴를 선언했고, 이를 계기로 부마민주항쟁이 일어났다.

대통령령입니다.

함세웅 그렇죠. 10월 16일이었죠.

주진우 1979년 10월 17일 저녁, 부산시민들이 학생들과 합세해 파출소와 KBS, 구청, 세무서 등을 습격합니다. 구호를 외치거나 그 앞에서 노래를 부른 정도가 아니었어요. 습격하거나 파괴했습니다. 그런데도 당시에 물대포가 등장하지는 않았습니다(청중 웃음). 그 직후, 10월 18일, 정부가 0시를 기해 부산 일대에 계엄령을 선포합니다. 계엄령은 전쟁과 사변 등 국가 비상사태가 일어났을 때 질서 유지를 위해 그 지역의 사법권과 행정권을 계엄 사령관이 행사할 수 있도록 대통령이 선포하는 명령입니다. 계엄군이 투입되면서 천 명이 넘는 시민이 연행됐습니다. 그러자 다음 날인 19일에는 마산에서 들고일어납니다. 마산대학교와 경남대학교 학생들이 시위를 벌이기 시작했죠. 노동자와 고등학생들이 합세하면서 민주공화당사, 파출소, 방송국 등이 차례로 불탑니다. 그러자 이번엔 마산에 위수령이 선포됩니다. 이것이 1979년 10월 20일이었습니다. 며칠 뒤 김재규 당시 중앙정보부장이 마산에 왔다 갑니다. 당시는 데모만 하면 무조건 빨갱이로 몰아서 죽이기까지 하던 시대였어요. 그런데 이번에는 '아, 이건 몇몇 종북 빨갱이가 일으킨 그런 소요 사태가 아니구나'라고 김재규 부장은 직감합니다. 데모하러 나선 군중한테 일반 시민들이 음료수 사주고 밥도 사주고 하는 걸 보면서 '이건 혁명이 일어날 조짐이다' 생각한 거죠. 이런 내용을 보고하자 박정희 대통령은 이렇게 말했다고 합니다. "옛날에 4·19 때는 내무부장관이 발포 지시를 내렸지만, 이번엔 대통령인 내가 발포 명령을 내리면 누가 나를 사형시키겠느냐"고요. 옆에 있던 차지철은 또 이렇게 말합니다. "캄보디아에서는 3백만 명을 죽였어도 끄떡없었다. 우리도 데모대나 간첩 같은 놈들 1, 2백만 명 죽인들 뭐가 어떻겠느냐."

며칠 뒤 10월 26일이 옵니다. 본래 10월 26일은 안중근 의사가 이토 히로부미를 저격한 날이죠. 안중근의사기념사업회 이사장님인 함세웅 신부님 인사하세요(청중 웃음과 박수). 그래서 1979년 10월 26일 박정희 대통령은 남산에 있는 안중근의사기념관 비석 제막식에 참석할 계획이었다고 합니다. 기념관에 '민족정기의 전당'이라는 글이 새겨진 비석이 들어서게 돼 있었는데, 그 글씨를 박 대통령이 썼습니다. 다만 본래 정기는 '정신의 기운, 혼' 그런 뜻인데 정신 정精 자 대신 바를 정正 자를 썼어요. 오타를 낸 거죠(웃음). 아무튼 제막식에 참석하려던 박 대통령은 갑자기 일정을 바꿔 그날 오후 삽교천 방조제 준공식에 갑니다. 그리고 그날 저녁 시바스리갈을 먹다 총에 맞아 죽은 거죠. 여대생과 가수의 접대를 받다가. (함 신부를 보면서) 10월 26일 그날, 신부님은 감옥에 계셨죠?

함세웅 아, 네, 뭐(청중 웃음).

주진우 신부님은 별 잘못도 안 했는데 맨날 감옥에 계셨네요.

함세웅 그런데요. 감옥에 갇혀 있다는 게 좀 힘들긴 하지만, 혼자만의 공간이라 정신도 집중할 수 있고, 독서에도 매진할 수 있어요. 기도도 많이 할 수 있고요.

주진우 그래서 맨날 저 보고 감옥에 가라고 하세요?(청중 폭소)

박정희가 죽고 신군부가 등장하기까지

함세웅 아무튼 그날 얘길 해볼게요. 우린 10월 26일에 무슨 사건이 있었는지 당연히 몰랐죠. 그다음 날인 27일이 됐는데, 교도소 전체 분위기가 이상해요. 제가 그때 영등포교도소에 있었는데, 교도관들이 다 군복을 입고 아무도 못 나가게 하는 거예요. 보통은 아침 식사 마치고 일반 죄수들은 일하러 나가거든요. 저야 일하러 나가지도 못하고 독방에 갇혀 있었지만. 그런데 어쨌거나 그날은 이상한 거예요. 뭔가 시끄러우면서 살벌하고요. '이상하다' 하면서 쇠창살 너머로 보니까 저 멀리 조기弔旗가 걸려 있더라고요. '거참 이상하다. 왜 조기지? 미국 대통령이 죽었나?' 처음엔 그렇게 생각했죠. 박정희가 죽었을 거라곤 상상도 못 했으니까요. 그렇게 오전 시간이 흘러갔어요. 제 시간표에 따라 기도도 하고 책도 보고 하다 11시 30분쯤 됐는데 다른 방에서 물 뜨러 오라고 신호가 와요. 동아투위 사건으로 감옥에 끌려온 〈동아일보〉 기자 세 분이 갇혀 있는 방에서요. 그래서 제가 물 좀 뜨러 다녀와도 되겠느냐 했더니 교도관이 못 나가게 해요. 자기가 떠다

줄 테니 오늘은 가만히 있으라고요. 그래서 제가 "오늘은 한 번도 못 나가 답답하니까 아주 잠깐만 나갔다 오겠다"라며 사정사정했죠. 결국 허락을 해줘서 물통을 들고 그 방에 갔더니 세 분이 (속삭이는 목소리로) "신부님, 아세요?" 하는 거예요. "뭘요? 전 몰라요." "어젯밤에 김재규 부장이 (방아쇠 당기는 시늉을 하며) 이렇게 해서 박정희가 갔답니다." 오전에 아내들이 와서 알려줬대요. 그 얘길 듣는 순간, 가슴이 두근두근하고 전율이 느껴졌어요. 너무 깜짝 놀랐죠. 그래서 더는 묻지도 못하고 내 방으로 돌아왔어요. 그때 점심이 나왔는데, 점심밥을 이불 속에 그냥 넣어두고 기도를 했어요. 눈물이 나더라고요. 그리스도교 신자들께서는 아시겠지만, 모세의 기적이란 게 있어요. 모세가 맨발로 바다로 걸어 들어가자 바다가 둘로 갈라졌다는 이야기요. 어릴 적에는 그 얘길 들으면서 '바다가 어떻게 갈라지나?' 싶었지요. 그래도 성경에 나온 얘기는 무조건 믿어야 한다고 생각해 전 무조건 믿었어요. 의심의 여지없이. 그런데 그 순간 '아, 이게 바로 모세의 기적이구나' 하는 걸 깨달은 거예요. (이스라엘 백성들이) 바빌론 70년 유배 생활에서 해방된 기쁨도 깨달았어요. '내가 감옥에서 해방을 맛보는구나. 이게 하느님의 섭리다' 싶었죠. 이렇게 신학적으로, 성서적으로 많은 깨우침을 준 게 바로 박정희의 죽음이었습니다.

주진우 전율이 느껴졌다면, 좋은 쪽으로 느껴졌다는 거죠?

함세웅 네, 감동이었죠(청중 폭소).

주진우 여러분께서는 지금 최고 수위의 고품격 독재자 비판 강연을 듣고 계십니다(청중 폭소). 여러분, 지금 사진 찍는 건 괜찮은데 강연 내용 녹취해서 SNS에 올리지는 마세요. 두 사람 잡혀가는 꼴 보고 싶지 않으면 말이죠(청중 웃음).

함세웅 에이, 이런 걸로 안 잡혀가요. 이건 과거 역사를 얘기하는 건데요 뭘. 과거의 역사적 사실을요.

주진우 하지만 역사를 자기 생각대로 써야 한다고 주장하는 분도 있잖아요. 박씨 영웅 연대기 비슷하게. 하긴 그분이 30년 넘게 같은 헤어스타일을 고수하는 분인 걸 감안하면 뚝심이 있긴 해요(청중 폭소). 자, 다시 당시로 돌아가서. 신부님께서 감동의 기도를 올리셨다 했습니다. 그런데 어떻게 보면 당시 박정희라는 사람이 유신의 핵이었잖아요. 독재의 대마왕이랄까? 이런 사람이 사라질 거라는 생각은 안 해보셨나요? '저 독재자 좀 빨리 죽게 해주세요' 그런 기도 안 하셨느냐는 거죠(청중 웃음).

함세웅 했죠, 당연히(청중 폭소). 현대 가톨릭에서는 세상과의 소통이랄까 뭐 그런 것의 기준이 되는 문헌이 있습니다. 제2차 바티칸 공의회 문헌집입니다. 교회의 중요한 가르침들이 그 문헌에 실려 있어요. 이 문헌에서 정치는 '공동선'을 실천하는 중요한 수단이라고 정의하고 있죠. 그리고 그 공동체 구성원의 억압에 대해서는 저항하라고 가르치고 있습니다. 신학자로서, 사제로서 저는 기도하고 그 기도가 이루어지도록 세상 한가운데서 활동했습니다. 이 세상에 정의가 이뤄지고 모든 불의가 퇴치되게끔 해달라고요. 그러니 자동적으로 불의한 자는 제거해달라는 게 되겠네요(웃음).

아 참, 제가 부마항쟁에 대해 한 가지 보충하고 싶은 게 있어요. 아까 말씀하신 대로 김재규 부장이 당시에 부산에 내려왔다가 놀랐다고 했잖아요. 민심이 완전히 이반된 걸 알고 위에 직언을 한 거고요. 그런데 박정희나 차지철의 대답이 너무 엉뚱하니까 '이거 안 되겠구나' 싶어 나름 결의를 다짐했다는 건데, 그전에 부산대 학생들이 들고일어나게 된 이유가 있었다고 해요. 이화여대 학생들이 당시에 부산대 남학생들한테 편지를 보냈다는 거예요. "야, 뭣들 하노?" 하면서 가위를 동봉했대요. 이렇게 불의한 정권 앞에서 아무것도 못할 거라면 차라리 '거기를 잘라버려라' 하는 메시지였던 겁니다. 전국의 모든 대학생들이 감옥에 갇혀 있는데 부산 대학생들만 조용할 수 있느냐, 뭐 그런…… 이런 얘기가 당시에 워낙 널리 퍼져서 1990년대 민주화운동기념사업회에 있을 때 제가 한번 알아봤어요. 실제로 그런 일은 없었대요. 이대생들이 아니라 사실은 부산대 여학생들이 이 얘길 만들었대요. 남학생들을 분발시키려고요. 그런 의미에서 오늘 이 자리에 오신 여성분들이 부산에 있는 남성분들을 자극해 민주화의 불길을 일으켰으면 참 좋겠습니다(청중 박수).

주진우 실제로 다른 지역 대학생들이 선도적으로 나선 데 비해 부산이 조용했던 건가요?

함세웅 그렇지만도 않았어요. 당시 부산은 상당히 상징적인 도시였어요. 어제 김영삼 전 대통령 장례식이 있었죠. 이분의 공과에 대해서는 평이 엇갈립니다만 나름대로 1980년대 이전까지는 민주화를 위해 아주 애쓰셨던 분이에요. 이분에 대한 애정이 강하니까 부산시민들도 늘 결집이 잘되었죠. 그런 지역에서 항거가 일어났기에 상징성도 더 컸던 거고요.

주진우 10·26 이후에 바로 풀려나셨나요? 나와 보니 바깥 상황은 어떻든가요?

함세웅 박정희가 사살된 뒤로도 50일 동안 감옥에 더 갇혀 있었어요. 긴급조치 9호가 해제되지 않았으니까요. 그 뒤 전두환 신군부가 정권을 장악하면서 12월 8일에 긴급조치 9호를 해제했죠. 그러면서 최규하 씨가 장충단에서 대통령 권한대행으로 임명을 받아 임기를 시작했고요. 우린 감옥에 있었으니 내용을 잘 몰랐습니다만 그래도 풀려나면서 '이젠 시대가 바뀌었구나' 하는 생각을 갖게 되었죠. 그때부터 시작된 게 김대중·김영삼·김종필로 상징되는 이른바 3김 시대입니다. 그런데 이분들이 박정희의 유산을 제대로 청산하지 못했어요. 더욱이 전두환을 중심으로 신군부가 권력을 장악하려 움직이리라는 것을 전혀 예상하지 못한 채 자신들의 정권욕에만 매달려 있었던 것이지요. 한 사람의 시민으로서, 종교인으로서 대단히 가슴 아팠던 대목이에요.

특히 김영삼 전 대통령에 대한 아쉬움이 하나 있어요. 그분이 민주화를 위해 애쓰셨다는 걸 전제로 말씀드리는 거예요. 그러니까 1979년 12월 8일, 석방이 된 그날 저녁 뉴스를 듣는데 당시 신민당 총재였던 YS가 발표한 성명서 내용이 "앞으로는 신민당이 주체가 되어 민주화를 이룩하겠다"는 것이었어요. 그 얘길 들으면서 '아, 저분이 조금 미숙하구나' 싶었지요. 정치인으로서 책임감이 없다고나 할까요. 유신 때 수많은 청년 학생들, 지성인들, 목사님들, 그리고 저 같은 사제들까지 옥고를 치렀어요. 당연히 긴급조치 9호가 해제됐을 때 '죄송합니다. 우리 정치인들이 제 역할을 못했기 때문에 선량한 시민들이 감옥에 갇혔습니다. 저희의 불찰입니다. 이제는 우리 정치인들이 목숨을 걸고, 어떤 불의한 정권이 나오더라도 맞서 싸우겠습니다. 나라와 민주주의와 시민을 지키겠습니다. 그동안 부족했던 것들을 용서해주십시오' 이렇게 먼저 말씀을 하셨어야죠. 그런 뒤 신민당을 중심으로 이 일을 해나가겠다고 하셨어야죠. 그런데 그런 속죄와 반성의 메시지가 없었다는 것입니다. 그래서 제가 '아, 앞으로가 참 걱정이구나' 싶었지요.

그 뒤 실제로 전두환을 중심으로 한 신군부가 차례차례 계획을 세워 정권을 잡지 않았습니까? 5·18 광주 학살 사건을 일으켜놓고 김대중·김영삼·김종필을 다 연금하고는 정권을 잡았죠. 결국 3김 모두 시대정신을 깨닫지 못했던 겁니다. 정치인들이 그 시대에 자기 몫을 다할 때 민주주의가 이룩되는 것인데, 그걸 몰랐던 것이지요. 박정희가 왜 사살됐는지, 그 의미를 깨닫지 못했어요. 안타까운 건, 40년이 지난 지금까지도 그 역사가 재현되고 반복되고 있다는 거예요. 이게 참 가슴 아프고 안타까운 일입니다.

우리 국민 모두가 깨어나는 그만큼, 정치인이 깨어나는 그만큼, 비로소 참된 민주주의도 실현되는 것이구나, 이런 생각을 하면서 오늘도 야당 의원들에게 지혜와 추진력이 부족한 점을 가슴 아프게 생각하고 있습니다. 그나마 이곳 부산에서, 10월 부마항쟁의 정신이 재현돼 앞으로는 아름다운 미래를 이룩했으면 좋겠습니다(청중 박수).

김영삼·김대중의 단일화 실패 그리고 3당 합당

주진우 독재의 원흉이 1979년 10월에 제거되긴 했는데, 또 다른 군부가 곧바로 권력을 이양받습니다. 그 뒤 5·18 광주민중항쟁이 일어났고요. 1981년 부산에서는 부림 사건이 일어납니다. 당시에는 온갖 간첩단 사건이 조작됐죠. 특히, 정부의 큰 부정 뒤에는 꼭 대형 간첩단 사건이 생깁니다. 동백림 사건 때 유학생들을 납치해 간첩이라고 고문해서 국제 사회의 비난을 샀죠.[18] 그런데 저분들은 국가 이미지가 떨어지거나 국격이 훼손되는 건 아무런 상관도 없는 것 같아요. 대통령의 기분·기운·혼 그런 것만 중요하

---

18 1967년 중앙정보부가 발표한 간첩 사건. 한국에서 프랑스·독일로 유학간 교민과 유학생 등 194명이 동베를린에 있는 북한 대사관과 평양을 넘나들며 간첩 교육을 받고 대남적화 활동을 했다는 죄목으로 재판에 회부돼 이중 34명이 1심에서 유죄를 선고받았으나 대법원 최종심에서는 모두 무죄로 풀려났다. 작곡가 윤이상, 화가 이응로, 시인 천상병 등이 당시 동백림 사건에 연루돼 고문을 받았다. 윤이상은 1심에서 무기징역을 선고받고 옥고를 치렀으나 독일 정부와 음악인들의 항의로 2년 만에 수감 생활에서 풀려났다.

죠(청중 실소). 그때나 지금이나 마찬가지입니다.

1980년과 1981년을 거치면서 서울에서는 학림 사건이 벌어집니다. 모여서 세미나하던 대학생들을 잡아다 간첩으로 만든 사건이었죠.[19] 부산에서도 비슷한 사건이 있었습니다. 당시 야학에 참여하면서, 학생운동을 해서 사회가 좀 나아지는 데 기여하겠다는 생각을 갖고 있던 의식 있는 학생들이 있었습니다. 이 학생들을 경찰과 정보기관원이 잡아다 고문을 해서 간첩으로 만든 사건이었죠. 이름하여 부림 사건이었습니다.[20] 당시 변호사가 노무현 대통령이었죠. 세무변호사로 한창 이름을 날리고 있던.

여러분, 영화 〈변호인〉 보셨죠? 당시 주임검사가 최병국이었는데, 그 양반이 새누리당에서 3선을 했습니다. 울산 정가의 좌장 노릇을 하고 있고요, 종편에 출연하면서 지금 배 두드리며 잘살고 있습니다. 그 밑에 고영주라는 수사검사가 있었습니다. 이 사람은 지금도 툭하면 민주인사를 빨갱이라고 손가락질해요. 그런 분이 지금 방문진(방송문화진흥회), 그러니까 MBC를 대주주로서 관할하는 법인의 이사장 노릇을 하고 있습니다. 고문을 방조하고 사건을 조작했던 검사들은 이렇게 잘살고 있습니다. 당시 고문을 받고 간첩으로 몰렸던 학생들은 감옥에 갔다 온 뒤로도 어려움을

---

19 전두환 신군부 세력이 민주화 세력을 탄압하기 위해 학생운동 단체 등을 반국가 단체로 몰아 처벌한 사건. '학림學林'이라는 명칭은 당시 대학생 단체였던 전민학련이 첫 모임을 가진 장소가 대학로 학림다방이었다는 데서 유래했다. 학림 사건은 신군부 세력의 정권 안정을 위해 날조된 대표적인 공안사건으로 거론된다. 황우여 전 교육부장관이 당시 2심 배석판사를 담당했으며, 황 전 장관은 이 사건에 대해 피해자들에게 유감을 표명한 바 있다.

20 부림은 '부산의 학림 사건'이라는 뜻에서 붙인 명칭이라고 한다.

겪었습니다. 당시 변호사였던 노무현은 정치를 바꾸려다 결국 몸을 던질 수밖에 없는 현실에 부딪쳤고요. 이 사건의 주 무대가 부산이었습니다.

　신부님께서 말씀하신 대로 부산은 야도였습니다. 늘 야성이 살아 있었습니다. 그런데 1987년 대통령선거에서 야권 단일화에 실패한 뒤 1990년 김영삼 대통령이 부산의 야권 인사들을 규합해 신한국당으로 넘어가는 3당 합당을 벌이면서 야권의 맥이 끊깁니다. 1992년 총선에서 허삼수와 노무현이 나란히 부산 동구에 출마했는데요. 쿠데타의 주역 허삼수는 전두환의 오른팔이자 총잡이 노릇을 했던 자입니다. 그런데 이런 자가 3당 합당 결과 민자당 후보로 나서게 됐죠. 이보다 4년 앞선 1988년 총선 때만해도 노무현은 김영삼의 통일민주당 후보로서 상대방인 민정당 허삼수 후보를 꺾은 바 있습니다. 그런데 1992년에는 YS가 민주당 후보로 나선 노무현을 비방하면서 허삼수 선거운동을 했습니다. 야권을 지지했던 부산시민들에게는 이게 큰 아픔으로 남았습니다. 이러면서 부산에서 야권의 맥이 끊긴 거죠. 사실, 김영삼이 불세출의 스타였습니까? 불세출의 지도자였습니까? 신부님, 김영삼 대통령은 어떤 사람이었나요?

함세웅 좋은 분이었죠.

주진우 좋은 분요? 달랑.

함세웅 네.

주진우 아니, 그러니까 돌아가신 분한테 예의를 갖추는 건 알겠는데요(청중 웃음).

함세웅 (웃으며) 제가 그분과 직접 대면한 건 1974년 박정희 유신 독재가 한창일 때였어요. 그때 민청학련 사건이 터지고 나서 정치인과 재야인사, 우리 종교인 들이 민주회복국민회의라는 단체를 만들었습니다. 거기서 김대중·김영삼 전 대통령, 함석헌 선생님, 이태영 여사, 이런 분들을 다 뵈었어요. 그때 내 나이가 서른세 살이었어요. 젊은 사제로서 이분들을 모시면서 대변인 역할을 했던 거죠. 그때 이분들을 보면서 느꼈던 게 '아, 모든 사람이 다 나이가 들어서도 신념을 간직하는 것은 아니구나. 언제라도 변심할 수 있고, 변절할 수 있구나'였어요. 그러면서 실망하기도 하고 마음 아파하기도 했습니다. 어쩔 수 없는 인간의 한계겠죠.

김영삼 전 대통령도 개인적인 품성으로는 좋은 면이 많았어요. 민주화를 위해 애쓴 거목이시기도 했고요. 금융실명제를 전격 실시하고 하나회를 청산한 것, 전두환·노태우를 구속하고 사형 언도까지 내리게끔 법적 조처를 취한 것, 모두 우리가 긍정적으로 평가해야 하는 부분이겠죠. 다만 한계도 있었어요. 무엇보다 이분이 야당 총재이면서도 그 숱한 대학생, 노동자, 시민, 문인, 언론인, 종교인 들이 감옥에 끌려가 고난을 받을 때 단 한 번도 감옥에 가지 않았다는 점을 짚고 싶어요.

주진우 YS는 한 번도 감옥에 가지 않았나요?

함세웅 네, 한 번도 가지 않았습니다. 또 한 가지 짚고 싶은 건 1987년 대통령선거에서 후보 단일화에 실패한 거예요. 당시 김영삼 전 대통령과 김대중 전 대통령, 두 분의 단일화를 위해 모든 분들이 굉장히 애를 썼어요. 그런데 두 분 다 정치적인 뜻이 있었던 데다 이분들을 보좌하는 분들이 있다 보니 결국에는 두 분의 뜻만으로는 단일화가 안 되더라고요. 결과적으로 1987년 겨울 대통령선거에서 군부정권을 종식시켰어야 했는데 그러질 못했어요. 이런 아픔을 우리가 늘 기억해야 한다는 점을 말하고 싶어요.

무엇보다 역사적인 실책은 3당 합당이죠. 이곳 부산은 6월항쟁 때도 결정적인 역할을 했죠. 1987년 6월 26일 부산에서는 가톨릭 정의평화위원회를 비롯해 수도자, 청년 학생, 시민 들이 대대적으로 항거했습니다. 노무현 전 대통령도 함께했었죠. 옛날 신문에 당시 모습이 그대로 남아 있습니다. 이것이 결정적으로 6월 29일 노태우의 항복 선언을 이끌어내는 계기가 됐던 것입니다.[21] 그런데 이런 노력이 결국에는 야권 분열, 양김 분열로 인해 노태우 정권의 탄생으로 이어지면서 김영삼 전 대통령으로서는 고민이 많았을 겁니다. 정권을 잡을 기회가 도무지 보이질 않으니까요. 그래서 묘수를 쓴 게 1990년 1월의 3당 합당이었습니다. 이 부분이 역사적으로 큰 실책이었죠. 3당 합당은 부산뿐 아니라 한국의 민주화운동사에 큰 상처를 남겼고, 특히 그 후 세대에게는 수단

---

21 1987년 6월 내내 대통령 직선제 개헌을 요구하는 시위가 끊이지 않자 당시 민정당 대통령 후보였던 노태우는 6월 29일 이 같은 요구를 전격 수용한다는 특별선언을 발표한다. 이로써 그해 10월 국민투표를 통해 직선제 개헌이 이뤄졌으며, 12월 개정헌법에 따라 대통령선거가 처음 치러졌다.

과 방법을 가리지 않고 어떤 식으로든 정권만 잡으면 된다는 잘못된 생각을 심어주었습니다. 그러니 이것이 김영삼 전 대통령의 가장 큰 과오일 수밖에 없죠. 3당 합당 때 김영삼 전 대통령을 따라갔던 분들이 오늘날 새누리당의 골수분자들 아닙니까? 김무성, 서청원 같은 분들이죠. 이분들이 요즘엔 입만 열면 '종북' '종북' 하고 있어요. 정치인으로서 정상적인 행태라고 볼 수 없죠. 분단을 미끼 삼아 공포정치 내지 분열정치를 하면서 다른 사람에게 거짓을 심어주는 이런 나쁜 씨앗이 뿌려진 게 바로 3당 합당 때입니다. 그런 만큼 이 부분을 역사적으로 깊이 성찰해야 한다고 저는 생각합니다.

주진우 제가 YS 차남인 현철 씨와 YS의 오른팔로 통했던 최형우 전 내무부장관한테도 물어봤어요. 그분들은 3당 합당을 안 했다면 YS가 대통령도 될 수 없고, 문민정부도 태어날 수 없었을 거라 얘기하던데, 이에 대해서는 어떻게 생각하세요?

함세웅 그야 뭐, 평계 없는 무덤 없다고, 우리가 공동묘지 가서 물어보면 돌아가신 분들도 다 할 말이 있는 거니까요(청중 웃음). 나쁜 짓을 해서 뺏은 돈으로 남을 도울 수도 있는 거고요. 그렇지만 그걸 우리가 자선이라고 얘기할 수는 없잖아요. 그 결과를 갖고 얘기하기보다는 그 행위가 지향한 바를 냉철하게 비판해야 할 것 같습니다. 어떤 이유로든 잘못된 건 잘못된 것입니다. 구차하게 변명하는 건 바른 정치인의 자세가 아니라고 생각합니다.

주진우 기자들 사이에 전해 내려오는 얘기 가운데 YS와 DJ를 비교하는 유명한 일화가 있어요. 과거에 요정 정치가 성행했잖아요. 요정에 가서 마음에 드는 아가씨를 보면 DJ는 날마다 그 집으로 밥을 먹으러 갔대요. 말도 못 붙인 채 눈만 한 번씩 마주치면서요. 그렇게 한 열흘 동안 공을 들여놓으면 YS가 어느 날 갑자기 이 아가씨 손목을 잡고 밖으로 데리고 나가버린답니다(청중 웃음). 이런 얘기도 있었어요. 과거엔 촌지를 주곤 했죠. 그런데 DJ는 기자들한테 돈을 줄 때 꼭 뒤로 돌아 직접 두어 번 세어본 다음 돈을 건넸다고 합니다. 그게 얼마 되지도 않았대요. 그런데 YS는 "오늘 돈은 없고 이게 전부야"라면서 지갑을 던져주었답니다. 물론 그 지갑은 던져주기 위해 미리 세팅된, 준비된 지갑이었죠. 이게 YS 스타일이었다고 해요. 신부님도 두 분을 오랫동안 지켜보셨잖아요. YS와 DJ는 어떤 차이가 있고, 어떤 특징이 있었나요?

함세웅 제가 두 분과 지내보고 얻은 결론은, 종교든 정치든 거기에 권력이 함께 공존하게 되면 늘 악이 생겨날 수밖에 없다는 거예요. 종교도 권력을 지향하게 되면 악으로 갈 수밖에 없거든요. 프란치스코 교황께서 계속해서 교회 쇄신을 얘기하는 이유도 그 때문입니다. 그런 의미에서 저는 DJ, YS 두 분이 똑같았다고 얘기하고 싶습니다. 물론 김대중 전 대통령이 더 명석했다거나 능력이 있었다고 말할 수도 있겠습니다만 두 분이 양보를 배웠더라면, 희생과 헌신을 배웠더라면, 민중을 먼저 생각하는 큰 뜻을 가졌더라면 우리가 훨씬 더 앞서서 민주화를 이룩할 수 있었겠죠. 그렇지만 결국에는 자기 욕심과 집단적인 탐욕 때문에 국민 모두가 이렇게 시련을 겪고 있으니…… 여기에는 김대중 대통령의 책임도 있고, 김영삼 대통령의 책임도 있는 것이죠. 나아가 그들을 뽑은 우리에게도 책임이 있는 것이고요. 그런 의미에서 우리 국민 모두가 깨어나야 할 것입니다. 그런데 주 기자님은 두 분 중 어느 분을 더 낫게 평가하세요?

주진우 아무래도 YS보다는 DJ 쪽이 좀 더…….

함세웅 나아요?

주진우 네. 비교하긴 좀 그렇습니다만, 남북 화해와 통일을 향한 큰 걸음, 인권을 향한 헌신 등 DJ가 걸어온 길이 더 높게 평가받을 가치가 있다고 봅니다.

함세웅 네, 물론 그런 부분은 긍정적으로 평가할 만한 대목이죠. 그리고 또요?

주진우 감옥에도 많이 가셨죠(청중 웃음).

함세웅 감옥은 많이 가셨죠. 하지만 그분이 자기에게 돈을 직접 갖다준 김중권 씨를 초대 비서실장으로 임명했잖아요. 또 당시 김대중 씨 주변에는 박정희·전두환 때 관료를 했던 사람들이 함께하고 있었습니다. 그런 의미에서 보자면, 2015년 현재 시점에서 평가할 때 두 분은 모두 역사적으로 책임이 있는 분들이라고 말씀드리고 싶네요.

선거 제도와 언론이 만든 '이명박근혜'

주진우 사실 YS와 DJ를 비교한다는 건 참 행복한 고민이라고 생각합니다. 지금은 박근혜 씨가 대통령을 하고 있으니까요(청중 웃음).

함세웅 대통령 아니에요.

주진우 아이, 신부님. 그래도 대통령이잖아요. 부정 선거는 있었지만.

함세웅 뭐가 대통령이야. 그냥 그 여인, 그러면 돼요(청중 박장대소). 지난번 대통령 선거는 완전히 불법·관권 선거였잖아요. 선거 무효 소송이 제기돼 있는데, 대법원이 이걸 계류하고 있어요. 소장이 접수된 지 2년 10개월이 지났는데도 심의조차 안 한다는 건 대법원에 문제가 있는 거지요. 제가 아는 한 동창 신부님은 박근혜를 '짝퉁 대통령'이라고 해요.

주진우 이로써 신부님이 저보다 감옥에 한 발짝 더 다가서게 되셨네요(청중 웃음). 부산이 1970~80년대 민주화와 정치의 꽃을 피워온 곳이잖습니까? 인물도 많이 나왔죠. 김영삼 대통령이 나왔고, 노무현 대통령이 나왔고, 문재인·안철수도 나왔고, 조국도 있고…… 지금도 인재가 계속 나오고 있습니다. 이번 대선에서 가장 중요한 역할을 할 곳이 부산 경남인 것 같습니다. TK, 호남, 충청, 나아가 수도권도 부산·경남이 어떻게 키를 잡느냐에 따라 한국 정치의 방향이 달라질 것 같아요. 제가 기자 생활을 하면서 지켜본 바로도 그렇습니다. 2002년 대선 때는 물론이고요. 그 뒤로도 선거 때마다 승부처는 부산이었습니다. 부산에는 늘 40%

를 넘는 깨어 있는 시민들이 있습니다. 그런데 선거 제도가 번번이 발목을 잡습니다. 14대 총선 15 대 1, 15대 21 대 0, 16대 18 대 0, 17대 17 대 1, 18대 17 대 1, 19대 16 대 2, 1990년 3당 합당 이후, 부산은 야당의 무덤이었습니다. 여섯 번의 총선을 치르는 동안 새누리당이 거의 싹쓸이하다시피 했습니다.[22] 깨어 있는 시민 40%가 있음에도 불구하고 그들의 의견은 전혀 반영되지 않는 현실은 암울하기만 합니다. 이 현실을 어떻게 해야 하나요?

함세웅 우리가 합의제 민주주의를 위해 노력해왔습니다만, 일단은 선거 제도에 큰 문제가 있습니다. 새누리당이 지난 총선에서 국민의 지지를 얻은 게 43%인데 현재 의석 수는 과반이 넘어요.[23] 특히 영남에서 얻은 득표율이 54.7%인데 의석 수는 94%를 싹쓸이하고 있습니다. 그 바람에 부산에서 야권 지지율이 35~40% 정도 되는데도 불구하고 18석 전부를 새누리당이 가져갈 수 있는 상황인 것이죠.

이건 말이 안 됩니다. 35~40% 지지율이면 그만큼 의석을 가져갈 수 있어야죠. 이게 비례대표의 원리입니다. 권역별 비례대표제라는 게 어려운 게 아니에요. 유권자들의 투표율만큼 국회의원 수가 나와야 한다 이겁니다. 그런데 이렇게 선거 제도를 바꿔가자는 데 새누리당이 선거 제도가 바뀌면 과반수 달성이 불가능

---

22 20대 총선에서 더불어민주당은 부산에서 5석, 경남에서 3석을 얻었다.

23 제18대 총선에서 한나라당은 43.5%의 득표율을 기록했지만 153석을 차지함으로써 51.2%의 의석률을 기록했다. 제19대 총선에서 새누리당은 43.3%의 득표율을 얻어 전체 300석 중 152석을 차지하면서 50.7%의 의석률을 기록했다.

하다고 공개적으로 말하면서 동의해주지 않고, 야당 또한 제대로 투쟁하지 못하고 있습니다. 저는 선거 제도 개혁이 실현되지 않는다고 해도 우리 부모님이나 친구, 친지 같은 주변 사람들에게 이 내용을 널리 알리고 일깨워주셨으면 합니다. 국민들의 지지를 받는 만큼 의석 수를 가져갈 수 있어야죠.

저는 비례대표제가 바뀔 수 있다면 국회의원 수도 현행 300명에서 500명으로 늘려야 한다고 주장하는 사람입니다. 1948년 제헌국회 때는 인구 10만 명당 한 명의 국회의원이 나왔어요. 그러니 인구가 5천만 명인 지금은 500명쯤 나오는 게 맞지요. 우리가 정책을 논할 때 300명이 논하는 게 좋겠습니까, 500명이 논하는 게 좋겠습니까? 당연히 많은 쪽이 좋겠죠. 국회의원 늘리면 세비가 더 늘어난다고 하는데, 지금 대통령이 한 해 동안 주무르는 예산이 얼마입니까? 375조 원이에요. 이걸 청와대와 재경부가 마음대로 씁니다. 반면 국회 예산은 2천7백억 원, 인건비까지 합쳐도 5천4백억 원에 불과합니다. 비교가 안 되는 수치입니다. 국가예산이 어떻게 쓰이는지 감시하는 게 국회입니다. 더 많은 국회의원들이 감시할 수 있어야 해요. 다 우리 세금이니까요. 청와대와 재경부가 자기들 맘대로 쓰고 있지는 않은지 감시해야죠.

그런데 언론까지 합세해 국민을 속입니다. 전 언론도 공범자라고 생각해요. 지금 언론은 완전히 정권의 시녀가 돼 있습니다. 자발적인 시녀입니다. 1970년대만 해도 억압 때문에 마지못해 시녀 노릇을 했는데 지금은 자발적으로 그냥 노예가 돼버렸어요.

정부가 주는 돈에 길들여져서 그런 겁니다. 다 바꿔야 합니다. 대수술을 해야 해요. 그런데 바꿀 방법이 현재로서는 선거밖에 없습니다. 선거에 젊은 분들, 그리고 어른들이 관심을 가져야 할 이유가 여기에 있습니다(청중 박수).

주진우 1970년대에도 TV만 보고 〈조선일보〉만 보면 '야, 우리가 위대한 영도자를 잘 따라야 하는데 야당이나 학생들, 불순세력들이 북한하고 내통해서 내란을 벌이려 한다'는 식으로 생각하기 쉬웠죠.

함세웅 물론 그때도 그랬습니다. 당시에는 언론사마다 중앙정보부원이 상주했어요. 그러면서 감시를 했죠. 그러다 〈동아일보〉 기자들이 '기관원 출입 금지' 등을 요구하면서 자유언론실천선언을 발표한 게 1974년이었는데요. 이런 걸 주장한 게 당시로서는 참 대단했던 겁니다.[24] 지금은 언론들이 기관원이 상주하지 않아도 그냥 알아서 기는 자발적인 노예가 됐어요. 노예가 억지로 노예생활을 할 때는 항거심이 있는 법인데, 자발적인 노예는 먹을 것만 많이 주면 히히거리죠. 주진우 기자님은 자발적인 노예가

---

24 1974년 10월 24일 〈동아일보〉 기자들은 기관원 출입 금지, 신문·방송·잡지의 외부 간섭 배제, 언론인 불법연행 거부 등 3개항을 골자로 한 '자유언론실천선언'을 발표했다. 이것이 빌미가 되어 중앙정보부는 〈동아일보〉 광고주들을 불러 광고 해약 압력을 가했다. 그해 12월 말부터 〈동아일보〉 광고가 무더기 해약 사태를 빚으면서 광고란이 백지로 나가는 초유의 사태가 벌어졌다. 이에 독자들이 자발적으로 '격려 광고'를 게재하는 등 〈동아일보〉 기자들의 자유언론 실천 투쟁을 지지하는 움직임이 활발하게 일어났다. 하지만 〈동아일보〉 경영진은 정권의 요구에 굴복해 1975년 3월 17일 동아일보사에서 농성 중이던 기자와 사원 160여 명을 거리로 내쫓았다. 이때 해직된 기자 등을 중심으로 1975년 3월 18일 결성된 것이 '동아자유언론수호투쟁위원회', 약칭 '동아투위'다.

된 그 기자들을 때리면서 기자를 개혁하는 운동을 하셔야 해요.

주진우 네. 그러겠습니다. 하지만 현실은 〈힐링캠프〉에 나갔다가 통편집당하고 있습니다(청중 웃음).

아까 1년 예산 얘기하셨죠. 2015년 총 예산이 375조 4천억 원이었는데요. 이런 돈을 강 판다, 땅 판다, 그리고 자원외교 한다면서 자기네들 챙기는 데 다 쓰고 있습니다. 자원외교와 4대강 사업 한다면서 낭비한 돈만 100조 원가량 됩니다. 100조 원이면 천만 명한테 천만 원씩 뜯어간 꼴이에요. 여러분 지갑에서 천만 원씩 뺏어간 셈입니다. 이게 진짜 합법입니까? 정권 이름으로, 정책 이름으로 여러분들 돈을 뺏어간 것에 대해 늘 깨어서 분노해야 합니다. 잘못됐다고 꾸짖어야 합니다. 그런데 '원래 정치인들이 다 그렇지' 하면서 1번 찍어주고, '김무성 나왔네' 하면서 또 찍어주고…… 사실 똑똑한 우리 국민이 이러는 게 이해가 잘 안 돼요. 이런 말이 떠오릅니다. "노예가 노예로 사는 삶에 너무 익숙해지면 놀랍게도 자신의 다리를 묶고 있는 쇠사슬을 서로 자랑하기 시작한다. 어느 쪽의 쇠사슬이 빛나는가, 더 무거운가."

사실 사람들은 박근혜가 잘못하고 있다는 걸 알아요. 물론 잘한다는 사람들도 있죠. 연세 많은 분들 중에 잘 모르셔서 그렇게 생각하는 분들이 있어요. 그런 분들까지 때릴 필요는 없죠. 문제는 잘못하고 있다는 걸 알면서도 대안 세력이 없다면서 계속 박근혜를 지지하는 사람들이에요. 여기에는 언론 잘못이 크죠. 이명박 때는 이명박이 못한다, 너무 탐욕적이라는 여론이 비등했을 때 언론이 박근혜를 대안 세력으로 키워줬어요. 박근혜가 야당 역할을 하게끔 마이크를 대준 겁니다. 그런데 지금 문재인이나 야당이 박근혜가 잘못하고 있다고 얘기하면 언론에서 그냥 무시해버립니다. 그러면서 야당은 무능하다는 얘길 계속해요. 반면 박근혜는 원칙과 신뢰를 지킨다, 거짓말을 하지 않는다고 합니다. 그런데 사실 이분의 원칙은 말을 바꾼다는 거예요(청중 웃음). 이분의 신뢰는 아버지만 떠받드는 거고요. 어버이연합만 신뢰하고요. 이제껏 박근혜는 수없이 말을 바꿔왔습니다. 약속을 지키지 않으면 거짓말쟁이죠. 누군가 아버지한테 뭐라고 하면 부르르 떨어가면서요. 그런데 언론은 이런 걸 비춰주지 않습니다. 돌이켜보면 '원칙과 신뢰의 박근혜' '선거의 여왕 박근혜'라는 말도 언론인들이 만들어준 허상이에요.

지금은 박근혜가 잘못 가고 있다는 얘기를 제대로 해주는 사람이 없습니다. 저 서슬 퍼런 독재 시대 때도 이렇지는 않았어요. DJ는 싸웠고요, YS도 소리쳤습니다. 경찰서장 뺨도 때렸어요. 신부님도 젊은 나이에 독재에 항거했죠. 끌려가면서도 이건 잘못됐다고 소리쳤습니다. 그런데 지금은 어쩌다 이렇게 됐을까요? 러시아가 푸틴을 찬양하고 북한이 김정은을 찬양하듯 우리 언론은 박근혜 찬양 일색입니다. "박 대통령을 태운 왕실 마차가 버킹엄궁에 들어설 때는 햇빛이 쨍쨍 비췄다"는 식의 어처구니없는 기사를 만들어내기도 합니다. 대안 세력의 주장은 비춰주질 않습니다. 어쨌거나 이를 돌파해내는 게 야당의 몫이자 문재인의 몫인 거잖아요. 그런데 야당이 이런 대안 세력이 되지 못하고 있습니다. 신부님, 야당 보면 못마땅하시죠?

함세웅 못마땅하죠. 우선 좀 안타까운 게, 마침 이명박 얘기가 나와서 하는 말인데, 2007년 대선 전에 이명박 씨가 서울 광운대학교에서 "BBK 회사를 내가 만들었다"라고 얘기한 동영상이 나왔잖아요. 거의 자백을 한 꼴인데 언론에서 제대로 보도도 안 하고, 검찰도 제대로 조사를 안 하니 너무 기가 막히더라고요. 자기 입으로 명함도 찍고 회사를 운영했다고 말하는 모습이 동영상에 다 나왔는데, 그걸 보고도 진실을 식별하지 못하는 게 우리 수준이구나 싶어 참 안타까웠어요. 박근혜도 후보 때 한 얘기와 한나라당 국회의원이었을 때 한 얘기, 그리고 지금 하는 얘기가 전부 다르잖아요. 하나만 예를 들자면 후보 시절에 박근혜가 인혁당 사건 얘길 한 적이 있습니다('인혁당 사건'은 136쪽 참조). 1975년 인혁당 관계자 8명에 대해 대법원 확정 판결이 나자마자 17시간 만에 사형이 집행된 그 사건에 대해 박근혜가 사과를 했어요. 물론 본인이 한 것은 아니고 누가 써준 걸 읽은 거겠죠. 어쨌거나 자기 입으로 사과를 했는데, 지금은 정반대 일을 하고 있습니다. 야당 정치인들이 할 일은 하나예요. 박근혜 본인이 후보 시절 말했지만 지키지 않은 내용, 이걸 끝까지 추궁해야죠. 그런데 지금은 그냥 정치 논쟁으로 한번 얘기하고 지나가는 식으로 끝이 나버려요. 그러다 보니 우리 국민들도 '뭐, 정치는 으레 거짓말을 하는 거구나' 이러면서 덮어버리게 되죠.

주 기자님 말씀대로 저 사람들이 매번 '신의' '성실' 이런 말을 입에 올리고 있는데, 저는 저들이 우리의 좋은 말, 좋은 언어를 오염시키고 있다고 생각해요. 4대강뿐만 아니라 우리의 언어, 우리의 사고까지 오염시키고 있는 겁니다. 정말 모두가 중병에 걸렸어요. 이걸 고치기 위해서는 열 배, 스무 배, 백 배의 노력을 해야죠. 야당 국회의원들이 그 노력의 첨병이 돼야 하고요. 얼마 전 우리 농민 백남기 씨가 물대포에 맞아 뇌사 상태에 빠졌죠. '어떻게 이런 상황에서 5천만이 들고일어나지 않느냐?'고 했더니, 한 여성 작가가 이런 해석을 내려주었어요. "국민들도 진실을 다 압니다. 그럼에도 불구하고 움직이지 않는 이유는 들고일어나 봤자 대안 세력이 준비돼 있지 않기 때문입니다. 국민들은 정치인들이 대안 세력을 만들 때까지 기다리고 있는 것 아닐까요?" 제가 그분 말씀에 전적으로 동의하는 건 아니지만, 그 얘길 듣고 "고난의 때에 아름다운 미래를 꿈꾸면서 때를 만들고 때를 찾고 때를 기다려야 한다"는 성서 말씀이 떠올랐습니다. 성서에도 이런 묵시록적인 사상이 있거든요.

사실 개인적으로는 부끄럽습니다. 우리나라가 경제적으로, 문화적으로는 얼마나 발전한 나라입니까? 그런데 정치적으로는 최후진국이에요. 사법 제도, 경찰 제도, 검찰 제도 다 마찬가지입니다. 백남기 농민의 따님이 네덜란드 사람이랑 결혼을 했던데, 그 사돈 되시는 분이 한국에 와서 이렇게 말씀하셨어요. "요즘 박근혜 씨가 하는 얘기를 들어보면 유럽에서는 그 자체로 탄핵감인 것 같다"라고요. 어떻게 시민들의 시위를 IS(이슬람국가)의 폭거 내지 테러에 비유할 수 있느냐는 거죠. 그 자체로 대통령 퇴진감이자 탄핵감이라는 그분 말씀이 보도된 것을 보면서 참 부끄러웠어요. 유럽에서는 탄핵감인 그런 내용들을 우린 제대로 포착도 못한 채 그냥 받아들이고 있구나, 이렇게 마비된 시민과 국민 모두를 깨우는 작업을 누군가는 해야겠구나 싶어서요. 그러자면 의지도 필요하고 결심도 필요하겠죠. 함께하자는 연대의식도, 함께할 시간도 필요할 테고요. 그래서 제가 이렇게 주 기자님을 따라다니기로 한 겁니다. 주 기자님 가는 곳에 젊은이들이 많이 오시니까요.

주진우 아니에요. 제가 신부님을 따라다니고 있는 겁니다, 지금. 법적으로 중요한 사항입니다(웃음).

함세웅 제가 따라다녀요, 허허허(청중 박수).

주진우 여기 계시는 정보기관 요원 여러분, 제가 따라다니는 걸로 확실하게 녹취해주셔야 합니다(청중 웃음). 박근혜 이야기를 듣다 보니, 뭔가 기분이 나빠지고 기운이 없어지고 혼이 나빠지는 건 확실하네요(웃음). 또 한 가지 걸리는 게, 역시 신부님이 주로 얘기하는 사람은 여성이라는 겁니다. 여성 작가님 이야기도 나왔고……

함세웅 아, 그건요. 제가 어려서부터 어머니 사랑을 많이 받고 자랐어요. 어려서 성당 다니면서 수녀님들 사랑도 많이 받았고요. 그래서 제가 수녀님들을 좋아했어요. 나중에는 여러 수녀원 다니면서 강의도 많이 했고요. 1990년대 초에는 여성신학도 공부했고요. 여성들은 생명의 모태잖아요. 하느님께서 여성들에게 아름다움을 주시고, 또 생명력을 키울 수 있는 능력을 더 주셨어요. 그래서 여성에 대한 외경심을 갖고 있지요. 또 제가 가톨릭 신자로서 성모님도 존경하고 있고요. 오늘 여기 오신 분들도 우리 시대의 새로운 유관순 열사이자 성모 마리아죠. 저는 이렇게 생각하면서 대화를 나누고 있고, 모든 수녀님들을 존경하고 있습니다. 그래서 제가 사랑받고 있습니다(청중 박수).

지금의 야당이 대안 세력이 될 수 있을까?

주진우 그렇다면 오늘 오신 훌륭하신 분들에게도 질문을 좀 받아보죠.

청중1 1년 전부터 정의당을 지지하고 있습니다. 새정치연합이 대안 세력이 못 될 것 같아서요. 그런데 정의당은 힘이 없고 더 커지질 않네요. 그 당에 좋은 사람들이 있다는 건 알겠는데, 어떻게 하면 그 사람들이 시민들에게 다가가고 그 힘을 퍼뜨릴 수 있을까요?

주진우 역시 여성분이라 주옥같은 질문을 하셨습니다(청중 폭소). 답변은 신부님이 해주시죠.

함세웅 정의당을 지지한 지 1년 되었다고요. 음, 제 개인적인 체험을 말씀드리자면요. 1987년 6월항쟁 직후에 노동자 운동이 대대적으로 일어났어요. 그분들은 이를 '87년 노동자 대투쟁'이라고 부르지요. 그때 조금 안타까웠던 게 이분들은 군부 독재가 아직 청산되지 않은 상황에서 자신들의 생존권, 임금 인상 이런 걸 걸고 기업하고만 싸웠어요. 그것이 당시 노동운동의 한계가 아니었을까 하는 게 제 생각입니다. 노동과 관련된 가장 중요한 부분이 법을 만들고 그것을 집행하는 행정부잖아요. 근본적인 정치 민주화가 이루어지지 않는다면 노동자들이 당하는 억압과 불평등은 개선되기 어려운 겁니다. 1970년대 노동운동 하던 분들은 좀 달랐어요. 그분들은 정치 민주화를 통한 노동 제도 개혁을 위해 박정희 독재 정권과 싸우면서 온갖 수모를 다 당했죠. 반면 1980년대 이후 노동운동을 하신 분들은 뭐랄까, 독재 정권이 요구하는 경제 투쟁 그러니까 임금이라든가, 노동 조건 같은 좀 제한된 부분만 가지고 투쟁을 하니까 집단 이기주의랄까, 그런 데 빠진 측면이 좀 있었던 것 같습니다. 제가 전태일 묘소 앞에서도 민주노총 간부들한테 이런 얘기를 했어요. "노동이 사회 전반적인 제도와 정치 민주화와 직접적인 관련이 있습니다. 기업 단위의 투쟁보다 좀 더 큰 틀에서 의제를 설정했으면 좋겠습니다. 특히 정부나 기업이 비정규직 형제자매를 껴안지 않는다 할지라도 여러분은 여러분이 받는 봉급의 10%를 떼어 비정규직 형제자매들을 도와주십시오. 그러면 정권 담당자와 기업가들도 감동을 할 겁니다." 물론 이런 걸 실천하기는 좀 어렵겠죠. 내 것을 내놓아야 하니까요.

요즘엔 집회에 가보면 비정규직 노동자 수가 더 많습니다. 이런 판국인데 정부는 노동법을 개악하려 들고 있어요. 이에 대해 정의당이나 노동자들이나 전면적으로 반대하고 있는데, 제가 드리고 싶은 말씀은 일단은 정권 교체를 위해 힘을 모으는 게 중요하다는 거예요. 새누리당은 똘똘 뭉쳐 있는데, 우리끼리 분열돼 있으니 정권 교체가 불가능합니다. 민주와 진보를 내세우는 분들은 항상 갈라지고 분열돼 있어요. 이렇게 분열되면 결국 누구한테 득이 되나요? 불의한 여당에 득을 안겨주게 되죠. 1927년에 생긴 신간회는 좌우합작을 표방했습니다. 사회주의 계열이든 민족주의 계열이든 일단 힘을 합하자, 그래서 독립을 이룩하자, 이러면서 힘을 모았죠. 그런 정신이 지금 필요한 게 아닐까, 저는 생각합니다. 친일파, 독재 잔재, 유신 잔재, 부패 정권을 타파하고자 하는 모든 분들은 하나로 모여야죠. 합심하고, 연대를 이룩해야죠.

　물론 질문하신 분을 포함해 정의당이나 지금 없어진 민주노동당, 통합진보당 지지자 분들이 보기에는 새정치연합이나 여타 다른 야당이나 못마땅한 점이 많을 거예요. 대안 세력으로서도 기대에 못 미치고요. 지금 야권에서 신당 추진 움직임도 활발한데요.[25] 우리의 요구 수준을 낮춰서라도 어떤 당으로든 야권을 단일화해 힘을 모아줌으로써 국회의원 선거나 대선에서 권력을 바꾸는 길로 가야 하지 않을까 합니다. 문익환 목사님이 저

---

25 현대사 콘서트가 진행될 당시는 새정치연합의 분열이 가시화되기 전이었다.

한테 늘 말씀하셨습니다. "최선의 선택을 하라. 다만 최선이 없다면 차선을 선택하는 지혜를 가져라." 지금 우리에게 그런 지혜가 요구되는 건 아닐까라는 개인적인 생각을 답변으로 대신하겠습니다.

주진우 민주당이나 새누리당이나 '그 당이 그 당이다' '그놈이 그놈이다' 이렇게들 말씀하시는데, 실은 그렇지가 않습니다. 이건 언론이 만든, 정치를 혐오하게 만드는 프레임입니다. 앞으로는 대통령과 국회가 싸우는 프레임이 될 것입니다. 그러다 날치기 사건 같은 게 터지면 "국회의원이 이래서 저질이다" "이러저러해서 나쁘다" 같은 기사가 쏟아질 것입니다. 그러면서 '국회의원은 밥그릇을 위해 싸우고, 대통령은 국민을 위해 싸우는구나' '역시 우리가 믿을 건 대통령밖에 없다' '박근혜한테 힘을 실어주기 위해 개헌으로 가자' 이런 얘기가 나오겠죠(청중 야유). 보십시오. 그러니 '그놈이 그놈이다'라 하지 마시고 잘 판단해야 합니다. 이놈, 저놈이 있는 게 아니라 옳고 그름이 있습니다. 이게 맞고, 저게 틀렸다를 잘 판단하셔야 해요.

청중2 부산의 유일한 야당 의원이 조경태 의원인데요(19대 국회). 그분이 제가 사는 사하구에서 3선 의원을 하고 있는데, 그분은 새정치연합 의원이면서도 새누리당 편만 드는 것 같아요. 왜 그럴까요?

함세웅 그분이 대학생 대표였다가 국회의원이 되셨다죠? 지역구 관리도 굉장히 잘하는 분이라 들었습니다. 맞죠?

주진우 네, 매우 열심히 합니다. 이런 분들은 자신이 국회의원 되는 게 세상에서 제일 중요합니다.

함세웅 여하튼 이 지역에서 3선을 하셨다는 것만으로도 대단한 분인데, 언젠가 어떤 교수님의 분석을 들은 적이 있어요. 그분이 지금처럼 행동하는 건 정치적인 이득을 따져서 그런 거라고요. 새정치연합에 비판적인 세력으로 비쳐지고, 문재인과 다투는 모습을 보여야 그분이 또다시 부산에서 당선될 가능성이 높아진다는 겁니다. 그분은 어쩌면 새정치연합에서 제명되기를 바랄지도 모르죠. 제명이 되면 무소속으로 출마하게 될 텐데, 그 편이 더 유리하다고 판단해서요. 그런데 새정치연합 윤리위원회도 이런 속셈을 아니까 이분을 제명하지 않는 거예요. 그랬다간 이 사람의 정치적 입지만 키워주니까. 그러다 보니 골치 아파 하면서도 새정치연합이 조 의원을 껴안고 있는 거죠. 이게 바로 정치적 현실입니다. 정치인들이 다 그렇게 살고 있어요. 그러니 이런 내용을 여러분이 잘 판단할 필요가 있습니다.

주진우 새누리당 어떤 의원들을 보면 세월호 유가족이나 백남기 어르신에 대해 막 독설을 내뿜기도 하죠. 그야말로 사람으로서 할 수 없는 말들을 하죠. 그러면 어떻게 될까요? 여의도에 있는 의원회관 사무실로 사과 박스가 막 배달된다고 합니다. 지역구 유권자들이 잘했다고 보내는 거죠. 대구·경북·부산이 지역구인 야당 정치인 얘기도 해볼까요? 개중에는 노무현 대통령에 대해 온갖 악담을 퍼붓는 사람이 있습니다. 노무현 대통령이 인기 있을 때는 말 한 마디 못 했던 자가 말입니다. 그런데 인기가 떨어지니까 '난 민주당 아냐, 나도 새누리당하고 똑같아. 봐봐, 여기서도 할 말은 다 하고 있잖아'라는 식으로 자기 존재를 과시합니다. 실은 새누리당 공천을 받고 싶거든요. 조경태는 새누리당 공천을 받고 싶어 합니다.[26] 이렇게 진짜 나쁜 놈, 진짜 큰 적한테는 할 말 못 하고 자기보다 약한 사람한테만 대놓고 악담을 퍼붓는 건 용기가 아니죠. 정의도 아니고요. 이런 사람들은 수준이 딱 '일베'입니다. 네, 일베 수준요(청중 웃음).

시위했다고 테러범이 되는 사회

청중3 백남기 농민께서 물대포를 맞고 쓰러지는 동영상을 보니까 다른 분들도 많이 다치셨던데요. 눈에서 피가 나는 분도 있고. 그분들은 지금 어떻게 되셨는지 아시나요?

주진우 물대포를 맞고 부상당한 분들이 많죠. 시위대 맨 앞줄에 섰던 사람들의 경우 과격 폭력 시위를 했다며 공권력이 잡으려 듭니다. 그래서 다쳤다고 나서지 못하는 분들이 많습니다. 저도 다친 몇몇 분을 아는데, 얘길 못 해요. 잘못하면 잡혀갈 테니까. 보신 분들은 기억하겠지만, (2015년 11월 14일 민중총궐기 대회가 있던) 그날 저녁 뉴스가 어떻게 시작됐는지 아세요. "폭력 시위로 인한

---

26 20대 총선에서 조경태는 새누리당으로 당적을 바꿔 당선됐다.

~"어쩌고저쩌고였습니다. MBC, KBS 다 마찬가지였어요. 그날 시위를 폭력 시위로 규정하고 엄벌한다고 했습니다. 이러니 다친 분들이 '나도 이렇게 당했다'고 나설 수가 없죠. 그런데 그분들이 무슨 폭력 시위를 했습니까? 죽창을 들었나요? 쇠파이프를 들었나요? 화염병을 던졌나요? 오히려 경찰차들이 법을 위반하면서 차벽을 쳤던 거잖아요. 우리 시위대처럼 착하고 온순한 시위대가 세상에 어디 있습니까? 그렇게 평화롭던 시위대를 폭도로 계속 몰아붙이는 바람에 지금 그분들이 다쳤다는 얘기도 못 하고 있어요. 이게 우리의 현실입니다.

함세웅 헌법재판소가 판결한 대로 시위는 시민들의 권리죠. 시위라는 게 본래 라틴어로 데몬스트라시오demonstratio, 자기 뜻을 표현한다는 의미예요. 저희도 1970년대에는 데모를 못 했죠. 그런데 변호사들이 저희 사제들보고 막 데모를 하라는 거예요. 우린 겁이 났어요. 그래서 물었죠. "데모를 하면 어떻게 되나요?" "데모는 권리입니다. 민주주의 국가에 사는 시민의 권리입니다." "우리가 붙들려 가면 변호사들이 그렇게 얘기했다고 할까요?" "그러세요." 그 뒤 제가 중앙정보부에 불려가서 조사를 받을 때 실제로 그렇게 얘기했어요. "시위는 우리들의 권리"라고요. 그랬더니 그 사람들이 "누가 그래요?" 하더라고요(청중 웃음). 변호사가 얘기해줬다고 했더니 가만히 있더군요. 지금 우리는 시위 하면 무조건 불법이라고 전제하곤 하는데, 아닙니다. 시위는 시민의 기본적인 권리예요. 차벽을 치는 것도 헌법재판소가 불법이라고 규정했잖아요. 그러니까 불법을 자행하는 건 공권력, 경찰이에요. 경찰이 불법을 자행하고 있는 겁니다. 박근혜가 근무 시간에 일곱 시간 동안 사라져놓고 아무 얘기도 하지 않는 거? 이것도 말이 안 되는 겁니다. 군인이 근무 시간에 근무지를 이탈했으면 그냥 사형이에요, 사형.

주진우 신부님, 사람이 일곱 시간 동안 다른 일도 할 수 있는 거지 뭘 그걸 갖고 사형까지 시키세요?(웃음)

함세웅 공무 시간, 근무 시간이잖아요. 밤에야 뭘 하든 상관 안 하지. 하지만 대낮 근무 시간에 근무지를 이탈하면 안 된다는 겁니다.

주진우 그러니까 낮에도 사랑은 할 수 있는 거죠? 아, 제가 사랑을 했다고 말한 건 절대 아닙니다, 절대로요(청중 폭소). 아무튼 공권력 때문에 다치고도 나설 수 없는 시대가 되었습니다. YH 사건 때만 해도 김경숙 씨의 죽음에 대해서는 그나마 보도가 됐는데, 지금은 백남기 농민은 물론 왜 13만 명이나 되는 사람들이 광장에 모였는지 언론에 보도가 되지 않고 있습니다. 박근혜 정부 들어서 역사는 이렇게 자꾸 뒷걸음질을 치고, 정치는 계속 뇌사 상태에 빠져 있습니다.

청중4 정치 쪽은 솔직히 전혀 문외한입니다. 노무현 대통령 때를 제외하고는 정치 쪽에 관심이 없어요. 그런데 요즘 보면 정치가 새누리당이나 어떤 힘에 의해 지배당하고 있는 게 현실인 것 같습니다. 돈에 의한 지배일 수도 있고요. 그렇다면 이런 상황에서 어떤 식으로 힘을 키워가야 저쪽을 이길 수 있는 걸까요? 또 생각이 다른 사람들과는 어떻게 소통해야 할까요? 제가 노무현 대통령 때만 해도 부모님을 설득해 투표도 하시게 만들고 했거든요, 반강제적으로. 그런데 지금은 그렇게 소통할 수 있는 부분이 거의 없어요.

함세웅 질문하신 분이 전혀 문외한이 아니시네요. 그렇게 고민하시는 것 자체가 잘 알고 있다는 방증입니다. 제 경우 3년 전 은퇴를 했어요. 가톨릭에선 만 70세에 은퇴를 하는데, 우린 은퇴라는 말을 쓰지 않고 성당 일을 그만두면 그때부터는 원로 사제라고 해요. 그런데 원로 사제로 지내면서 보니까 현실이 너무 암담한 거예요. 온갖 불법이 자행되고, 언론은 거의 권력에 예속돼 있고, 통합진보당이 해산되면서 그 당 의원들이 의원직을 상실하고…… 상황이 너무 답답한데, 뭔가 새로운 세상을 만들려는 움직임이 있어야 할 것 같은데 어디에도 나서는 분이 없었어요. 후배들이 저보고 나서보라고 하더라고요. 사실 신부인 제가 나서는 게 바람직하지는 않거든요. 그렇지만 그냥 소박한 마음으로, 우리 식으로 표현하자면 시대의 짐을 져보기로 했습니다. 십자가를 지는 각오로요. 그래서 이렇게 전국을 다니며 순회강연을 하고 있는 겁니다. 방금 질문하신 분 얘기대로 이런 움직임들이 쌓이다 보면 가랑비에 옷이 젖듯 사람들 생각도 바뀌겠지요. 그러면 언론들이 체계적으로, 조직적으로 거짓말을 유포해도 그 거짓이 밝혀질 거예요. 링컨이 그랬잖아요. 잠시 잠깐 몇 사람을 속일 수는 있어도 모든 사람을 영원히 속일 수는 없다고요.

바른 가치관, 바른 역사관을 정립하기 위해 저는 첫째, 친일 잔재를 청산해야 한다고 강조하고 싶어요. (친일) 잔재를 제대로 쳐내지 못했기에 우리가 지금까지 수난을 겪고 있으니까요. 둘째로는 독재 잔재, 유신 잔재를 청산해야죠. 이승만 정권에서 오늘날에 이르기까지 그 졸개들이 여전히 날뛰고 있으니까요. 셋째로는 분단 세력을 타파해서 남북의 일치와 화해를 지향해야 합니다. 그리고 넷째로 신자유주의를 타파해야죠. 요즘 우리 청년들이 취직도 못 하고 어려움을 겪고 있는데 대기업들의 사내유보금은 700조 원이 넘는다잖아요. 이걸 풀어 청년들 일자리를 만들면 되는데 정부가 이건 안 하고 기업 편만 들고 있어요. 이런 걸 타파하자는 거예요. 제가 이런 얘길 하고 다녔더니 정치학자들이 또 그래요. "신부님, 그것만으로는 안 되고요. 선거 제도를 바꿔야 합니다." 승자독식, 그러니까 단 한 표만 많이 얻어도 이긴 사람이 모든 것을 다 가져가는 그런 선거 제도 말고 낙선한 사람을 지지한 유권자들의 뜻도 정치에 반영될 수 있는 구조를 만들자는 거죠. 그게 합의제 민주주의입니다. 제가 요즘 이렇게 다섯 가지를 외치고 다니는 중인데, 물론 이 모든 게 하루아침에 이뤄지지는 않겠죠. 그럼에도 물줄기가 하나씩 모여 강물을 이루고 바다로 가듯 우리 모두가 뜻을 모으면 언젠가는 꼭 이뤄질 거라는 신념을 가져야 할 것 같습니다.

일제 때 최남선 씨나 이광수 씨 생각이 났어요. 민족사적으로 훌륭하신 분들인데 1940년대에 전부 다 변절합니다. 희망이 안

보였기 때문이겠죠. 그로부터 불과 4~5년 뒤 일제가 망합니다. 결과적으로 최고 지성인들이 4~5년 뒤를 내다보지 못해 변절한 셈입니다. 지금도 마찬가지라고 봅니다. 우리가 4~5년을 넘어 10년, 20년, 50년 뒤 미래를 보면서, 또 우리 후대를 생각하면서 마땅히 할 일을 해야 한다고 생각합니다. 눈앞에 당장 이뤄지지 않는다 할지라도 내일, 모레에 대한 희망을 갖고 움직여야죠. 이런 마음가짐을 함께 가지면 참 좋겠습니다. 고맙습니다(청중 박수).

주진우 사실 지금 우리나라가 북한하고 비교당할 수준은 아니죠. 제가 신부님 모시고 평양에도 가봤는데요. 평양에 가보면 북한 공산당 권력층이나 군부한테는 북한이 참으로 살기 좋은 나라예요. 그들만 차가 있고, 그들만 호텔에 드나들 수 있어요. 이 사람들이 차를 몰고 가면 경찰이 교통 신호를 바꿔서 길을 터줘요. 그러니 교통 정체란 게 아예 없어요. 반면 인민들은 걸어 다니죠. 못 먹어서 키도 작고요. 김일성 죽었을 때, 김정일 죽었을 때 인민들이 울며불며 소리친 게 누가 시켜서 그런 게 아녜요. 자기네는 어버이 수령이 죽었다고 생각한 거지요. 진실이 통제된 사회여서 그래요. 이 사람들은 한 가지 교과서만 보잖아요(청중 웃음). 언론도 다 통제돼 있죠. 덕분에 힘을 가진 사람들은 정말 살기 좋아요.

그런데 잘 보면 지금 우리도 크게 다르지 않습니다. 정권을 가진 사람과 거기 빌붙어 있는 몇몇 사람, 그야말로 떨어지는 콩고

물 받아먹으려 하는 몇몇 사람한테는 지금처럼 기울어지고, 불공정하고, 편법이 난무하는 세상이 살기 좋습니다. 남들은 못 하는데 나만 누리니까. 남들은 줄 서야 하는데 나만 무사통과니까. 강을 파면 그냥 돈이 나오잖아요. 그러니 얼마나 좋아요? 안 그렇겠어요? 우리 국민들처럼 열심히 공부하고 성실하게 일하는 국민이 어디 있습니까? 그런데 항상 힘들고 어려워요. 정규직 일자리는 하늘의 별 따기고요. 그래놓고는 복종하라고 해요. 세상은 원래 그런 거라고요. '헬조선'이라고요. 아까 신부님이 사내유보금 얘기하셨는데, 이건 우리 돈이 맞아요. 이건희 돈이 아니라 삼성에 다니는 노동자들의 돈이에요. 삼성 제품을 팔아주고 삼성한테 독과점 혜택을 준 국가와 국민이 그 권리를 주장할 수 있는 돈이라는 거죠.

잘 보세요. 우린 더 귀하게 존중받을 권리가 있습니다. 그런데 지금 이렇게 무시당하고 있는 거예요. 깨어나지 않으면 가장 비열한 놈들한테 지배를 당하게 되죠. 실제로 우리가 지금 개·돼지로 당하고 있습니다. 그러니 깨어 있는 여러분이 깨어나지 못한 사람들한테 일러주셔야 합니다. 이건 아니라고 말할 수 있어야죠. 특히 부산에서는 많은 움직임이 필요합니다. 여성분들, 지금 바로 부산 남자들한테 가위를 보내세요(청중 웃음).

세월호를 둘러싼 왜곡 보도의 진실

청중5 세월호 사건이 터졌을 때 국민 모두가 슬퍼하고 노란 리본을 달았죠. 그런데 그렇게 슬퍼했던 국민의 절반 이상이 세월호란 말만 나와도 피로감을 느낀다고 합니다. 저도 오늘 지인한테 카톡을 받았는데, 세월호특조위(세월호특별조사위원회)가 경비를 쓸데없이 남용하고 있고 세월호를 인양하는 데도 국민 혈세가 낭비될 것이다 뭐 그런 내용이에요. 또 특위에 속한 몇 명은 박근혜 대통령의 일곱 시간 문제를 제기하면서 특위를 탈퇴했다는 소문도 들리고요. 지금 세월호 진상 조사는 어떻게 돼가고 있는 건가요? 특위 하는 분들이 정말 비리를 저지르고 있는 건가요? 답답하고 궁금합니다.

함세웅 우리가 늘 '초심을 간직해야 한다'고 말하는 것처럼, 4월 16일에 품었던 그 마음을 늘 간직해야 할 것입니다. 당시 세월호 가족들을 청와대에 모셔놓고 박근혜가 사과를 했잖아요. 그리고 울었잖아요. 자기 잘못이라고 고백하면서요. 그랬으면 자기 말에, 행동에 책임을 져야죠. 그런데 그 모두가 거짓이었던 거예요. 그래서 우리는 더 가슴이 아프고 슬픕니다. 오늘 카톡으로 받으셨다는 얘기, 그거 다 왜곡입니다. 독일 나치나, 소련 때나 독재 국가의 특징이 언론을 장악하면서 거짓 정보를 흘리는 건데요. 지금 보면 북한이나 우리나라나 매한가지입니다. 아까 말씀드린 대로 국가 예산 375조 원은 우리 돈입니다. 그러니 세월호 참사

진상규명을 위해 국회가 배정한 예산을 쓸 권리가 있어요. 그런데 재경부에서 예산을 주지 않고 있는 겁니다. 작년부터요. 그러니 낭비한 게 하나도 없어요. 진짜 낭비하고 있는 건 375조 원을 제멋대로 쓰고 있는 청와대와 재경부죠. 세월호특조위 예산은 그 돈에 비하면 눈물 한 방울이에요. 304명이 돌아가신 마당에 진상을 밝히기 위해 마땅히 그 돈을 써야죠. 그러자고 국회에서 합의하고 의결한 것인데, 그 돈조차 재경부가 안 주고 있는 겁니다.[27] 사람도 계속 못 뽑다 2015년 7월에 겨우 몇 사람을 뽑았대요. 그 이유가, 조사 책임자로 해수부 공무원을 내려보내겠다고 했기 때문이에요. 아니, 조사 받을 사람이 조사 책임자로 온다는 게 말이 됩니까? 이걸 두고도 몇 달을 옥신각신 다툰 거죠. 그나마 이석태 변호사님(세월호특조위원장)이 인권변호사니까 뚝심으로 버틴 겁니다.

또 문제가 된 게 대통령의 일곱 시간 행적인데, 특조위가 뭐든지 필요하면 다 조사할 수 있어야 하는 거 아녜요? 물론 필요 없으면 조사를 안 할 수도 있겠죠. 이건 아직 조사를 안 한 상태니까 모르는 거예요. 그런데 이걸 원천적으로 반대한다? 이건 문제가 있죠. 조사에 한계를 두면 안 되는 거니까. 그런데도 새누리당은 청와대 하수인들이니까 무조건 반대를 하는 겁니다. 질문하신 분께

---

27 2016년에도 세월호를 둘러싼 예산 공방은 계속됐다. 세월호특별조사위원회는 2016년도 예산으로 198억 7천만 원을 요구했지만 정부가 편성한 것은 요구한 예산안의 31%에 불과했다. 특히 세월호특조위는 핵심 업무인 진상규명 관련 예산으로 73억 5천만 원을 정부에 요청했으나 정부는 9% 수준인 6억 7천300만 원만 편성하는 데 그쳤다.

카톡을 하셨다는 분은 이런 내용을 잘 모르는 분일 거예요. 아마 조·중·동 같은 데 나오는 왜곡된 내용을 읽으셨나 봐요.

주진우 세월호와 관련해 몇 가지 독보적인 기사를 쓴 기자로서 말씀드리자면(청중 웃음), 세월호 사고가 일어난 지 지금 600일이 됐는데, 사건이 왜 일어났는지 이유가 밝혀지질 않았습니다. 배가 기울어진 한 시간 반가량, "가만히 있으라"는 방송이 나온 한 시간 반가량 승객들을 왜 대피시키지 않았는지, 해경은 왜 아무도 구조하지 않았는지 밝혀지지 않았습니다. 왜 거짓으로 산소를 주입한다고 얘기해놓고 구조 작업을 안 했는지, 왜 배가 인양되지 않고 있는지에 대해서도 아무도 이유를 모릅니다. 2015년 세월호와 거의 같은 규모의 배가 중국 양쯔 강에서 좌초됐죠. 그때는 하루 이틀 구조 작업을 벌이면서, 그사이 인양 준비를 해서 5일 만에 배를 끌어올렸습니다. 반면 세월호는 지금도 바다 속에 있습니다. 기술적으로 문제가 있으니 한두 달은 걸릴 수 있어요. 그런데 왜 600일 동안이나 그 배가 바다에서 잠을 자고 있어야 하는지, 우리 아이들이 그 차디찬 바다 속에 갇혀 있어야 하는지 아무도 알지 못합니다. 그 이유를 밝히기 위해 세월호특조위가 출범했는데, '왜?'라는 물음 자체에 대답을 못 하고 있어요. 박근혜 정부와 새누리당이 밝히려 하지 않고 있습니다. 진상규명을 막고만 있어요.

마침 카톡 얘기가 나왔는데, 우리나라 스마트폰 사용자의 94%가 카톡을 쓰고 있다고 합니다. 지난 대선 때 '문재인이 노무현 시절에 금괴 200톤을 빼돌렸다' '문재인이 대통령이 되면 이정희가 총리가 되고 이석기가 통일부장관이 돼서 한국을 북한에 넘겨준다더라' 이런 내용이 카톡으로 돌아다녔습니다. 무수히 돌아다녔어요. '좌파 골수 노회찬 딸은 경희대에 다니다가 이대로 편입했다.' 노회찬은 딸이 없어요. 세월호와 관련한 카톡도 그런 카톡의 일환입니다. 세월호 진상을 밝혀달라는 유족들의 요구를 '세월호 유가족들의 시체 팔이, 해도 너무한다'는 식으로 왜곡합니다. 이게 다 댓글부대 운영하던 사람들이 하고 있는 겁니다. 이런 얘기를 사람들은 카톡으로 받아서 전달합니다. 자신이 피해자인 동시에 가해자가 됩니다. 공범이 되는 겁니다. 물론 우리 수사 당국에는 박근혜에게 유리한 거짓과 음해는 거의 수사하지 않는 전통이 있습니다. 반대로 '박근혜' '일곱 시간' '칠푼이' 이런 얘기만 나오면 다 잡아가죠(청중 폭소). 댓글부대, 카톡부대 다 있습니다. 엄마부대나 어버이연합 이런 데들도 있잖아요. 국정원이랑 청와대에서 다 조종하는 거예요. 그러니 깨어 있는 시민들이 이런 걸 보면 뭐가 잘못됐는지 조목조목 일러주셔야 합니다. 이런 것 퍼뜨리는 일 자체가 무식하고 멍청한 짓이라고 알려주셔야 해요. 저랑 김제동 씨도 카톡을 기반으로 해서 '애국소년단'이란 걸 출범시켰는데, 김제동 씨가 지금 엄마부대에게 괴로움을 당하고 있어요.[28] 그 엄마들한테 김제동 씨 통장 좀

---

28 엄마부대봉사단이 SBS 앞에서 김제동 씨의 방송계 퇴출을 요구하며 시위를 벌인 것을 가리킴.

보여주면 입장이 바뀌어 사위 삼자 하실 것 같은데 말이죠(청중 폭소).

그 댓글부대를 제가 잡은 적도 있습니다. '십알단'이라고 댓글 부대는 국정원의 돈으로 조직되고 운영됐죠. 십알단을 지휘한 윤 정훈 목사가 직접 증언하기도 했습니다. 그런데 검찰은 저를 잡 으려고만 했습니다. 이상한 댓글이나 카톡을 보면 일단 신고하세 요. 이런 댓글이 어느 게시판에 올라와 있는데 뭐뭐가 사실과 다 르다, 이렇게 공개해주세요. 정확하게 지적해주시면 그 사람들 도 창피해서 더는 그런 글 못 돌릴 겁니다. 지금은 벽보 붙이고 유 인물 뿌리는 시대가 아니잖아요. 사실 트위터나 페이스북 같은 SNS에서는 깨어 있는 시민들이 활동하고 있어서 이런 거짓 정보 를 전파하기 힘듭니다. 대신 카톡을 통해서는 할아버지·할머니 들에게 알음알음 독을 주입하고 있는 거죠. 마치 종편방송에서처 럼요.

함세웅 오늘은 주 기자님이 얘기를 많이 하셔서 전 얘기를 많이 못 했어요. 속상해 죽겠어요(청중 박장대소).

주진우 옛날에 〈나꼼수〉라는 팟캐스트가 있었어요. 지하에서 질 나쁜 중년 남성들이 모여 이명박을 욕하는 프로그램이었는데, 거기 정봉주라는 사람이 있었어요. 그런데 그 사람은 자기가 말 을 많이 한 날은 "어우, 오늘 방송 좋아"라고 그래요. 자기가 말을 조금 못 한 날은 "오늘 방송 후져" 했었죠. 신부님까지 왜 그러세 요?(청중 폭소) 신부님, 마지막으로 이 땅의 정치가 바로 서서 제

124

역할을 할 수 있도록 기도해주세요.

함세웅 네, 여러분 앉은 자리에서 눈을 감고 잠시 묵상하도록 하겠습니다. 우선 우리 부모님께 감사드리고, 가족들, 친지들, 좋은 분들, 그리고 모든 사람들을 마음에 품으며, 오늘 대화에서 나눴던 정치적인 변혁을 염원하면서 묵상기도를 올리도록 하겠습니다. 특별히 세월호 참사 희생자들과 그 가족들, 노동자들, 농민들, 그리고 국정교과서 반대를 위해 애쓰는 모든 분들도 기억하고자 합니다. 주 기자님 말씀대로 부산 시민들의 역사적·정치적 변혁을 염원하면서, 아름다운 민주주의 공화국을 꿈꾸면서 묵상하겠습니다.

함께 하는 기도

금요일 저녁입니다. 한 주일의 삶을 마무리하는 금요일 저녁. 때로 불타는 금요일이라고도 말하는 그런 날입니다. 저희들은 이런 좋은 날 개인적으로 또는 친구들과 함께 다른 목적으로도 지낼 수 있었겠습니다만, 주진우 기자와 함께, 또 저와 함께 우리 역사 현실과 정치 현실을 깊이 생각하고 고민하며 함께 대화를 나누는 시간을 가졌습니다.

거룩하시고 영원하신 하느님, 저희는 종교도 다르고 때론 신념도 좀 다를 수 있습니다. 그러나 민족공동체를 위한 생각은 하나입니다. 불의한 정치 현실이 변해야 한다는 생각도 같습니다. 또 우리 국민 모두가 깨어나야 한다는 생각도 같습니다. 1979년 10

월 16일과 17일에 있었던 부마항쟁의 그 뜨거운 정신, 1987년 6월항쟁 당시 꽃피웠던 항쟁의 정신을 기반 삼아, 이곳 부산을 기점으로 한국 사회가 변화되기를 바라고 또 바라면서 간청합니다. 무엇보다 바른 역사의식, 민족의식, 국가관, 공동선을 지향하는 뜻을 갖고 싶습니다. 개인과 집단이 함께 노력해 인간다운 삶, 공공의 삶을 이룩하는 그런 가치를 지향하고자 합니다. 민주공화국을 지향하고자 합니다. 시민이, 국민이 주인 되는 세상, 공화共和의 의미를 다시 생각합니다. 지금 우리가 경제적으로, 사회적으로 대단히 어렵습니다만, 함께 손잡고 또 같이 즐거우면서 이익을 나누는 그런 공평한 세상을 꿈꿉니다.

거룩하신 하느님, 함께한 우리들과 우리들의 가족, 또 동료들을 통해 부산이 변화되고 한국 사회가 변화되기를 바라면서 이 밤의 대화를 마칩니다. 어디에 살든지 초심으로, 또 초심을 기초로 초지일관 아름다운 목적을 이룰 수 있도록 저희를 재촉해주시고 이끌어주소서. 늘 기쁜 마음으로 살겠습니다. 저와 생각이 다른 이웃을 변화시키기 위해 더 뜻을 세우고 노력하겠습니다.

하느님, 친일 잔재 청산, 독재 잔재 청산, 유신 잔재 청산, 분단 세력 청산, 부패 세력 청산, 신자유주의 청산과 합의제 민주주의 실현의 원리들을 되새기며 아름다운 미래를 꿈꿉니다. 우리의 꿈이 모두의 꿈이 되고 현실이 되기를 바라며 노력하겠습니다. 도와주십시오.

하느님의 이름으로, 부처님의 이름으로, 절대자의 이름으로 이

기도를 올립니다. 저희 모두를 축복해주소서. 이 모든 것을 성령 안에서 우리 주 예수 그리스도를 통하여 비나이다. 성부와 성자와 성령의 이름으로 아멘.

민주
민주주의는 정의 실현이다

현대사 콘서트 / 대구
2015년 11월 28일

1974년 중앙정보부는 민청학련의 배후로 인혁당 재건위를 지목해 관련자 8명을 고문했으며 1975년 4월 8일 대법원에서 사형 판결(사진)이 확정된 지 불과 17시간 만에 사형을 집행한 것은 물론 유가족들의 요구에도 불구하고 시신을 탈취해 화장해버리기까지 했다. ⓒ 연합뉴스

2·28 대구학생의거의 의미

주진우 안녕하십니까, 주진우입니다(청중 박수). 함세웅 신부님이십니다(청중 박수와 환호).

함세웅 안녕하세요. 제가 지난 2월부터 전국의 한 50개 지역을 다니면서 강연을 해왔는데, 제가 다니면 주로 나이 많은 분들이 오세요(청중 웃음). 그걸 보고 주 기자가 "나이 많은 분들은 이미 다 아는 얘기 아니냐. 젊은이들하고 대화를 하시라"는 거예요. 그러면서 자기가 움직이면 젊은이들이 모인다기에 이렇게 주 기자를 따라다니게 됐습니다. 서울 명동성당에서, 그리고 부산을 거쳐 대구에 오게 됐는데, 대구는 장소를 빌리려 해도 요렇게 아담한 장소 말고는 빌리기가 어렵더랍니다. 그래도 가족 같은 분위기라 저는 되레 더 좋네요. 반갑습니다(청중 박수).

주진우 민주주의 중심지, 정치 중심지 대구에서 세 번째 이야기를 이어가게 되어 반갑습니다(청중 웃음). 첫 번째는 역사, 두 번째는 정치에 대해 얘기했고요. 오늘은 민주에 대해 얘기해보려 합니다. 광주를 민주화의 성지라 얘기하는 분들이 많겠지만, 우리나라 민주주의의 성지는 대구니까요(청중 웃음).

　대구 강연은 계단과 바닥을 가득 메우고 시작합니다. 장소를 좀 더 넓은 곳으로 잡지 않은 이유에 대해 물어보는 분들이 많습니다. 저희도 처음에는 경북대 강당 같은 큰 장소를 생각했어요. 그런데 대관을 하려면 행사명에서 함세웅 신부와 주진우 기자의 이름을 빼달라고 요구하는 곳도 있었습니다(청중 실소). 아니, 그럼 우리가 그냥 '성명 미상자 강연' 이렇게 이름 붙이고 해야겠어요?(청중 웃음) 그렇다 보니 이렇게 작은 소극장에서 진행하게 됐습니다. 이 지역 분들이 아무래도 굉장히 주눅 들어 있는 모양이에요. 그런데 그렇게 잘 보이려 노력해봤자 소용없습니다. 제가 박근혜 대통령한테 "어우, 여사님~" 한다고 해봐요. 좋아할 거 같아요?(청중 폭소)

민주 얘기를 하려니 4·19 이야기를 안 할 수가 없네요. 그때가 1960년이었죠. 이승만 대통령의 3·15 부정선거로 인해 전국이 들불처럼 들끓다 4·19가 일어났죠. 그런데 3·15 선거 전에 대구에서 역사적인 사건이 있었어요. 선거를 보름 앞둔 2월 28일 민주당 부통령 후보였던 장면 박사가 유세차 대구에 왔습니다. 일요일이었죠. 그런데 갑자기 경북고와 대구고를 비롯해 대구의 모든 고등학교 학생들에게 등교하라는 지시가 내려집니다. 유세장에 가지 못하게 하기 위해서였어요. 표면적인 이유는 시험을 보는 거였다고 합니다. 어떤 학교에서는 토끼몰이를 나가야 한다고도 했고요(청중 웃음). 진짜예요. 진짜로 영화 관람, 시험, 토끼 사냥 이런 이유로 등교를 명했습니다. 그러니 학생들이 얼마나 화가 났겠어요. 월·화·수·목·금요일에도 가기 싫은 게 학교인데, 일요일까지 나오라고 했으니까요.

당시 이대우라는 학생이 경북고 학생회장을 맡고 있었는데, 아무리 생각해도 이건 민주주의에 역행하는 처사다, 이런 식으로 기운, 혼을 불어넣을 수는 없다고 생각한 거죠(청중 웃음). 그래서 학생들을 모아 거리 행진에 나서게 됩니다. 다른 고등학생들도 그 행진에 참여했고요. 대학생이 아니라 고등학생들이었습니다. 그런데 시위대가 점점 커지기 시작한 거예요. 대학생과 일반 시민까지 시위에 가세하면서 장면 박사 유세장에서 함께 구호를 외치는 일까지 벌어집니다. 그러자 당시 도지사가 학생들한테 "이놈들은 전부 빨갱이다" 한 거예요. 그러면서 경찰이 나서 시민과 학생들을 구타하기 시작합니다. 이것이 바로 2·28 대구학생의거입니다.

돌이켜보면 2월 28일 대구에서 있었던 고등학생들의 의거가 마산의 3·15 부정 선거 항의 시위로 이어졌고, 이것이 결국에는 4·19로까지 이어진 것이지요. 대구가 이런 곳입니다. 지금은 1번이라고만 적어놓으면 강아지한테도 투표하는 이상한 곳이 됐습니다만(청중 웃음).

그런데 신부님, 1960년대 벌어진 제1차 인혁당 사건도 이곳에서 있었던 일이죠? 1970년대에 다시 한 번 인혁당 사건이 일어났고요. 인혁당 사건 관련자나 가족들이 신부님께 억울함을 많이 호소했던 걸로 알고 있습니다. 신부님께서도 도움을 많이 주셨고요(청중 박수).

함세웅 지금 우리 주 기자님이 1960년대 상황을 짧게 말씀해주셨는데 이건 공부를 해서 말씀해주신 거고, 전 삶을 기초로 말씀드리겠습니다(웃음).

먼저 민주주의가 무엇인지 살피는 것부터 시작해야 될 것 같아요. 사람들이 모여 살면 제도와 규범이 만들어집니다. 이런 제도와 규범은 강제성을 띠게 되지요. 또 그런 제도와 규범을 누가 만들 것인지가 중요한 문제가 됩니다. 여러 이론이 있지만 민주주의는 그런 사회 제도와 규범을 가능한 한 국민들이 요구하고 합의하는 내용을 중심으로 만들고 운용하자는 제도입니다. 그런데 우리나라는 힘 있고 권력을 장악한 집단이 자기 마음대로 제도와 규범을 만들고, 그렇게 만들어진 법과 규정을 정작 자신들은 지키려 하지 않습니다. 그게 독재지요. 그 대표적 사례로 3·15 부정선거 얘기부터 해볼까요?

1960년에는 3월 15일이 선거일이었어요. 당시는 조병옥 씨가 민주당 대통령 후보였고, 장면 씨가 부통령 후보였죠. 그런데 선거 얼마 전에 조병옥 씨가 돌아가셨어요. 그 바람에 대통령 후보가 사라졌으니 이승만이 저절로 대통령이 되는 상황이었죠. 대신 부통령 선거에서 이기붕과 장면이 대결하게 되었어요. 당시 민주당 사람들이 무척 열심히 뛰었어요. 상징적으로라도 장면 씨가 꼭 부통령이 돼야 했으니까요. 문제는 부정 선거였죠. 그날 저녁 투표가 끝나고 개표를 하는데, 갑자기 정전 사태가 난 거예요. 그러자 당시 대구의 민주당원들과 일반 시민들, 선거 참관인들이 불도 없는 곳에서 투표함을 꽉 껴안고 밤새 지켰어요.

이렇게 1960년대 초까지 대구는 민주화의 도시, 야당의 도시였습니다. 그때가 제가 신학생 때라 기억이 나요. 제 친구 사제들도 대구에 많이 있습니다. 1970년대까지는 그 사제들과 함께 계산동성당에서 미사도 봉헌하고, 활동도 상당히 열심히 했어요. 허연구 신부님이 노동자·농민회 지도신부로 활동했던 지역도 이곳 대구입니다. 그 뒤 대구가 많이 변질된 게 늘 가슴 아픕니다.

방금 주 기자님이 말씀하신 인혁당 사건을 얘기하려면 1964년, 1965년으로 거슬러 올라가야 해요. 본래 박정희가 1961년에 5·16 군사반란을 일으키면서 '민정이양' 공약을 내걸었죠. 자기들은 자리가 잡히는 대로 군대로 다시 돌아가고 민간에 정부를 이양하겠다, 뭐 이런 약속이었어요. 결국 택한 것은 '군정이양'이었습니다. 자기가 제대해서 그대로 선거에 출마해 대통령이 돼버렸으니까요.

주진우 말을 바꾸는 건 집안 내력이군요(청중 웃음).

함세웅 말만 바꾼 게 아녜요. 삶의 방향도 바꿨습니다. 박정희가 만주사관학교 출신이라는 거 잘 아시죠?

주진우 그럼요, 친일파 장교였다는 거 잘 알고 있습니다.

판결 17시간 만에 사형 집행, 시신까지 화장해버리다

함세웅 그 집이 본래 남로당²⁹(남조선로동당南朝鮮勞動黨) 가족이에요.

---

29 1946년 11월 23일 서울에서 조선공산당, 남조선신민당, 조선인민당의 합당으로 결성된 사회주의 정당이다.

박정희 씨 셋째형이 박상희 씨라고, 김종필 씨의 장인 되는 사람입니다. 그러니까 김종필 씨 부인인 박영옥 씨의 아버지가 박정희의 형이에요. 그런데 이분이 1946년 대구에서 노동자와 민중을 위한 혁명(10·1 대구 사건)이 발발했을 때 남로당 총책으로 앞장섰던 분입니다. 그런데 그 동생은 배신에 배신을 거듭하면서 대구를 변질시켰어요.

다시 인혁당 얘기로 돌아가서, 박정희가 대통령이 되고 정권을 출범시킨 1964년, 1965년께만 해도 대구에 훌륭한 분들이 많이 계셨어요. 이른바 혁신계 인사라고 불렸던 분들이죠. 그런데 어느 날 이분들을 중앙정보부에서 체포해가더니 몇 십 일 동안 고문을 한 다음 검찰에 넘겨버렸습니다.[30] 문제는 검찰이 이에 대해 "우린 기소 못 하겠다"며 기소를 포기해버린 거예요. 당시 검찰은 지금과는 달랐어요. 독재 치하이긴 했습니다만 거부 의사를 분명히 밝힌 겁니다. 당시 검찰에 계신 분들 표현에 따르면 중앙정보부에서 인혁당 관련자들이 넘어온 걸 보니 "사람이 아니라 송장"이 왔더랍니다. 그걸 보고 검찰이 기소를 다 포기해버린 거죠. 이를 검찰 항명 사건이라고 합니다. 그랬더니 결국에는 검찰총장이 사건 담당 검사를 다 갈아치우면서 끝내 그분들을 기소하죠.[31] 다만 재판에 넘어간 12명은 결국 징역 1년에서 3년을 선고받는 데

---

30 1964년 체결한 한·일협정에 대해 학생들의 반발이 거세지자, 박정희 군사정부는 그 배후에 대규모 지하조직인 '인민혁명당'이 있다며 관련자 26명을 국가보안법 위반 혐의로 구속했다. 중앙정보부는 인혁당이 북한 지령을 받고 국가변란을 기도했다고 조작했다.

31 구속된 26명 중 14명은 증거 불충분 등을 이유로 불기소 처분됐다.

그쳤습니다. '국가보안법 위반'이라는 무시무시한 죄목 또한 '반공법 위반'으로 바뀌면서 흐지부지됐죠. 이를 제1차 인혁당 사건이라고 말합니다. 당시 제1차 인혁당 사건에 연루됐던 분들이 저보다 선배 세대예요. 보통 현재 85세 이상, 개중에는 90세 가까운 분도 계십니다.

그런 다음 1974년에 터진 게 인혁당 재건위 사건, 속칭 제2차 인혁당 사건입니다. 당시 유신체제에 강력히 저항한 게 민청학련(전국민주청년학생총연맹)이었죠. 그런데 중앙정보부가 민청학련을 조종한 배후로 인혁당 재건위를 꼽은 겁니다.[32] 박정희는 대구에서 크고 자랐기 때문에 이쪽 상황을 너무너무 잘 알고 있었어요. 그랬기에 이 사람, 저 사람을 찍어서는 "이 사람들은 공산주의·사회주의 사상을 가졌으니 구속해서 처리하라" 이렇게 직접 지시·명령한 겁니다. 이분들이 다소 진보적인 사고를 지닌 건 분명하지만 그렇다고 그것이 우리 헌법에 어긋나는 건 아니잖아요? 그런데 중앙정보부에서 전기고문, 물고문을 해서 이 사람들을 간첩으로 만들어버린 겁니다. 나중에는 법정 문서도 조작했어요. "당신이 이런이런 일을 했어?" 물은 것에 대해 "아닙니다"라고 답한 걸 "예, 했습니다"라고 조작하는 식으로요. 이렇게 법정 문서까지 조작한 결과 인혁당 관련자 8명에게 사형이 언도된 것이

---

[32] 1974년 4월 중앙정보부는 과거 인혁당 조직의 잔존 세력과 재일 조총련계 조종을 받는 일본공산당 등이 인혁당 재건위를 결성해 대한민국 정부를 전복시킨 후 과도정부를 수립할 것을 모의했다고 발표했다. 당시 중앙정보부장은 제1차 인혁당 사건 당시 검찰총장이었던 신직수였다.

1974년 7월입니다. 그 이듬해인 1975년 4월 8일 대법원이 이들에게 사형을 확정하자 17시간 만에 서대문구치소에서 사형이 집행됩니다. 이중 당시 경북대 학생이었던 여정남 씨가 32세로 가장 어렸습니다.

더 기가 막힌 것은, 대법원 확정 판결이 나기 전에 이미 국방부에서 사형 통지서가 나간 거예요. 긴급조치 시대 군사법정에서 재판이 진행됐으니까요. 이런 사실들이 전부 다 뒤늦게 밝혀졌는데, 저희로서는 너무 가슴 아픈 일이었습니다. 우린 그분들을 위해 열심히 구명운동을 했었거든요. 그런데 대법원에서 형이 확정되자마자 그분들이 처형됐으니…… 장례도 우여곡절이 많았습니다. 이분들 대부분이 대구 분인데 대구에서 장례를 모시기 어려우니 일단은 서울에서 장례를 치렀으면 좋겠다고 해서 제가 명동에 있던 성모병원 영안실을 빌려놓았죠. 그런데 이분들이 인혁당 관계자다 보니 가톨릭병원임에도 불구하고 당시 병원장 신부가 영안실을 못 빌려주겠다는 거예요. 이분이 나중에 제주교구에서 은퇴한 김창렬 주교라고, 제 은사 신부셨거든요. 그 바람에 당시 제가 맡고 있던 응암동성당에 여덟 분을 모실 수 있는 자리를 급히 마련했죠. 그렇게 간신히 장례 치를 준비를 마치고 났더니 법무부와 구치소에서 시신을 내주지 않는 거예요. 가족이 찾아갔는데도 말이죠. 시신을 인계하더라도 성당에는 가지 않는 조건으로 인계하겠다고 하더래요.

결국 옥신각신하다 어차피 벽제 화장터 가는 길이라고 해서 응암동성당으로 운구차를 모셔오려 했죠. 그런데 성당 쪽으로 방향을 틀었더니 경찰이 그 차를 곧바로 가로막는 거예요. 그래서 신부님과 목사님들이 거의 한 시간 반가량 경찰과 대치하고 싸웠죠. 그때 우리 문정현 신부님은 당신이 썼던 껌을 자동차 열쇠 꽂는 데다 집어넣어버리기까지 했어요(청중 웃음). 그 바람에 차 시동을 걸 수 없게 되자 나중에는 경찰이 견인차를 불러 운구차를 끌고 갔지요. 그렇게 시신을 빼앗아간 저들은 제멋대로 시신을 화장해버렸어요. 고문당한 분들은 죽은 뒤에도 흔적이 남습니다. 그래서 증거 사진조차 남길 수 없게 만든 것이지요.

오늘 강연장 앞에서 당시 무기징역을 받았던 전재권 님의 따님을 잠깐 만났습니다. 제가 대구에 온다는 걸 알고 여기 오셨던 모양인데, 정말 가슴 아픈 얘기죠. 대구 하면 지금도 그때 당시 계산동성당, 남산동성당 등을 잇달아 방문하면서 구속자 석방을 위해, 인혁당 관련자 석방을 위해 기도를 바쳤던 기억이 떠오릅니다. 동료들끼리 만나면 당시의 아름다웠던 대구를 우리가 부활시켜야 하지 않겠느냐는 얘기도 많이 해요. 지금 대구는 사실 죽어가는 도시죠. 잃어버린 도시랄까요? 이런 도시에 여기 계신 젊은 피들로 새로운 피가 수혈됐으면 좋겠습니다. 2·28 대구학생의거가 결국 4·19를 촉발시켰던 것처럼, 젊은 여러분이 지난 세대를 밀어내고 아름다운 민주 사회의 싹을 키워갈 수 있으면 좋겠습니다. 그런 마음으로 대구는 제가 숨도 안 쉬고 한걸음에 달려왔습니다(청중 박수).

주진우 인혁당 관련자 장례식을 치를 때 문정현 신부님이 경찰차 밑에 드러누웠다가 차바퀴에 다리가 깔렸죠. 그 바람에 문 신부님은 평생 지팡이를 짚고 계십니다. 당시 얘기를 여쭤봤더니 문정현 신부님이 그러시더라고요. "난 안 그러려고 했는데 함세웅이가 시켜가지고 그렇게 됐어"(청중 폭소).

인혁당 피해자들이 겪은 고초는 그걸로 끝이 아니었습니다. 그 시대에 빨갱이라고 낙인이 찍히면서 가족들은 어디 가서 말도 못 하고 취직도 못 하는 괴로운 생활을 이어가야 했습니다. 2002년 참여정부가 들어선 뒤에야 무죄 판결을 받았죠. 국가가 배상을 해야 한다는 판결이 나와서 배상금도 받았습니다. 그런데 이명박 정부 들어서 배상액이 너무 많다고 소송을 걸었어요. 결국, 배상권을 청구한 시효를 따져 언제부터 언제까지는 배상금을 주고 나머지는 환수해야 한다며 줬던 배상금을 뺏어갔습니다. 그런데 이분들이 배상금을 그대로 갖고 있었겠어요? 그동안 빚진 것도 갚았고 생활비도 썼지요. 그래서 배상금을 내놓지 못하니까, 이번에는 국가가 회수하지 못한 배상금에 이자를 물리기 시작합니다. 처음에는 5%였던 이자가 지금은 20%를 물어야 합니다. 판사들이 이런 재판은 정말 신속하게, 잘도 처리합니다. 결국 이명박 정부와 박근혜 정부는 인혁당 가족을 돈으로 옥죄고 괴롭히고 있습니다. 그렇게 역사의 고문은 되풀이되고 있는 셈입니다.

대구에 왔으니 이효상이라는 분 얘기도 해야겠네요. 이분이 1906년생입니다. 일제강점기에 동경제대를 나왔고, 1930년대에는 대구 교남학교에서 교편을 잡습니다. 박정희와는 이때 스승과 제자로 인연을 맺었습니다. 1940년대에는 이분이 교장선생님이 되어 제자들에게 징용 가라고, 일왕에게 목숨을 던지는 황군이 돼야 한다고 독려하죠. 이분은 박정희의 스승이었다는 이유만으로 1960년대 박정희 정권에 픽업돼서 국회의원이 되고 의원이 된 지 6개월 만에 국회의장이 됩니다. 그러고는 7년 6개월 동안 국회의장을 지냈죠. 우리나라 최장기 국회의장입니다. 그런데 이분이 했던 주옥같은 말이 있습니다. 아, 너무 주옥같아 옮길 수가 없네(청중 웃음). 아, 어떻게 이런, 이렇게 씨…… 정말 나쁜 놈이 있습니다. 죄송합니다, 여러분. "경상도 대통령을 뽑지 않으면 우리 영남인은 개밥에 도토리 신세가 된다." "박정희 후보는 신라 임금의 자랑스러운 후손이다. 그를 대통령으로 뽑아 이 고장의 천년 만의 임금님으로 모시자"(청중 탄식). 지역감정을 조장한 말 중에서도 최고봉으로 남아 있는 말이죠.

사실 그전까지는 호남 사람이 대구에 와서 국회의원을 하고, 대구 분들도 호남에 가서 국회의원을 하곤 했습니다. 서로 오가며 사업도 했죠. 서로 손가락질하지 않았습니다. 전라도니 경상도니 하고 다투지도 않았습니다. 그런데 박정희 정권 이후 지역감정이 깊어지기 시작하죠. 1971년 박정희와 DJ가 대통령선거에서 맞붙은 게 본격적인 분기점이었던 것 같습니다. 당시 박정희는 40대 기수론을 들고 등장한 DJ에 맞서 박빙의 승리를 거뒀죠. 그때 호남에서는 박정희 표가 꽤 나왔습니다. 그런데 영남에서는

DJ 표가 별로 나오지 않았어요. 대신 박정희에 대한 몰표가 나왔죠. 그 덕분에 박정희는 대통령 자리를 유지할 수 있었습니다. 그 뒤로 지역감정이 계속 깊어졌죠. 박정희 정권에서 선거 때마다 지역감정을 심화시켰죠, 신부님?

박정희 탓에 지역감정의 볼모가 된 대구

함세웅 네, 맞긴 한데요. 주 기자님은 기자라서 현실적으로 이 문제에 접근하시는데, 저는 조금 신학적으로 말씀을 드려볼게요. 여기, 기독교 신자 아닌 분들께는 죄송합니다. 성경을 보면「갈라티아서」라고 바오로 사도가 쓴 글이 있어요. 거길 보면 3장 28절에 세례 이야기가 나옵니다. 그리스도인이 세례를 받는다는 것은 온갖 차별을 깨고 타파하는 것이라는 얘기입니다. 곧 차별 타파가 세례의 본질인 거죠. 예수님이 사셨던 2천 년 전에는 그랬습니다. 일단 유대인들은 자기들이 선민이라는 생각으로 유대인 아닌 이방인들을 사람 취급 안 했죠. 둘째로 자유인들, 다시 말해 노예를 소유한 자유인들도 노예를 사람 취급하지 않았습니다. 그런가 하면 여성도 사람 취급하지 않았어요. 당시는 남성 가부장 시대였으니까요. 그때는 여성들이 인격체가 아니라 남자들의 소유물이자 재산으로 취급됐죠. 이런 차별성을 깨뜨려야 한다는 게 성서 말씀입니다. 곧 세례를 받는다는 것은 유대인과 이방인의 차별을 깨는 것이요, 자유인과 노예의 차별을 깨는 것이며, 남자와 여자의 차별을 깨는 것이지요. 이 같은 삼중의 차별을 깨고 그리스도를 받아들이는 것이 바로 세례를 받는 행위가 되는 것입니다. 이것이 그리스도교의 원칙입니다.

그런데 교회가 집권층이 되고 보니 이 같은 세례의 원리가 부담이 되는 거예요. 그러다 보니 세례 교리를 슬쩍 바꿔버리죠. 세례란 원죄와 본죄로부터 사함을 받고 교회의 구성원, 하늘나라의 구성원이 되는 자격을 얻는 것이거든요. 그러려면 모든 그리스도교 신자는 불의한 세상을 바꾸는 데 투신해야 합니다. 그런데 이렇게 생동감 있는 세례 원리를 교회가 변질시켜버린 것입니다. 하느님 믿고 천당에 가면 된다는 식으로, 신자들을 교회 안에 가둬버린 거죠. 이런 걸 깨자는 운동이 해방신학 운동입니다. 남미에서 태동한, 그리고 한국에서 태동한, 정의구현 해방신학 운동이 그것입니다. 이제 진실로 하느님을 믿는다면, 예수님을 따라나서겠다면, 우리 주변의 모든 차별을 깨뜨려라, 그리하여 인간을 해방시키는 길로 나서라, 이게 해방신학의 근본적인 가르침입니다.

이효상 씨 얘기가 나왔는데, 이분이 가톨릭 신자예요. 대구에선 존경 받는 평신도입니다. 그런데 저는 교회사를 정리할 때 이효상 씨나 대구교구장이었던 서정길 주교 같은 분을 부끄러운 이들로 분류해요. 가톨릭은 보편성에 기반한 만큼 지역성을 깨고 모두의 합일을 추구해야 하는데, 이분들이 결국은 정권의 하수인이 돼버린 거니까요. 어떻게 그리스도교의 주교가, 신자가 독재자의 앞잡이가 되고 동조자가 될 수 있느냐 이겁니다.

전 대구에 올 때마다 프랑스 혁명이 생각납니다. 1789년 프랑스에서 혁명이 났을 때 혁명군들이 성당에 돌을 던졌어요. 그리고 성상을 막 깼습니다. 프랑스에 가면 아직도 그 흔적들이 남아 있어요. 그걸 보면 교회 사람들이, 성직자들이 제대로 살지 못하면 언젠가는 민중들에게 돌팔매질을 당할 때가 온다, 그런 생각이 듭니다. 프랑스 교회는 그때부터 크게 위축되었죠. 대구가 어찌 보면 가톨릭의 힘이 굉장히 셉니다. 대구에서 가장 큰 신문사인 〈매일신문〉도 대구교구가 소유하고 있고요. 관계·재계에 널리 영향력을 미치고 있어요. 그렇지만 이것이 예수님이 원하던 모습은 아니라는 거죠. 물론 대구에도 차별을 깨면서 가난한 민중에게 다가가고자 했던 사제와 신자들이 계십니다. 그렇지만 구조적인 큰 틀에서 볼 때, 인혁당의 여덟 분이 목숨을 빼앗겼을 때, 숱한 분들이 감옥에 끌려갔을 때, 고문당했을 때 교회는 뭘 했지요? 이렇게 묻는다면 교회는 참 부끄러워질 수밖에 없어요.

더욱이 이효상 씨 같은 분은 지역감정에 불을 붙였어요. 차별을 타파해야 할 그리스도인이 오히려 차별을 불러일으켜 독재자의 개가 됐다? 이건 성서적으로 큰 죄악입니다. 그래서 저는 이것을 늘 글로 남깁니다. 이효상이라는 사람이 이렇게 교회 정신에 반하는 일을 했다, 서정길 대주교도 침묵을 지키면서 이렇게 동조했다, 그 후계자들도 같은 일을 했다, 이런 식으로요. 기록에 남겨 후대들이 볼 수 있게 하기 위해서죠. 대구교구에서는 제가 성당에서 강론하는 것을 주교가 막았어요. 아니, 어떻게 성당에서 강론하겠다는 신부를 주교가 막을 수가 있나요? 말이 돼요? 이게 오늘날 대구교구의 현실입니다(청중 박수).

주진우 대구교구가 침묵으로 동조했고 정치에는 나서지 않은 것처럼 말씀하셨는데, 신부님이 한 가지를 간과하셨네요. 이효상 씨 아들이 이문희 씨인데요. 1972년 37세에 대구교구의 수장 주교가 된 사람이죠. 박정희의 힘이 아니면 불가능한 일이었죠. 그 뒤 이문희 대주교는 한국 가톨릭에서 가장 큰 힘을 발휘하는 사람이 되었고요. 이분 덕분에 1984년 교황 요한 바오로 2세가 한국에 왔을 때 대구도 방문하셨죠. 전두환 정권이 들어섰을 때는 대구의 전달출 신부를 비롯해 여러 신부들이 국보위(국가보위비상대책위원회)에 참여해 정치에 뛰어들기도 했습니다. 사학법 사태가 있었죠. 2005년 노무현 대통령 시절, 박근혜 당시 한나라당 대표가 사학법 개정에 반대해 장외로 나섰습니다. 촛불집회도 했는데 도와주는 사람은 아무도 없었습니다. 사학이 얼마나 썩었는지 국민 모두가 잘 알고 있었으니까요. 하다못해 선생님들도 돈 바치고 들어가는 데가 사학 아닙니까? 그래서 비리 사학 개혁안이 상정됐는데, 이걸 가장 강력하게 막았던 사람이 박근혜 대표였어요. 이런 박 대표를 아무도 도와주려 하지 않을 때, 적극적으로 나섰던 게 이문희 대주교를 비롯한 대구교구 신부님들이었고요. 그러니 대구교구가 정치에 나서지 않았던 게 아닙니

다. 그런데 신부님, 성서적으로 대구 여자들이 예쁜 이유는 뭔가요?(청중 폭소)

함세웅 허허, 그건 훌륭한 선조의 후손들이기 때문이겠죠(웃음).

주진우 대구 남자들은 여자들만 못한 거 같아요.

함세웅 원래 인간의 역사는 모계사회로부터 시작됐잖아요. 뭐, 지금도 모계사회로 진행되는 중이기 때문에 대구에는 희망이 있습니다. 이제, 대구 여성들이 움직이면 대구가 변합니다(청중 환호).

주진우 사실 남자들이 어떤 행동을 하는 데는 이성의 호감을 얻기 위해, 여성한테 잘 보이려는 측면이 큽니다. 제 주변만 봐도 그렇습니다. 여자한테 잘 보이려고 가수가 된 이승환이라는 사람이 있어요(청중 웃음). 참, 꾸준히 음악에 헌신하고 매진하고 있지요. 여성을 위해서. 그런가 하면 이곳 대구 근처 경북 영천에 살던 아주 수줍음 많은 청년도 있어요. 버섯같이 생긴. 김제동이라는 그 친구는 예쁜 여자들한테 호감을 사려고 계속 떠들다가 지금은 마이크를 잡고 사방을 돌아다니고 있죠. 이게 다 여성한테 잘 보이려는 남자들의 행위가 발전된 경우입니다. 그러니 대구 여성분들이 먼저 깨어나, 후진 남자들을 꼬집고 때리고 안 만나주고 하다 보면 뭔가 좀 바뀌지 않을까요?(청중 웃음) 아니면 만나서 돈만 뺏고 차버린 다음 그 돈으로 깨어 있는 남자들 밥을 사주는 방법도 있겠네요. 이렇게 가다 보면 세상이 좀 바뀌지 않겠어요?

함세웅 최근에는 변화가 좀 있습니다.

주진우 혹시 이명박의 4대강 때문입니까?

함세웅 네, 그렇습니다.

주진우 아마 그럴 거라 생각했어요. 그러고 보면 그분이 정말 큰 산입니다, 큰 산(청중 웃음). 사실 생명과 평화는 포기할 수 없는 가톨릭의 가치죠. 그러다 보니 4대강 때부터 가톨릭이 변하기 시작했다는 얘기가 들립니다.

함세웅 4대강을 반대하며 뛰어다녔던 교수님들이 오늘 이 자리에도 와 계세요. 이런 분들이 계시기에 대구와 경상도에 희망이 있습니다. 몇 해 전부턴가 이곳에 가톨릭 정의평화위원회라는 모임이 있는데, 그 모임이 활성화되기 시작했다고 해요. 아주 조금씩 싹트고 있습니다. 이런 걸 보면서 희망이 있다는 걸 제가 확신합니다. 그리고 한 가지 더. 오늘 여기 주 기자님 팬클럽 회원분들도 많이 와 계시죠? 쪽방인가요, 아님 쪽발?

주진우 '쪽팔리게 살지 말자', 줄여서 쪽말입니다(청중 웃음).

함세웅 아, 네, 쪽말. 어쨌거나 이분들이 콘서트를 위해 헌신적으로 자원봉사하는 걸 보면서 많은 걸 느꼈어요. 250년 전 천주교가 처음 한국 땅에 들어왔죠? 한국에 전래된 천주교는 영조·정조 때 잠깐 반짝했지만 그 뒤로는 모진 박해를 당합니다. (신유박해·기해박해·병인박해 등) 박해를 당하면서 신자들이 죽임도 많이 당했죠. 그때 한데 모여 살았던 초기 교회 신자들은 모두가 형제자매, 가족이나 다름없었어요. 그렇지만 박해가 심해지자 천주교를 등지는 이들이 생겨납니다. 특히 전래 초창기, 천주교를 중심으로 세상을 바꿔보겠다며 천주교를 연구했던 양반들이 많이들 떠

나갔죠. 반면 서민들, 하층민들, 상인들 일부는 천주교에 남아 목숨을 걸고 싸웁니다. 제가 대구에 모인 쪽말 자원봉사자들에게서 그 옛날 천주교 신자들의 헌신성이랄까, 신앙심이랄까, 이런 걸 보았어요. 이런 훌륭한 분들이 존재한다면 대구 전체도 아름답게 변화할 수 있을 것 같고, 아름다운 민주주의의 싹도 자랄 수 있을 것 같습니다. 여러분 모두 민주주의의 씨앗이 되겠다는 의지가 있으신 거죠?

주진우 씨앗은 있는데 토양은 척박해요. 이 동네에서는 아무리 뛰어나고 훌륭한 사람이 나와도 1번 아니면 당선되기가 어렵습니다.

함세웅 그렇지 않아요. 7전8기라는 말도 있잖아요. 안 되더라도 계속 시도해야 합니다. 된다는 신념을 갖고 접근해야 해요. 왜냐하면 시간이 흘러가면 나이 든 사람들은 죽게 돼 있으니까요(웃음). 새싹이 올라오게 돼 있다, 그 얘기예요. 희망을 가지세요.

주진우 글쎄요. 무엇보다 대통령 주변에는 뭘 해도 괜찮다, '반신반인'이다라는 식으로 써주는 언론사들이 있잖아요. 대구에서는 〈조선일보〉하고 〈매일신문〉을 많이 읽는데, 이 신문에서는 박근혜·이명박이야말로 성군 그 자체예요. 이건 완전한 태평성대야. 그런데 대구 경제, 경북 경제는 왜 이 모양이냐고? '그건 다 노무현 때문이야, 노무현 때 잘못해놓은 것 때문에 지금 이 모양이지만 앞으로는 나아질 거야'. 이게 이 지역 정서, 맞지 않나요? 얼마 전 예산 책정할 때도 보니까 대구·경북 지역에는 다른 지역과 비교할 수 없을 만큼 많은 예산을 몰아줍니다. 예비비도 다른 데하고는 비교가 안 될 만큼 집중적으로 줘요. 이렇게 콩고물이 떨어지니 이곳 사람들은 이 같은 지역 구도가 더 공고해져도 손해 볼게 없다, 지역 구도가 좋다고 생각하는 거죠.

여기 대구에 유승민이라는 사람이 있죠. 합리적인 분입니다. 경제 전문가고요. 본래 이분하고 이혜훈 의원이 박근혜 대통령의 경제 선생님이었죠. 그런데 이 두 분이 박근혜 대통령과 멀어지게 된 경위를 들은 일이 있습니다. 왜 미움을 받게 됐는지 말이에요. 언젠가 정윤회와 몇몇 비서 권력들, 그러니까 언론에서 흔히들 '십상시'라고 부르는 문고리 권력들에 대해 이분들이 쓴 소리를 했답니다. "비서들의 얘기가 다 사실은 아닙니다. 여러 얘기를 들으셔야 합니다" 하고요. 그러고는 두 사람이 눈 밖에 났다는 거예요. 결국 유승민 씨는 이번 20대 국회의원 선거에서 새누리당 공천을 못 받을 가능성이 크죠. 그렇다고 이분이 대차게 나와서 경제 정의나 민주주의를 부르짖으면서 자기 목소리를 낼 가능성도 별로 없어요. 지금도 박대통령한테 절하면서 '저를 버리지 말아주십시오' 이러고 있는 분이니까요(청중 웃음). 대구에서 박 대통령을 따르던 사람들이 공천을 못 받게 되면, 정치 세력화를 이룰 전망이 있다고 보시나요?

함세웅 주 기자님은 언제나 현실적인 접근을 하시네요. 전 신학적으로 접근할까 하는데.

주진우 신부님은 좀 곤란하다 싶으면 늘 신학적 접근을 하시더라고요(청중 웃음).

민족을 배신한 박정희와
교과서를 바꾸려는 그의 딸

함세웅 보세요. 지난 대통령선거가 2012년에 치러졌죠? 당시 박근혜 후보가 당선됐다는 소식을 듣고 좋아하는 분도 계셨지만 한편으로는 많은 분들이 아픔을 느꼈죠. 그러면서 갑자기 인기를 얻은 게 빅토르 위고의 〈레미제라블〉이었어요. 프랑스 혁명을 담은 그 작품을 뮤지컬 영화로 보면서 많은 분들이 위로를 받았다고 보도가 되었죠. 그런데 민족문제연구소장인 임헌영 선생님(문학평론가)이 이렇게 묻더라고요. "빅토르 위고가 〈레미제라블〉을 어떻게 쓴 줄 아세요?" 빅토르 위고가 1848년 2월혁명 이후에 국회의원이 됐어요. 프랑스 혁명(1789년)이 일어나고 60년 가까이 지난 시점이죠. 그런데 2월혁명 이후 집권한 나폴레옹 3세가 1851년 국회를 해산하고 총통이 된 거예요. 그러니까 실망하고, 좌절하고, 비판하고, 난리가 났지요. 빅토르 위고 또한 나폴레옹 3세를 격렬하게 비난한 뒤 벨기에로 망명을 갑니다. 그곳에서 18년을 머물면서 그는 '프랑스가 가야 할 길은 어떤 길일까? 프랑스는 어떻게 해야 혁명을 완수할까?'를 고민하죠. 이 메시지를 간직하면서 쓴 작품이 〈레미제라블〉이라는 겁니다. 저도 어릴 때는 〈레미제라블〉 하면 장발장이 도둑질했다가 주교에게 용서를 받는 내용으로만 알고 있었어요. 그런데 이건 내용의 극히 일부고, 전체적으로는 '프랑스는 미래를 위해 어떻게 해야 할 것인가'라는 질문 아래 그 인본주의적인 방법을 제시한 내용을 담고 있는 거죠.

실제로 프랑스 혁명이 완성된 것은 1880년대 들어서입니다. 혁명이 완성되는 데 100여 년의 시간이 걸렸습니다. 모름지기 한 시대를 바꾸는 데는 100년쯤 걸린다는 거예요. 우리가 백년대계라는 말을 하잖아요. 그렇게 보면 우리가 유신에서 벗어난 지 한 40년쯤 됐고, 박근혜 정부에선 이제 기껏 3년을 보냈을 뿐이니, 이 정도 가지고 희망이 없다면서 주저앉으면 안 됩니다. 그깟 3년? 크게 보면 숨 한 번 쉬는 기간에 불과해요. 제가 늘 하는 얘기가 있어요. 2050년의 일기를 써보라고요. 2050년에 일기를 쓴다면 "2015년 역사교과서를 불법으로 바로잡겠다던 박근혜 그 여인은 참 나쁜 여인이었습니다" 이렇게 한 줄로 요약되는 게 역사예요(청중 환호와 박수). 이런 시각으로 우리가 접근해야죠. 역사는 항상 바뀌게 되어 있습니다. 항상 뜻밖의 사건으로 바뀌게 되어 있어요.

문제는 포기하고 주저앉는 마음입니다. 이것이 사회적 악이에요. 브라질은 우리보다 빈부격차가 훨씬 심한 나라죠. 브라질에서 가난한 사람들에게 메시지를 전파했던 헬더 카마라 주교님은 늘 그러셨어요. "꿈을 가지십시오, 꿈을! 많은 사람이 같은 꿈을 지니면 그것이 실현됩니다"라고요. 대구는 변합니다. 옛 민주화의 도시로 부활할 수 있어요. 그러니 꿈을 가져야 한다는 겁니다. 만일 그 꿈을 한 사람이 꾸면 오직 한 사람의 꿈으로만 남겠지만,

모두가 같은 꿈을 꾸면 그 꿈은 현실이 됩니다. 대구의 민주화를 위한 꿈, 민족 일치와 화해를 위한 통일의 꿈도 우리가 이런 마음으로 접근해야 해요.

우린 박근혜를 상대할 필요가 없어요. 박근혜의 아버지 박정희를 상대할 필요가 없어요. 그걸 넘어 역사를 이끌어주신 순국선열들, 항일투사들, 민족의 애국자들, 이분들의 얼을 되새기며 살아가야 합니다. 이렇게 해서 우리 선배 세대나 부모 세대를 부끄럽게 할 때 희망의 새싹도 올라올 수 있다고 저는 역설하고 싶습니다. 주 기자님은 현실을 보지만 저는 하늘을 우러러보라, 미래를 보라, 역사의 미래를 봐야 한다는 말씀을 드리고 싶습니다.

주진우 대구에서 이런 얘길 하니까 참 좋네요. 여기 오신 분들부터 좀 더 힘을 내주셔야 할 것 같습니다. 남자들도 두들겨 패 끌고 오시고요(청중 웃음). 신부님, "박정희 대통령 덕분에 우리가 이만큼 살게 된 것 아니냐?" 이런 무식한 소리 하면 사실 좀 패줘도 되는 것 아닌가요?

함세웅 그게 참, 다 거짓말이죠. 실제로 박정희가 시작한 국토개발 계획이라든가 경제개발 계획 같은 건 전부 다 장면 정부 때 김영선 재무장관(1918~1987)이 설계해놓은 거였어요. 박정희 군사정부가 그걸 그대로 차용해 쓴 거죠. 민주화도 그래요. 박정희의 군사반란이 없었다면 한국의 민주화는 훨씬 더 빨리 이뤄졌고, 우리도 선진국 대열에 더 빨리 들어갔을 겁니다. 대구도 이렇게 변질되지 않았을 테고요. 요즘도 국방 비리에 대한 뉴스가 나오곤 합니다만, 본래 한국 정치사에서 가장 중요한 부패의 원조는 군대였어요. 군수 산업이라는 게 단위부터가 다르잖아요. 비행기, 군함 같은 걸 들여오면서 군인들이 커미션을 막 뜯어먹었어요. 외국에서 원조 받은 거액을 박정희가 제일 먼저 스위스로 빼돌렸잖아요. 이런 측면에서 볼 때 우리나라가 5·16 군사반란이 없었더라면 지금보다 훨씬 앞설 수 있었을 겁니다.

제가 1965년부터 1973년까지 이탈리아에서 유학생활을 하는 동안 제일 부끄러웠던 게 있어요. 제가 한국에서 왔다고 하면 사람들이 "아, 그 쿠데타 있었던 나라?"라는 반응을 보였어요. 쿠데타가 벌어지는 나라는 후진국이죠. 그게 우리 뇌리에 남은 아픈 상처입니다. 지금도 저는 박정희나 박근혜와 관련된 얘기를 할 때마다 너무 부끄러워요. 우리가 못나다 보니 정치가 지금 이 수준인 거니까요. 그러니 우리가 좀 더 깨어나야 되겠구나, 너와 내가 한데 힘을 모아 깨어날 때 비로소 아름답고 성숙한 민주주의 공동체를 이룩할 수 있겠구나, 이런 생각을 합니다. 현재 정권이나 역대 정권을 비판하는 것만으로는 안 됩니다. 우리가 이걸 넘어설 수 있는 인간적인 가치, 역사관 또는 조국관을 갖고 나아가야겠다, 하는 게 제 생각입니다.

박정희 얘기가 나왔으니 말인데, 저는 박정희를 평가할 때 가장 중요한 항목이 신의라고 생각합니다. 본래 신의란 게 우리가 어려서부터 배운 가장 중요한 가치 중 하나잖아요. 그런데 신의를 저버린 대표적인 인물이 박정희예요. 박정희는 본래 교사 노롯을 했죠. 일제강점기 때 교사는 대단한 신분이었습니다. 그런데 박정희는 그걸 포기하고 만주사관학교에 입학합니다. 그러고는 일본 왕에게 충성을 다하겠다는 혈서를 쓰고, 독립군을 잡아죽이다가 또 일본 육군사관학교에 들어갔어요. 창씨개명한 이름도 두 개입니다. 처음에는 다카키 마사오高木正雄라는 이름을 썼습니다만 그게 너무 한국적인 이름이라고 해서 나중에는 오카모토 미노루岡本實라고 일본식으로 이름을 바꿨어요. 그랬던 박정희는 일본이 패망하자마자 귀신같이 광복군으로 기어들어갔어요. 귀국 후에는 다시 조선경비사관학교에 들어갔죠. 그 뒤 육군 소령으로 진급해 육군본부 작전정보국에 근무할 때 벌어진 게 여수·순천 사건이었어요. 당시 남로당원으로 의심받았던 박정희는 군대 내에서 남로당 활동을 했던 자기 동료들 명단을 넘기는 대가로 사형을 면하고 살아남았죠. 이렇게 계속해서 신의를 저버린 사람이라면 정치인으로서뿐만 아니라 한 인간으로서도 아닌 거라고 저는 평가를 내리는 겁니다.

그분이 경부고속도로를 내고 경제를 발전시키는 등 좋은 일을 많이 했다고들 평가하죠. 물론 평가할 수 있어요. 그렇지만 저는 이렇게 얘기하고 싶습니다. 도둑이나 강도가 도둑질한 걸 갖고 조금 인심을 썼다 쳐요. 그게 과연 선행입니까? 아니거든요. 우리가 이런 분명한 가치관을 갖고 한 인물에 대한 평가를 내려야 하는데, 우리의 언어와 생각이 이미 다 오염돼 있는 것 같아요. 박근혜도 입만 열면 '신의' '신의' 하잖아요. 이래서야 우리가 어떻게 북한 김일성이나 그 후계자를 비판할 수 있겠어요? 남을 비판하기 위해서는 우리가 먼저 정화돼야죠.

게다가 박정희는 일본 침략국의 원흉들한테 공로상을 주기도 했어요. 이건 당연히 회수해야죠. 그런데 외교통상부는 이와 관련한 자료를 내놓는 것조차 거부하고 있어요. 이래서야 민족정기가 바로 설 수 있겠어요? 정의와 신의를 다 짓밟아놓고 경제 성장했다는 것만 내세우면서 역사교과서를 바꾸겠다고 하니…… 민족의 아름다운 정신이 후손에게 이어지는 걸 차단한 장본인이 5·16 군사반란의 주범 박정희예요. 이 부분을 분명히 깨달아야만 바른 역사관이 설정될 수 있습니다.

주진우 그런데도 대구 분들이나 경북 분들은 왜 그렇게 박정희를 좋아할까요?

함세웅 그건 역사와 진실을 왜곡해서 자기들이 필요한 방식으로 만들어 선전했기 때문이지요. 생각해보세요. 나라를 팔아서 자신의 권력과 부를 유지한 사람은 매국노입니다. 권력을 유지하기 위해 무고한 시민을 고문하고 감옥에 가두고 죽였으면 독재자입니다. 이런 사람들은 비판하고 처벌해야 하는 겁니다. 이런 매국과 독재를 감추려 하니까 산업화 세력이라고 미화하고 국민을 현혹하는 거지요. 많은 분들이 잘 몰라서 그래요. 친일 매국 행위와 독재의 실체를 잘 모르는 거죠. 배경을 잘 모르는 거고요. 에리히 프롬의 설명에 따르면, 인간은 혈연관계를 가장 중시한다잖아요. 그런데 실은 혈연을 넘어서는 영적·정신적 관계가 더 중요해요.

이걸 넘어서지 못한 채 내 핏줄, 내 고향 사람만 편들면 그냥 동물적인 수준에 머물러 있는 것이죠. 이걸 넘어서 영역을 더 넓혀야죠. 내 고향만이 아니라 내 나라, 내 민족, 5천 년의 역사 속에서 우리가 어떤 삶을 살 것인가, 이런 큰 시각을 가져야죠. 대구와 경북에 계신 분들이 큰 시각을 가질 수 있게끔 우리가 더 많은 자료를 제공해드려야 할 것 같아요. 특히 주진우 기자님이 잘 제공해주셔야 해요.

주진우 어, 이 동네는 특별히 〈시사IN〉을 안 보셔서요. 어려움이 좀 있습니다.

함세웅 그럼 무료로 배포하셔야죠(청중 웃음).

잘못된 정치 현실을 바꾸라는 것이 그리스도의 뜻

주진우 스태프 여러분, 오늘은 〈시사IN〉 무료로 나눠주세요. 그런데 신부님은 어떤 계기로 사회정의 실현에 매달리게 되셨나요? 사실 신부님은 신학교를 나와 엘리트 코스를 밟으셨잖아요. 이탈리아에 유학 가서 박사학위도 받으셨죠. 사회정의나 이웃에 대한 사랑, 이런 생각을 조금만 줄이셨어도 주교도 하고 추기경도 하셨을 것 같은데 어쩌다 이런 길을 가게 되셨어요? 신부님이 주교도 하고 추기경도 했으면 저도 그 옆에서 편히 살았을 텐데(청중 웃음). 말씀해보세요. 왜 저를 이렇게 가시밭길로 인도하셨나요?

함세웅 (웃으며) 저희는 엘리트라는 용어는 안 씁니다.

주진우 죄송합니다. 저도 안 쓰겠습니다.

함세웅 사제직은 그냥 봉사하는 거예요, 봉사. 제가 신학교에 다닐 때만 해도 한국에서 사제 서품을 받고 싶은 꿈이 있었어요. 한국에서 하는 사제 서품식이 꽤 성대하거든요. 신부가 되는 날에는 서품을 줬던 주교님들도 그 앞에서 무릎을 꿇고, 부모님들도 무릎을 꿇죠. 그게 참 감동적이에요. 그런데 유학을 가려면 그걸 포기해야 했어요. 가족도, 아무도 없는 상태에서 사제가 돼야 하니까. 그래서 어린 마음에 '내가 이것도 포기한다' 하면서 소박한 마음으로 유학을 떠났어요. 가서는 신학교 교수가 되려고 했죠. 신학교에서 학생들을 가르치면 얼마나 좋을까…… 그런 꿈을 꾸면서 귀국했는데, 그때가 1973년 6월이었어요. 한국이 유신체제에 놓여 있을 때였습니다. 공기도 느낌이 달랐어요. 뭔가 살벌하고 숨 쉬기도 힘들 지경이었죠.

1974년부터는 제가 혜화동 가톨릭대학에서 강의를 시작했는데, 그해 긴급조치 1, 2, 3, 4호가 잇달아 발동되고 청년 학생, 시민, 목사, 변호사 등 200여 명이 구속됐죠. 원주교구를 맡고 있던 지학순 주교님도 그때 구속되셨어요. 아시아주교회의 참석차 외국에 나갔다 돌아오는 길이었는데, 김포공항에서 납치되다시피 강제연행을 당하셨죠. 그때 저 같은 젊은 사제들이 '주교가 불법으로 체포되었는 데도 우리가 가만히 있으면 말이 되느냐?' 하고 나서게 된 거죠. 그렇게 이심전심으로 모인 분이 30~40명 되었어요. 1974년 7월 9일 주일날이었죠. 그날 주일행사 마치고 명동 성당에 모인 저희들이 김수환 추기경을 찾아갔어요. 그분도 답답해하시던 중에 저희가 강력하게 요청하는 얘길 듣고 눈물을 흘리시더라고요. 그러면서 신부님들이 세상에 나서게 된 거죠. 지학순 주교님 말고도 그 전에 이미 구속된 200여 명이 있었잖아요. 그 가족들을 만나면서 우리가 주교님 석방을 위해서만 노력할 게 아니라 이분들의 석방을 위해서도 뭔가를 해야겠다고 생각했습니다.

그러면서 깨달은 게, 성당에서 기도하고 미사 지내던 우리들을 역사의 현장으로 초대한 게 지학순 주교님과 더불어 당시 감옥에 있던 청년 학생들이라는 거예요. 우리가 이분들한테 역사적인, 현실적인 빚을 지고 있음을 깨달은 거죠. 그렇게 역사의 현장에 뛰어들다 보니 〈동아일보〉 기자들이 우리한테 합세하고, 그러다 백지 광고 사태가 나는 상황들이 이어졌어요. 또 인혁당 사건을 알게 되면서 '이 정권이 이렇게 무서운 조작을 하고 있구나. 그렇다면 나서야지. 사법부도 개혁해야지' 이렇게 생각이 넓어졌지요.

그러면서 성경을 다시 읽었더니 성경이 새로 읽혀요. 이제까지는 신학교에서 배운 것만 신학이라 생각해왔는데, 성서의 가르침은 그게 전부가 아니었던 거예요. '잘못된 현실을 바꿔라. 이게 교회의 사명이고 구원이다'라고 가르치고 있었던 거죠. 예수 그리스도께서도 가만히 계셨으면 돌아가시지 않았을 거예요. 그런데 역사의 현장에서 '정치인들이 썩었다. 종교인들이 바뀌어야 한다'라고 외치셨기 때문에, 세상으로 나아가셨기 때문에 십자가에 못 박혀 돌아가셨지요. 예수 그리스도는 죄목이 두 개였습니다. 종교적으로도 죄인이고, 정치적으로도 죄인이셨어요. 다시 말해 종교재판과 빌라도 로마 총독의 재판, 두 개의 재판을 받고 십자 가에 못 박혀 돌아가신 거죠. 이렇게 예수님이 돌아가신 정치적 의미를 역사의 현장에서 감옥에 간 그 많은 청년 학생들과 선배, 후배 들을 통해 더 많이 깨달을 수 있었습니다.

그 뒤에 제가 감옥에 가게 됐는데, 감옥에서 성경을 읽다 보니 감옥 얘기가 참 많이 나오더라고요. 밖에서는 그냥 읽었는데, 감방에서 성경을 읽다 보니 '감옥'이라는 단어가 유독 크게 다가왔던 것 같아요. 그러면서 깨달았죠. '바로 이 자리가 신앙인인 너의 자리다, 사제의 자리다. 이 자리가 바로 골고다 언덕에서 십자가에 못 박히셨던 예수의 자리다'. 벌써 40년도 더 된 일인데 그때의 체험이 제게 참 컸던 것 같아요. 저도 게으르고 싶고, 쉬고 싶고, 놀고 싶고, 현실에서 도피하고 싶을 때가 있잖아요. 그때마다 그 시절 감옥 체험이 저를 막 끌어가는 거예요. 덕분에 오늘 이 현장에도 오게 됐고요.

제가 함석헌 선생님을 직접 뵙기도 하고 그분의 책을 읽으면서 배운 게 많아요. 그분은 자신을 소개하시길 "나는 하느님의 발길에 차인 사람이다"라고 하세요. 그분이 일제강점기 때 감옥에 서너 번 가신 분인데, 해방이 된 다음에는 북한에서 소련군에 체포돼 모진 고문을 당해요. 그 뒤 '야, 내 나라 내 땅에서 고문을 당하다니' 싶어 북한을 몰래 탈출해 남한으로 건너오죠. 그런데 여기 와서 보니 이건 또 이승만 독재에 박정희 독재에 온통 독재뿐인 거예요. 여기 맞서 싸우다 보니 '야, 나는 일제와 싸우고, 소련과 싸우고, 북한 공산당과 싸우고, 남한에 와서는 이승만 독재, 박정희 독재와 싸우는구나. 이게 운명인가?' 하는 생각이 절로 든 거죠. 그러면서 고백하신 말씀이 "나는 하느님의 발길에 차인 사람" 이라는 거예요. 저는 이 말씀을 우리 역사와 연결시킬 수 있을 때, 그러니까 순국선열, 한국의 역사, 우리 민족을 위해 '나는 발길에 차인 사람이다' 이런 마음으로 살아갈 수 있을 때 희망을 얻을 수 있다고 생각합니다.

제가 지금 큰 소리로 말씀을 드리고 있습니다만, 사실은 여러분 안에서 나오는 열기 덕분에 제가 힘을 얻을 수 있는 거예요. 이렇게 얻은 힘을 갖고 다른 지역에 가서 제가 더 크게 소리를 칠 겁니다. 서울시청 앞에서도 외치겠습니다. 박근혜 정권은 부정·관권 선거로 탄생했다, 그런 정권이 국가 폭력·경찰 폭력을 행사해서는 안 된다, 이렇게요. 지난 11월 13일 있었던 민중총궐기 시위는 헌법에 보장된 시위였어요. 헌법재판소가 보장하라고 했어요. 경찰이 차벽을 치면 안 된다고요. 그런데도 경찰은 버젓이 불법을 저질 렀습니다. 이건 안 된다는 겁니다. 인간의 이름으로, 양심의 이름으로, 순국선열들의 이름으로 우리가 막고 저항해야 한다는 겁니다. 물론 당장은 아무것도 안 될지도 모릅니다. 그렇지만 우리가 못 하면 후대가 일어나 바꿀 수 있다는 그런 신념과 꿈을 가져야 합니다. 저는 신앙인이기 때문에 기도하는 마음으로 지금 이런 일들을 하고 있어요. 제게는 이런 활동들이 기도입니다. 넓은 의미에선 제가 선교하고 있는 것이기도 해요. 제가 이런 얘기들을 하면 종교가 없는 분이 듣다가 '아, 천주교 괜찮네' 하면서 오실 수도 있잖아요(청중 웃음). 그러니 제가 지금 선교를 하고 있는 겁니다.

주진우 선교 얘길 하시니까 문득 그 생각이 납니다. 서울에 사랑의교회라는 대형 교회가 있습니다. 이 교회가 서초동 금싸라기 땅에 온갖 편법과 불법을 저지르면서 예배당을 짓고 있을 때였습니다. "신부님, 이건 큰 문제인 것 같습니다" 했더니 신부님이 말씀하셨어요. "장사가 잘돼서 영업장을 크게 짓겠다는데 뭐라고 하겠어. 다 돈 때문에 그런 건데……"(청중 웃음). 그런가 하면 신부님이 은퇴하시기 전에 일요일에 무슨무슨 집회가 있다거나 회합 약속을 잡아도 괜찮은지 여쭤보면 꼭 이러셨어요. "그날은 장사해야지"(청중 웃음).

함세웅 천주교에 구원경륜救援經綸이라는 말이 있어요. 하느님이 마련한 구원 계획이라는 말인데, 라틴어로는 이게 에코노미아 Economia 영어로는 이코노미Economy예요. 그래서 구원의 경륜이라고 하는데 이걸 우리 일반어로 번역하면 구원의 장사죠, 종교 장사. 한 나라를 이끌어가기 위해서는 우리가 장사를 잘해야 해요. 그래서 우리가 성실하게 도매도 하고 소매도 하고 그러는 거예요(청중 웃음).

주진우 그런데 신부님, 우리나라에서는 자기 목소리를 내는 사람,

특별히 정의를 위해 목소리를 내는 사람은 피해를 보게 돼 있습니다. 제 절친 중에도 그런 사람이 있어요. 원래 정의로운 분이에요. 그런데 저랑 지내다 보니 우리 사회에 대해 더 많이 관심을 갖게 되었어요. 박근혜·이명박에 대해 더 많이 알게 되었고요. 이 사람이 요즘 콘서트장에서 자꾸 사회적 발언을 해요. 이걸로 모자라 정부가 국정교과서를 추진한다니까 "야 안 되겠어. 콘서트를 열어야겠어" 하면서 자기 돈으로 막 콘서트를 열어요. 그래서 가수 이승환 씨는 텔레비전에 못 나가요. 그런가 하면 또 다른 친구는 본래부터도 그랬지만 저랑 다니면서 사회적 발언을 더 많이 하게 됐어요. 그러다 박근혜 대통령이 갑자기 국정교과서를 추진한다니까 잠결에 나가서 피켓 시위를 했어요. 그랬더니 엄마부대가 막 몰려왔어요. 이 친구 방송 출연 못 하게 하라고요. 〈힐링캠프〉라는 방송을 하는데 김제동은 곧 잘릴 거예요.[33] 이런 걸 보면 자기 목소리를 내는 게 중요한가, 이런 게 정말 의미가 있나 싶어져요. 모르는 척 숨어 있는 게 낫지 않나 싶기도 하고요.

함세웅 제 생각엔 그렇게 방송 출연하는 분들은 구태여 앞장서면서 잘릴 필요까지는 없을 거 같아요. 경계선까지만 그러니까 저러다 잘리겠다 싶다가도 막상 자르기도 쉽지 않겠다 싶은 정도까지만 가는 게 대중을 위해서도 더 효과적이지 않을까, 이런 생각이 드는 거죠. 그럼에도 불구하고 만약 잘렸을 경우에는 목숨을 걸고 나서야 해요. 목숨을 걸고 나서는 사람은 못 건드립니다. 그

---

[33] 2016년 〈힐링캠프〉는 폐지됐다.

렇지 않나요? 어쨌거나 결단을 좀 내릴 필요가 있다는 뜻입니다. 나아가 이런 분들이 피해를 봤다 싶을 때는 연대해야 합니다. 불이익을 본 사람들이 모여야죠. 목소리를 함께 내면 불의한 것에 우리가 함께 항거할 수 있습니다.

요즘 보면 우리 하는 일들이 언론에 하나도 나오지 않는다면서 실망하는 분들이 많아요. 사실 다른 데 비하면 많이 보도한다는 〈한겨레〉나 〈경향신문〉도 알아서 안 내는 부분들이 많죠. 손석희 사장처럼 훌륭한 사장이 계신 JTBC 방송도 자기검열을 하면서 경계선까지만 갈 뿐이죠. 이걸 안타까워하는 분들이 많다는 걸 저도 알고 있습니다. 그렇지만 1974년에 저희들이 활동할 때도 신문에는 기사 한 줄 안 났어요. 방송은 물론이고요. 그런데 우리가 끊임없이, 줄기차게 행동했더니 기자들이 움직이더라고요. 몇 달 지나면서 한 줄, 두 줄, 석 줄 이렇게 기사가 나오다가 동아투위 기자들이 나온 거예요. 당시 기자들이 와서 우리들한테 그랬어요. "신부님, 언론인이 각성하라고 외치십시오." 그래서 우리가 언론을 잘 모르는데 어떻게 그러냐고 했더니 "괜찮습니다. 그렇게 해야 합니다" 하더라고요.

제 생각엔 현재 한국에서는 〈조선일보〉 하나를 겨냥해야 할 것 같아요. 우리가 욕심이 너무 많다 보니 '조·중·동' '조·중·동' 하는데요. 현실적으로 〈조선일보〉 하나, 아니면 〈조선일보〉 하고 종편, 이렇게만 상대하면 됩니다. 욕심 많이 갖지 말고요. 그런 의미에서 우선 뜻을 같이하는 분들이 〈조선일보〉를 격파하는 모임

같은 걸 만들면 좋을 것 같아요.

저항의 도시 대구로 거듭나는 길은?

주진우 강연 전에 받은 청중 질문 한번 볼까요? "주 기자님은 결혼 안 하세요?"(청중 폭소) 제 아이가 고등학생입니다.

함세웅 저는 성 소수자입니다(청중 웃음).

주진우 아니, 이건 또 무슨 말씀이세요? 자, 또 다음 질문. 이분은 저한테는 하트 표시를 해주셨고, 질문은 신부님한테 하셨네요. "언제쯤이면 대구에서 새누리당이 힘을 못 쓰게 될까요?"라고요.

함세웅 예. 새누리당이 당명을 바꾸면 됩니다. 하하하. 사실 이게 어려운 일인데요. 대구는 대구 나름의 특성이 있겠죠. 유승민 의원 같은 분이 새누리당에서 나올 수 있다는 것 자체가, 대구에 이런 국회의원이 현존할 수 있다는 것 자체가 하나의 상징이 아닐까 싶어요. 오늘 이 자리에 모이신 주진우 기자를 사랑하는 청년들, 시민들도 계시잖아요. 이런 분들이 중심이 돼 어떻게 해야 대구가 변화될까, 이런 논의를 해주시면 좋을 것 같습니다.

주진우 이번 질문은 좀 어렵습니다. "신부님, 사랑이 뭐예요?"

함세웅 제가 로마에 유학 가서 3개월 만에 윤리신학 시험을 쳤어요. 구두시험으로요. 그런데 그때는 언어 소통이 힘들 때잖아요. 그래서 교과서를 달달 외웠어요. 그러고서 시험장에 들어갔더니 윤리신학 교수가 저한테 "사랑이 뭐냐?"고 질문하는 거예요. 그런데 교과서에는 딱 떨어지는 답이 없었어요. 십계명을 떠올려봐도 '하느님을 사랑하라' '이웃을 사랑하라' '헌신하라' 뭐 그런 말만 있으니까. 그래서 '어떡하지?' 하나 "하느님 사랑?" 그랬어요. 눈치를 보니까 교수가 원하는 대답이 그게 아닌가 봐요. 그래서 '이웃 사랑? 아니면 눈물의 씨앗이라고 할까' 하면서 별별 생각을 다 했죠(청중 웃음). 그래봤자 그 양반이 한국 가요를 모를 테니 눈물의 씨앗을 이해할 리도 없고. 나중에 보니 교수가 원한 답은 「요한 1서」 4장 16절에 나오는 "하느님은 사랑이시라"였어요. '내가 말하는 사랑은 하느님에 대한 우리의 사랑이 아니다. 인간에 대한 하느님의 사랑이다'라는 거죠. 사실 우리 그리스도인이 입만 열면 '하느님 사랑' '하느님 사랑' 하잖아요. 그런데 그런 사랑이 아니라, 하느님의 사랑, 우리말로 하자면 '내리 사랑'이 사랑이라는 거죠. 우리가 어버이날 부모님 가슴에 꽃을 꽂아드릴 때면 가슴이 찡하잖아요. 자식에 대한 부모님의 사랑은 무조건적이니까요. 어떤 때는 목숨을 바치면서 하는 사랑이죠. 물론 이기적인 부모도 있겠지만, 자녀가 위기에 처했을 때 자식을 위해 목숨을 바치는 게 부모님의 사랑입니다. 곧 모성애·부성애가 사랑의 원형인 거죠. 우리에 대한 하느님의 사랑이 이런 거고요.

저는 결혼을 앞둔 예비부부들과 면담할 때도 "결혼은 나를 다 내어주는 거다"라고 얘기합니다. 남자에게 결혼이란 "지금부터 나는 없다. 여자한테 나를 다 내준 거다" 하는 겁니다. 이제부터는 여자가 원하는 대로 살아야 하는 거죠. 마찬가지로 여성에게 결혼이란 "나는 남편한테 다 주었어요" 하는 겁니다. 이렇게 내 중심으로 살지 말고 상대방 중심으로 살아가는 게 사랑이라고 저는 생각합니다. 이게 넓은 의미의 사랑이라면 사회적 의미의 사랑은 나보다 이웃을 위해 헌신하는 게 되겠죠. 물론 100% 헌신할 수는 없습니다. 그래서 저는 주식회사의 원리를 얘기하곤 합니다. 주식회사에서는 51%의 주식을 가진 사람이 주도권을 갖게 되잖아요. 51%를 가진 자가 49% 가진 자를 누를 수가 있습니다. 그것처럼 나를 사랑하는 마음이 49%, 이웃을 사랑하는 마음이 51%라면 훌륭한 분이라고 할 수 있어요. 그게 바로 헌신하는 마음이겠죠. 사실 80 대 20, 90 대 10으로 그런 마음을 갖기도 쉽지 않잖아요. 제가 성서적으로, 신학적으로 말하는 사랑은 이런 식의 사랑입니다. 대답이 됐나요?(청중 박수) 제가 오늘 사랑의 비법을 알려드린 겁니다. 결혼을 앞둔 분들은 남성 또는 여성에게 적용하시면 되겠습니다(청중 웃음).

주진우 역시 신부님다운 말씀이세요. 여기 오신 대구 시민들께 질문을 받아보겠습니다.

청중1 후진 경북대에서 콘서트 장소를 대여해주지 않았다고 그러셨죠. 전 그 대학에서 학생들을 가르치는 사람입니다. 경북대가 후지지 않은 부분도 많으니까 한 몫에 후졌다고 말씀하시진 않았으면 좋겠어요(웃음). 경북대가 대구·경북에서 여러 가지로 중요한 역할을 많이 해왔거든요. 캠퍼스 한쪽에 작게나마 인혁당

166

사건 희생자인 여정남 씨를 추념하는 민주공원도 조성해놓았습니다.

다만 시간이 흐르면서 이런 정신이 쇠퇴한 측면은 분명히 있어요. 가까운 예로 최근 경북대는 총장 선출 문제로 진통을 겪고 있습니다. 경북대 구성원과 대구 지역 시민단체들이 총장 후보 1순위로 뽑은 인물(김사열 교수)에 대해 교육부가 정부 입맛에 맞지 않는다는 이유로 임용 제청을 거부하고 있기 때문이에요. 그 바람에 벌써 1년 6개월째 학생들이 총장 없는 대학에서 공부하고 입학·졸업을 하고 있는 실정입니다. 내부 구성원들도 갈가리 찢겨있어요. 우리 스스로 뽑은 총장 후보를 지키자는 쪽과 그러지 말고 정부 비위에 맞추자는 쪽으로요. 그렇게 보면 교수라고, 배웠다고 다 똑똑한 것도 아닌 것 같습니다.

역사 교과서 국정화 문제가 불거졌을 때도 그래요. 저는 우리가 대학 구성원들인 만큼 역사와 진리에 대한 욕구가 아주 클 것이라고 생각했기에 모두가 들고일어날 줄 알았습니다. 굳이 역사학과가 아니라도 말입니다. 그런데 제 기대가 너무 컸나 봐요. 10년 전까지만 해도 제가 무슨 얘기를 하면 사람들이 일단 들으려고 했습니다. 그런데 지금은 사람들을 만나 연대의 필요성을 얘기하려 하면 "넌 팔자가 좋아서 그렇구나" "넌 노빠라서 그렇구나" 이런 반응들을 보여요. "넌 주진우빠라서 그렇구나" "네가 〈시사IN〉을 보니까 인간이 빨간색이 되지"라는 식입니다. 3~4년 전부터 학교에 성과급이 도입되고, 학생들에 대한 평가도 절대평가에서 상대평가로 전환되는 등 모든 게 성과와 스펙 위주로 바뀌면서 이런 현상이 더 심해진 것 같습니다. 일반인들이 함 신부님처럼 하느님 '빽'을 갖고 있지 않다 보니 성과급이나 스펙 같은 현실적인 '빽'을 갈구하는 것 같아요. 이럴 땐 어떻게 해야 할까요?

함세웅 존재론적인 접근이긴 합니다만, 그게 인간의 한계입니다. 1940년대 일제의 폭압이 절정에 달했을 때는 모두 일본이 영원할 줄 알았죠. 그래서 당대의 석학으로 존경받았던 최남선, 이광수, 박순천, 김활란 등이 모두 친일파로 전향해 일본에 무릎을 꿇었던 거고요. 이분들이 나중에 고백합니다. "일본이 이렇게 빨리 망할 줄 몰랐다." 그러니까 포기해버렸던 거죠. 여기서 우리가 배워야 할 것 같습니다.

이곳 대구에서 선생님이 겪고 계실 그 고충, 제가 충분히 이해합니다. 제가 언젠가 경북대에 갔을 때 함께 갔던 후배 한 사람이 대학에 들어서는 순간 "신부님, 공기가 달라요" 하더라고요. 경북대에 들어서는 순간 숨이 막히는 것 같다고요. 그래서 제가 그랬죠. "그건 당신의 선입견이다. 선입견을 깨라." 저는 여정남 씨 추모사업 때문에 경북대를 그전에도 여러 차례 방문했기에 그런 걸 못 느꼈거든요. 한번은 경북대 법과대학에 계신 분이 저를 찾아온 일이 있어요. 대구 지역 성당에 나가봐야 답답하다고요. 그래서 그분께 가톨릭 의식대로 고백성사를 해드리면서 제가 그랬어요. "성당에 가서 사람들을 만날 때 이해를 못할 만한 분께 너무 정면으로 얘기하지 마십시오. 상대가 이해할 수 있는 만큼만 대화를 하십시오." 그러면서 한 발짝씩 한 발짝씩 끌어와야지 준비가 안 돼 있는 분한테 제가 오늘 얘기한 것처럼 말하면 그냥 귀를 막아버리겠죠. 제가 오늘 이렇게 자유롭게 말씀드릴 수 있는 건 여기 오신 분들이 이미 열린 귀를 가졌기 때문이에요. 만일 그냥 스쳐 지나가는 분들의 모임이었다면 저도 이렇게 얘기하진 않았을 겁니다. 요는 상대가 소화할 수 있을 만큼만 메시지를 던지자는 것입니다. 말씀하신 선생님께서도 그런 인간적 지혜와 천상적 지혜를 가질 수 있으면 좋겠습니다. 선생님께서 이제껏 경북대에 계셨다는 건 그런 지혜를 갖고 계시다는 뜻이기도 해요. 그러니까 너무 지치지 말고 다시 힘을 내셔야 해요. 여기 모인 분들, 다 훌륭하게 살아 계시잖아요. 이곳에서 숨을 크게 들이마신 뒤 경북대 학생들에게, 교수들에게 가서 그 공기를 내뿜어주시기 바랍니다(청중 박수).

청중2 신부님께 신앙적인 질문을 드리고 싶어요. 제가 다니는 성당의 주임신부님이 바뀌면서 제가 교무금을 400~500% 정도 올렸어요. 정확히 십일조는 아니지만 십일조에 가까운 액수를 교회에 내기로 한 거죠. 교회를 위해서나, 사회를 위해서도 그렇고 제 신앙심을 굳히기 위해서도 교무금을 올리는 게 마땅하다고 생각했습니다. 작년에는 성지순례로 이스라엘에도 다녀왔어요. 지금 제가 신앙 생활을 한 지 20년 정도 됩니다. 덕분에 은혜도 많이 받았죠. 그런데 작년부터 교무금 내는 게 조금씩 아까워지기 시작했습니다(청중 웃음). 이 돈을 제가 개인적으로 쓰고 싶어서는 아니고요. 저는 교회 안에 머무르는 게 신앙 생활의 전부는 아니라고 생각하거든요. 특히나 저는 공정하지 못한 언론이 가장 큰 문제라고 생각하고 있기 때문에 국민TV 조합원이 된다든지, 여러 팟캐스트를 지원하는 일에도 돈을 쓰고 싶습니다. 그런데 우리 성당에서는 최근 들어 교육관을 건립한다고 한 가구당 200만 원씩을 내라 하네요. 이게 좀 힘들어요. 교회가 돈을 너무 많이 요구하는 게…… 제가 자영업자다 보니까 쉽지가 않아요. 앞으로 계속 이렇게 내야 하는지도 모르겠습니다.

함세웅 세례명이 어떻게 되세요?

청중2 루시아라고 합니다.

함세웅 루시아님, 남편도 신자신가요?

청중2 신자인데 지금은 쉬고 있습니다.

함세웅 네, 고맙습니다. 가톨릭에서는 성당에 매달 교무금이라는 걸 냅니다. 십일조에는 못 미치지만 그에 버금가는 액수죠. 역사적으로 보면 십일조라는 게 옛날에는 세금이었어요. 본래 이스라엘에는 열두 지파가 있었는데, 그중 레위지파는 하느님을 위해 제단에서, 성전에서 일을 했어요. 이분들은 유산으로 땅을 물려받지 못했습니다. 대신 나머지 지파에서 십일조를 내면 그걸 받아가지고 맡은 일을 하기로 했죠. 이것이 십일조가 된 것입니다. 십일조의 원리는 이래요. 사람의 욕심은 끝이 없으니 항상 내 몫의 10분의 1을 내놓을 수 있어야 한다는 겁니다. 이 10분의 1을 사회에 환원해야 한다는 거죠. 성서는 사유권의 절대성을 보장하지 않습니다. 그런데 한국에 들어온 프랑스 선교사들은 가톨릭 신자들이 워낙 가난하다 보니 수입의 30분의 1 정도만 교회에 내라고 했어요. 그러다 보니 우리 가톨릭 신자들은 조금 짠 편입니다(웃음). 그런데 제가 모금을 잘해요. 제가 마음만 먹으면 여기 모인 여러분 지갑에 있는 돈을 다 털어낼 수도 있어요. 손가락 하나 안 대고요(청중 폭소).

십일조의 정신은 사회에 환원하자는 거예요. 지금 루시아님은 성당에 대한 애정도 크지만, 이걸 사회 변화를 위해 애쓰는 분들에게 더 쓰고 싶다는 말씀이시죠? 그럼 그렇게 하셔도 좋습니다. 성당도 아름다운 일을 하고, 팟캐스트를 하는 다른 분들도 아름다운 일을 하고 있습니다. 이걸 나눠서 돕는다는 의미로 성당에 내는 돈을 좀 줄이고 사회를 위해 쓰세요. 그 모두가 아름다운 선택이라고 제가 신학적으로 확인해드리겠습니다(청중 박수).

주진우 신부님, 십일조는 한국에만 있는 거죠?

함세웅 아니에요. 십일조는 성서 말씀이기 때문에 다른 나라에도 있습니다. 다만 독일 같은 경우는 아예 종교세가 있어서 십일조를 안 내요. 세금의 10분의 1 정도가 종교세로 분류됩니다. 그래서 신자들이 성당이나 예배당에는 헌금을 천 원, 2천 원 정도밖에 안 내요. 국가에서 종교세로 걷은 돈을 교회나 성당에 주니까요. 이탈리아도 그렇습니다. 나라마다 조금씩 사정이 달라요. 그런데 한국 개신교에서는 십일조를 시행하고 있습니다. 저도 신부지만 '야, 개신교분들 대단하다' 싶을 때가 많아요. 언젠가 제가 강론 중에 십일조를 비판했더니 개신교에서 오신 분이 저를 찾아와 항의하셨어요. "신부님, 그런 말씀 하시면 안 됩니다. 십일조를 내는 분들을 존경해야 합니다." 제가 "왜요?" 하고 물었더니 그분 말씀이 이래요. "사람이 자기 마음을 무엇으로 표시합니까? 돈이 가장 확실한 표시 방법입니다. 그러니까 십일조를 내는 정신만큼은 아름다운 겁니다." 그다음부터는 제가 말을 조금 완화했죠(청중 웃음).

다만 한국 교회의 가장 큰 문제는 환원이 없다는 거예요. 가톨릭의 경우는 모든 교구와 본당 예산의 10분의 1을 이웃을 위해 쓰게끔 되어 있습니다. 예산이 아예 그렇게 편성돼 있어요. 그런데 개신교의 경우 너무 많은 돈을 자기 교회를 확장하는 데 쓰고 있다는 게 한계라는 지적을 받고 있는 거죠. 물론 개신교도 아주 작은 교회나 개척교회 목사님 중에는 훌륭한 분들이 많습니다. 몇몇 대형교회가 문제죠. 종교도 돈과 너무 밀착할 때는 썩을 수밖에 없습니다. 프란치스코 교황께서도 그 대목을 무섭게 강조하고 계시죠.

주진우 2000년대 초반에 여의도순복음교회에 9개월가량 다닌 적이 있습니다. 김태촌이라고 거물 조폭 때문이었어요. 그 조폭이 입원한 병실에 갔더니 여의도순복음교회 조용기 목사와 관련된 물품들이 군데군데 있는 거예요. 그래서 조용기 목사랑 어떤 사이냐고 물었더니, 양아버지, 양아들 같은 관계래요. 그러면서 자기가 조용기 목사를 위해 깡패 짓 한 얘기를 자랑처럼 늘어놓아요. 큰아들 이혼시키려고 사돈을 팼다는 둥, 교회를 인수할 때 주먹을 썼다는 둥…… 김태촌의 무용담을 들으면서 '조용기 목사 이야기는 기사로 꼭 써야겠다' 싶어 교회에 나가기 시작한 거죠. 세계에서 제일 큰 교회 목사님이고, 정치에 깊이 관여하시는 분이잖아요. 그런데 9개월간 다니면서 보니까 모든 설교가 헌금으로 끝나요. 돈을 안 내면 천국에 못 간다는 거예요. 그런데 이 말을 물 흐르듯 잘하는 겁니다. '예수님에 대한 너의 헌신과 신앙을 뭘로 보여주겠느냐? 결국 돈이다. 돈으로 보여주는 거다' 하면서요. 물론 대형 교회 목사님 중 이렇게 얘기 안 하는 분도 있어요. 전광훈 목사 같은 분은 여신도들에게 "빤스를 내려보라"고 하셨죠? 빤스를 내리면 참신자요, 이를 거부하면 신자가 아니라고요. 이 두 분이 한국 기독교계의 상징 같은 분들입니다. 새누리당, 멀리는 신한국당의 뿌리 같은 분들이기도 하죠. 많은 당원들을 조직하면서 큰 영향력을 행사하기도 하고. 함께 기독당을 창당하기도 하고…….

민주주의와 공화주의의 의미를 묻다

청중3 오원춘 사건이 궁금합니다. 얼마 전 아는 경찰한테 얘기를 들었더니, 오원춘 사건은 천주교에서 잘못 알고 오버한 것이라고 하던데요.

함세웅 얼마 전 오원춘 씨가 저희와 함께 하얼빈 순례를 다녀오셨어요. 안중근 의사 의거일이에요. 저도 그분을 직접 만난 것은 그때가 처음이었습니다. 오원춘 씨는 경북 영양군에서 농민회원으로 활동하던 분이에요. 그분이 1979년 경찰에 납치돼 울릉도로 끌려갔다 풀려난 뒤 안동교구 신부님에게 양심선언을 했고, 그 결과 전국의 가톨릭 신부들이 이의를 제기하며 일어났죠. 그 바람에 문정현 신부님이 구속되고, 제가 두 번째로 구속이 됐고요. 1979년 6~8월 중 벌어진 사건이니까 박정희 정권 말기였습니다. YH 사건이 발생하면서 여공이었던 김경숙 씨가 죽은 것도 그 즈음이었죠. 당시 우리는 오원춘 사건에 집중하면서 정권의 불법성을 고발했어요.

그런데 이분이 경찰에게 너무 많은 위협을 받고 고문을 당했던 모양이에요.[34] 이분 재판이 대구에서 열렸는데, 판사 질문에 "나 납치당했습니다" 하면 그냥 재판이 끝날 수 있는 걸 아주 교묘하게 답변을 하신 거예요. 어떻게 들으면 납치당하고 고문을 당했다는 말로 들리고, 또 달리 들으면 납치를 당하지 않았다는 말로 들리게 말했어요. 아마 이분 입장에선 법정에서 진실을 말했다간 또 끌려가 고문을 당할까 걱정했던 모양입니다. 당시 안동교구에 있던 프랑스 두봉 주교님(본명 르네 뒤퐁)이 "법정에서 꼭 사실대로 얘기해달라"며 오원춘 형제에게 비밀리에 메모까지 전달했는데 말이죠. 결과적으로 오원춘 씨는 유죄 판결을 받고 감옥에 갔다가 긴급조치 9호가 해제된 다음에야 석방됐습니다.

---

34 당시 경찰은 오원춘 씨가 1979년 5월 포항·울릉도 등지를 여행했으면서도 "모 기관원에 의해 강제 납치되어 15일간 감금·폭행당했다"는 허위사실을 조작·유포한 혐의로 오씨를 구속했다.

이분이 법정에서 사실을 명확하게 밝혔으면 좋았을 텐데 이걸 못 한 것에 대해서는 당시 변론을 맡았던 변호사님들이나 저희들은 무척 가슴 아프게 생각하고 있어요. 하지만 이분이 납치를 당했던 건 분명한 사실입니다. 오원춘 사건에 대해 여전히 다르게 말씀하시는 경찰이나 경찰 가족분들이 있으면 저한테 데리고 오세요. 제가 설명해드릴게요. 그래도 이번에 하얼빈에서 만나뵈니, 이분이 그 뒤 농촌에서 농사지으면서 소박하게 잘 지내고 계신 듯해 다행이었습니다. 저기 계시는 유진춘 교수님(경북대 명예교수)과 하얼빈에서 짝을 이뤄 함께 지내셨죠.

유진춘 교수 오원춘 사건에 대해서는 간단히 말씀드리고 싶은 게 있습니다. 오원춘 씨가 사는 곳은 경북 영양인데요. 이 지역이 본래 고추를 많이 재배하는데, 1978년 정부가 농촌지도소를 통해 새로운 감자 종자를 보급했어요. 종묘회사와 연관된 종자였을 텐데, 이 종자에 문제가 있었던지 감자가 전부 파열됐다고 합니다. 내다팔 수가 없는 지경이었던 거죠. 그 바람에 엄청나게 손해를 보게 되자 농민들이 가톨릭농민회의 지원을 받아 피해 보상 투쟁을 벌이게 됩니다. 오원춘 씨는 여기 앞장섰던 인물이고, (오원춘 씨와 함께 구속됐던) 정호경 신부님은 당시 가톨릭농민회 지도신부님이셨죠. 그로부터 3년 전 벌어진 함평 고구마 사건도 가톨릭농민회 이름으로 벌어진 사건이었습니다.[35] 이런 농민들의 저항이

---

35 1976년 고구마 수매를 둘러싸고 전남 함평 농민들이 피해 보상 투쟁을 벌인 사건. 현대 농민운동의 출발점으로 평가받는다.

정권의 종말을 가져오는 데 기여했음을 기억했으면 합니다.

주진우 저희가 대구에는 특별히 더 많은 시간을, 정성을, 노력을 기울이고 싶은데 시간이 아쉽네요. 다음에 또 기회가 있다면 다시 오고 싶습니다. 아니, 다시 오겠습니다. 마지막으로 대구를 위해, 그리고 이 땅의 민주주의를 위해 신부님의 말씀과 기도로 오늘 강의를 닫으려 합니다.

함세웅 저는 그리스도교 신자라서 그리스도교 용어로 기도를 올릴 텐데, 혹시 타 종교 신자들이 계신다면 여러분이 믿는 절대자에게 염원을 기도해주십시오. 불교신자라면 법어로 바꿔 불경을 외셔도 좋습니다(청중 웃음).

주진우 저는 신부님을 따라다니고는 있지만 신자는 아닙니다. 기본적으로 부처님한테 불공도 드리고, 하느님께 기도도 드려요. 일단 아무 데나 기대는 거죠. 큰 '빽'이 되는 분들이니까요(청중 웃음).

함세웅 끝으로 한 가지. 오늘 주제가 민주주의였는데 우리 헌법 1조를 보면 "대한민국은 민주공화국이다" 이렇게 돼 있어요. 여기서 민주나 민주주의라는 말은 익숙한데, 공화주의는 우리에게 조금 생소한 낱말이죠? 민주는 글자 그대로 우리 인민, 국민, 시민이 나라의 주인이라는 뜻이니까 정권을 잡은 자들은 우리의 봉사자, 종이라는 뜻이에요. 지금은 자기들이 주인이라고 생각하고 있습니다만…… 공화주의는 공적인 의미로 서로 합해야 한다, 이런 뜻이죠. 다시 말해 사적인 것보다 퍼블릭public, 그러니까 공공성이 앞서야 한다는 겁니다. 대한민국 헌법 119조 2항을 보면 사유재산일지라도 재벌의 독점을 보장해주지는 않고 있죠. 공익을 위해서는 항상 나눠야 한다는 게 이 헌법 조항의 정신입니다. 그런데 현재 재벌들이 갖고 있는 현금 보유액만 700조 원 내지 800조 원 된다 하죠. 이것만 풀면 청년 실업 문제도 다 해결될 겁니다. 그런 의미에서 민주와 더불어 공공의 가치가 확인되는, 그런 사회가 됐으면 참 좋겠다는 염원을 갖고 우리 자신과 가정, 공동체, 그리고 모두를 위해 각자 믿는 절대자께 염원의 기도를 올리겠습니다.

함께 하는 기도

11월 하순에 와 있습니다. 가을의 막바지, 겨울의 초입입니다. 자연의 변화 속에서 또다시 인생을 묵상합니다. 한 번 태어나 꼭 죽어야 할 우리 인생입니다. 성서는 "사람아, 너는 흙에서 왔으니 흙으로 돌아갈 것을 생각하라"고 교훈을 주고 있습니다. 우리는 지금 젊은 시절을 살고 있습니다만 20년, 30년, 50년 뒤 나의 모습을 떠올리며 돌아가신 선조, 또는 부모님들의 은혜를 기억합니다. 연세 드신 어른들을 잘 모시겠다고 함께 다짐합니다.

하느님, 오늘은 민주주의를 주제로 대구 지역의 많은 분들이 함께 모여 고민을 나눴습니다. 짧게는 4·19 혁명의 원천이었던 2·28 대구학생의거의 의미와 함께 이를 단절시킨 박정희 군사반란의 큰 잘못을 깨달았습니다. 또 1차 인혁당 사건과 2차 인혁당 사건으로 희생된 많은 의인들, 돌아가신 많은 분들을 떠올리기도 했습니다. 이분들 대부분이 대구에 계시던 분들로, 당시 청년 학생이었던 여정남 의인을 함께 기억하기도 했습니다. 나아가 국민과 역사와 정치를 끊임없이 배반했던 박정희의 잘못에 대해서도 함께 생각했습니다.

오늘 우리는 우리 지역의 모순된 가치 인식에 대해서도 함께 고민했습니다. 잘못된 정보를 통해 잘못 주입된 가치를 갖고 있는 우리 주변 많은 분들의 사고를 변화시킬 수 있게끔 우리 젊은이들이 더 노력하겠습니다. 거짓된 언론, 거짓된 정치, 거짓된 경제 체제를 넘어 늘 희망을 꿈꾸겠습니다. 7전8기의 마음가짐으로 희망을 만들겠습니다. 선조로부터 이어진 아름다운 진실의 땅, 정의의 땅, 옛 대구를 회복하도록 함께 노력하겠습니다.

거룩하신 하느님, 우리 주진우 기자를 아끼고 사랑하는 많은 분들, 형제자매들의 뜻을 헤아려주십시오. 또 저희들을 통해 부모님, 형제자매, 친척, 이웃들, 가족들에게 이 뜻이 널리 전파되어 함께 확산되기를 바랍니다. 우리 시대의 많은 희생자들, 세월호 참사 희생자들과 그 가족들, 쌍용자동차 희생자들과 가족들, 비정규직 형제자매 노동자들, 밀양 송전탑 저지를 위해 애쓰는 주민들과 또 그 주변에 있는 모든 분들, 그리고 시위에서 물대포를 맞은 뒤 의식을 잃고 사경을 헤매고 계신 우리 농민 백남기 임마누엘 형제도 함께 기억하면서, 이 불의한 공권력과 경찰, 검찰, 사법부, 정치인들의 회개를 염원합니다. 무엇보다 이 모든 고통은 남북분단의 아픔에서 비롯됐음을 기억합니다. 친일 잔재·독재 잔재·유신 잔재를 청산하고, 분단 세력을 타파하고, 신자유주의·부패 세력·부패 관료를 척결하고, 선거 제도를 개혁해 아름다운 민주주의를 이룩할 수 있게끔 더욱 노력하겠습니다.

하느님, 아직은 불길이 희미합니다만 그 불길을 따라 더 밝고 아름다운 미래를 열어갈 수 있도록 오늘도, 내일도, 10년 후에도, 100년 후에도 계속 노력하겠습니다. 우리 대구·경북 시민 모두의 변화를 통해 한국 사회 공동체가 변화되는 아름다운 꿈을 꼭 이루게 해주십시오. 간절한 염원을 함께한 저희들과 이웃, 그리고 또 선조들과 함께 우리 주 예수 그리스도를 통해 성령 안에서 비나이다.

성부와 성자와 성령의 이름으로, 아멘.

통일
정의의 이름으로 너를 용서하지 않겠다

현대사 콘서트 / 대전

2015년 12월 11일

2000년 김대중 대통령과 북한 김정일 국방위원장은 '남북일치와 화합 통일은 우리 민족이 주체가 돼 이뤄야 한다'는 정신 아래 6·15 공동선언문을 발표했다. ⓒ 민주화운동기념사업회

6·15 공동선언 무시한 대박 타령

주진우 안녕하십니까, 주진우 기자입니다(청중 박수). 제가 함세웅 신부님을 모시고 오늘로 네 번째 현대사 특강을 진행하고 있습니다.

함세웅 안녕하십니까(청중 환호와 박수).

주진우 제가 오늘은 넥타이를 좀 맸습니다. 평소엔 재판 받으러 갈 때만 넥타이를 매는데요. 어때요, 괜찮나요? 괜찮다고요? 이거 신부님이 매주셨거든요. 그냥 끝까지 올리면 된다고 막 해주셨는데 제가 지금 숨을 못 쉬겠어요, 신부님.

함세웅 본래 우리 시대가 그래요(청중 웃음).

주진우 오늘은 네 번째 주제로 통일에 대한 얘기를 나눠보려 합니다. 먼저 통일에 대한 신부님의 짧은 강의를 듣고, 본격적으로 얘기를 나눠보는 걸로 하겠습니다.

함세웅 강의라기보다는 함께 생각해볼 만한 주제 몇 가지를 말씀 드린 뒤 얘기를 나눠볼까 해요. 저희가 첫 번째 서울 콘서트에서는 역사에 대해 얘기를 나눴습니다. 두 번째 부산에서는 김영삼 전 대통령의 장례를 치른 바로 다음 날이었는데, 정치가 주제였습니다. 그래서 부마항쟁부터 시작해 박정희가 살해되기까지의 역사적 배경, 그런 얘기들을 주로 나눴고요. 세 번째 대구에서는 2·28 대구학생의거가 3·15 부정 선거에 항의한 전국적 시위를 촉발한 역사적인 시위였다는 얘기부터 시작해서 민주주의에 대한 얘기를 나눴습니다. 그러면서 대구라는 도시가 본래는 진보적인 분들을 많이 배출한 도시였는데 1, 2차 인혁당 사건 등을 겪으면서 어떻게 변질돼갔는지에 대해서도 짚어보았죠.

이런 맥락에서 오늘은 통일에 대한 얘기를 나눠볼까 합니다. 2000년에 김대중 대통령과 북한 김정일 국방위원장이 6·15 공동선언문을 발표했습니다. "남북 일치와 화합 통일은 우리 민족끼리 해야 한다. 우리 민족이 주체가 돼야 한다"라는 정신 아래 작성된 이 선언문에는 5개항의 합의가 담겨 있는데, 이중 중요한 게 둘째 항입니다. "남과 북은 나라의 통일을 위한 남측의 연합 제안과 북측의 낮은 단계의 연방제안이 서로 공통성이 있다고 인정하고 앞으로 이 방향에서 통일을 지향시켜 나가기로 하였다." 본래 우리 남한 쪽에서는 국가연합을 통일 방안으로 제시해왔죠. 다시 말해 북도 국가고 남도 국가니까 국가연합을 거쳐서 통일을 하자는 게 우리 측 통일 방안이었습니다. 이에 반해 북한은 연방제를 주장해왔죠. 대내적으로는 남쪽 연방과 북쪽 연방 이렇게 2개의 연방 체제를 유지하되, 대외적으로는 '고려연방공화국'이라는 단일 국호를 사용하면서 1민족 1국가 체제를 만들어가자는 게 북쪽 주장이었습니다. 이게 남북 간에 합의가 안 됐던 거죠. 이를 두고 6·15 당시 실무자들과 정치인들이 고민 고민한 끝에 합의를 본 게 바로 둘째 항입니다. 남측이 주장하는 국가연합과 북측이 주장하는 연방제 간에는 상통하는 점이 있다, 그런 만큼 양측의 주장을 조금 낮춰 서로 공통점을 찾아가면서 통일 방안을 마련해보자, 이렇게 합의를 보게 된 겁니다.

저는 이게 굉장히 중요한 내용이라고 생각합니다. 북한을 몇 차례 방문할 일이 있었는데, 북쪽 분들 모임에 가면 그분들의 주제어는 늘 '우리 민족끼리'예요. 이게 남쪽에도 잘 알려졌으면 좋으련만, 6·15 공동선언문이 발표될 당시 국내는 의약 분업 사태로 시끌시끌했죠. 의사와 약사들이 다투는 가운데, 이렇게 중요한 합의 내용이 제대로 알려지지도 못한 채 뒷전으로 밀려나버렸습니다. 어찌 보면 김대중 정부의 한계랄까요? 이는 개인적으로 가장 아쉽고 안타까운 대목이기도 합니다. 그 뒤 노무현 대통령도 참 아쉬웠어요. 이분이 처음부터 우리 민족끼리 확 껴안았다면 참 좋았을 텐데 그러질 못했습니다. 대북 송금 특검이네 뭐네 하면서 시간을 허비하다, 임기 말에야 북을 방문해 10·4 정상 선언을 발표했죠. 대통령 임기를 4개월여 남기고 받아온 합의문은 별 효력을 발휘하지 못했습니다. 그 뒤를 이어 이명박이 대통령이 되자마자 남북이 그간 해온 약속을 깨끗이 무시해버렸으니까요. 박근혜 정부도 마찬가지죠. 그 바람에 6·15 공동선언이며 10·4 정상 합의가 휴지 조각이 되어버렸죠. 사실 전임 정부나 전임 대통령이 민족적으로 또는 국가적으로 약속한 일을 이어받는 것이 국제적인 상식이고 상례인데도 말입니다.

북은 1인 공산 독재 국가이기 때문에 정상이 합의한 것은 저절로 따르게 되어 있습니다. 어찌 보면 이게 북의 단점이자 동시에 장점이에요. 제가 북한 사람들과 대화를 나눌 때면 이렇게 말하곤 합니다. "북의 체제는 독재 체제입니다"라고요. 그러면 그분들이 긴장하고 싫어하는 게 바로 느껴집니다. 그러면 제가 곧바로 말을 잇습니다. "그런데 가톨릭도 중앙집권 독재 체제입니다. 가톨릭과 북의 체제는 공통점이 있습니다." 그럼 그분들도 무슨 얘긴가 싶어 제 말에 귀를 기울이죠. 사실 그렇잖아요. 가톨릭은 철저한 중앙집권 체제로 운영됩니다. 반면 개신교는 아주 다양하게 분열이 돼 있죠. 단, 전 세계에 흩어져 있는 개신교가 한데 뭉치면 가톨릭도 당해낼 수가 없습니다. 이런 차이를 설명한 뒤 "남쪽도 분열된 사회 같지만 일단 뭉치면 무서운 힘을 발휘합니다. 대신 남쪽에서는 합의 구조를 만들어내기까지 시간이 많이 걸립니다. 이걸 이해하시고, 남쪽에서 합의가 잘 이뤄질 수 있게끔 여러분이 방해하지 말고 조금 기다릴 줄 아는 인내가 필요합니다. '왜 빨리빨리 안 되느냐?'고 채근할 일이 아닙니다"라고 말씀드립니다.

　문제는 이명박이나 박근혜 대통령이 전직 대통령들의 정책을 이어받지 않는다는 거겠죠. 그러면서 북한에 무슨 퍼주기를 했다고 비난하고요. 그런데 두 사람이 뭐 퍼준 게 있나요? 이명박이 돈 낸 게 있길 하나요, 박근혜가 낸 게 있나요? 돈을 좀 낸 사람들이 이런 얘길 하면 설득력이 있을 텐데, 돈도 안 낸 자들이 이런 말을 하니…… 김대중 대통령은 퍼주기 얘기가 나올 때면 이렇게 설명했습니다. "우리는 북에 퍼준 게 없습니다. 퍼줘봤댔자 동·서독 시절 서독이 동독을 도와준 것에 비하면 몇 십분의 일, 몇 백분의 일도 안 됩니다. 우리 남한 5천만 인구가 한 사람에 5천 원가량도와준 게 북한을 도와준 것의 전부입니다." 그럼 또 누군가는 "북한의 인권을 얘기해야 할 것 아니냐"며 따지고 듭니다. 그럼 또 김대중 대통령이 이랬어요. "아니, 굶주린 사람에게 먹을 것을 주는 것보다 더 큰 인권 운동이 어디 있습니까? 우린 지금 인권 운동을 하는 겁니다." 이분이 확실히 정치적 순발력이 있었던 거죠. 반면 박근혜 이 사람의 통일 정책에는 분명한 허점이 있다는 걸 우리가 알아야 합니다.

주진우 대통령께 이 사람이라고 하셨어요?

함세웅 아뇨. 이 여인, 이 여인(청중 웃음). 이 여인이 뭐라고 얘기했느냐면, "통일은 대박이다" 그랬어요.

주진우 그러니까 통일은 도박이다, 뭐 그런 말 아닌가요?(청중 웃음) '통일 대박'도 혼이 담기지 않은 말이긴 합니다. 통일을 위한 배팅을 해야 할 것 아닙니까? 로또를 사야 당첨을 기대할 거 아닙니까?

함세웅 저는 그 대박이란 말을 들으면서 좀 마음이 아팠어요. 그게 본래 카지노나 노름판에서 쓰는 용어잖아요. 그런데 통일은 대박이라기보다 피땀 흘려 얻는 노고의 결실이죠. 순교자들, 순국선열들, 통일과 민주주의에 몸 바친 분들이 피땀 흘려 일군 결실이 통일입니다. 그런데 이걸 대박이라면서 거저먹으려 하면 안 되는 거죠. 더욱이 이 여인은 실제로는 통일에 대한 의지가 없습니다. 의지도 없는 사람이 입만 열면 '통일' '통일' 해서는 안 되죠.

통일을 위해서는 먼저 중요한 게 북한의 실체를 인정하는 겁니다. 북은 유엔에 공식 가입한 국가예요. 국제법상 인정받는 국가라는 얘깁니다. 일제에 나라를 빼앗겼을 때 만주 지방에서 목숨 걸고 무장 투쟁하신 분들은 거의 다 북에 계신 분들이었어요. 물론 남쪽 분들도 상해 임시정부를 중심으로 열심히 독립운동을 하셨지만, 북에 계신 분들처럼 목숨 걸고 무장 투쟁을 하진 못했습니다. 이런 부분을 우리가 생각해봐야 해요. 그런데 남쪽에 있는 우리 학생들이나 젊은이들은 이런 역사적 사실을 잘 모릅니다. 또 한 가지, 우리가 기억해야 할 게 남북통일의 물꼬를 형식적으로나마 튼 것이 1972년 박정희 정권 때 나온 남북 공동성명이었다는 점입니다.[36] 물론 진짜 통일을 위해 남북 공동성명을 발표했느냐 하면 그건 아닙니다만(62~63쪽 관련 내용 참조), 그럼에도 불구하고 자기 아버지가 펼쳤던 통일정책을 껴안는 게 자식의 도리일 텐데 이 정권이 너무 통일을 폄하하면서 국민을 속이고 있는 것 같습니다. 좀 더 자세한 내용은 앞으로 주 기자님과 대화 속에서 더 얘기 나누도록 하겠습니다. 사실 저도 어렸을 적부터 철저한 반공주의자였습니다. 반공 시대에 자랐으니까요. 가톨릭 또한 철저한 반공 교회였고요.

주진우 가톨릭에 몸담고 계신 분들이 본래 보수주의자들이잖아

---

36 1972년 7월 4일 남북이 발표한 공동성명. 한국전쟁 이후 남북한 당사자가 최초로 합의·발표한 이 성명서에서 자주·평화·민족대단결이라는 통일의 3원칙이 처음으로 제시됐다. 첫째, 통일은 외세에 의존하거나 외세의 간섭을 받음이 없이 자주적으로 해결하여야 한다. 둘째, 통일은 서로 상대방을 반대하는 무력행사에 의거하지 않고 평화적 방법으로 실현하여야 한다. 셋째, 사상과 이념, 제도의 차이를 초월하여 우선 하나의 민족으로서 민족 대단결을 도모하여야 한다.

요. 꼴통 보수랄까, 그런 분들도 계시고.

함세웅 아니, 꼴통은 아니고요. 보수 중에서도 진짜 보수, 진실한 보수라고 해주세요. 어쨌든 이랬던 제가 왜 이렇게 변하게 됐는지, 이런 얘기들을 나누고 싶어요.

1조 원 대 38조 원

주진우 우리 신부님이 굉장히 학술적이 되셨네요. 오늘이 12월 11일입니다. 박근혜 대통령이 당선된 지 3년이 다 돼가는데 오늘 드디어 개성에서 남북 당국자 간 회담이 열렸습니다. 통일에 대한 정책적인 얘기를 나누는 실무회담 첫날이었죠. 그간에는 이런 자리가 없었습니다. 사실 이명박 대통령 때만 해도 김대중·노무현 대통령이 일궈놓은 통일의 불씨들이 남아 있었습니다. 민간 통로도 열려 있었죠. 덕분에 제가 평양에 취재도 가고 그랬습니다. 신부님을 모시고 간 적도 있었죠. 그러고 보니 신부님과 백두산에 올랐던 일도 기억나네요. 평양에서 비행기를 타고 삼지연공항에 내려 개마고원을 통해 백두산에 올랐습니다. 그때 동행했던 문정현 신부님이 어찌나 감격하셨던지 백두산 천지에 노상 방뇨를 하셨어요(청중 폭소). 어쨌거나 그때만 해도 남북 간에 민간인 교류라든가 종교 간 교류가 많이 있었습니다. 이명박 정부 초반까지는요. 그런데 그 뒤 길이 막히기 시작하고 개성공단도 계속 삐걱

거리기 시작했죠. 그러다 금강산 관광도 중단됐고요.[37]

함세웅 문정현 신부님이 그냥 노상 방뇨를 한 건 아니고요(청중 웃음). 그날 백두산에 올라가는데, 본래 중국 쪽에서 백두산을 올라가려면 거의 끝까지 자동차가 데려다줍니다. 걷는 건 3~4분 정도만 하면 돼요. 그런데 북한 쪽 백두산은 아래서부터 걸어 올라가게 돼 있습니다. 한참을 걸어 올라가다 보면 온도가 평지보다 5~6도가량 낮아져요. 그때가 9월이었는데, 백두산 꼭대기에 올라가니까 영하 4도쯤 되더라고요. 날은 춥지 소변이 급한데 화장실이 없었어요. 그러다 보니 할 수 없이 그냥……(청중 폭소).

주진우 아, 그런 건가요?

함세웅 그런 거지. 주 기자가 오해한 거예요.

주진우 알겠습니다. 오해한 걸로 하겠습니다(웃음). 저도 같이 오줌을 쌌던 기억이 있습니다. 어쨌거나 잘 생각해봅시다. 우린 남북이 갈려 있습니다. 덕분에 퇴물이 된 비행기도 사와야 하고요. 중간중간 미국 군수업체한테 뇌물도 받아먹어야 합니다. 그리고 장병 1만 명 증원도 해야 하고요. 그러다 보니 1년 국방비가 38조 원에 달합니다. 북한 국방비는 1조 원가량인데요. 북한은 핵무기도 있고, 대륙간탄도미사일도 있고, 인공위성도 쏘아 올립니다. 그래서 전쟁을 하면 우리가 진답니다. 38 대 1인데요. 어떻게 그럴 수 있는지 모르겠어요. 우리 정부나 군이 국방비에서 빼

---

37 2008년 7월 11일 한국인 관광객 박왕자 씨가 금강산에서 북한군 경비병의 발포로 사망한 사건이 발생한 뒤 금강산 관광은 잠정 중단되었다.

먹는 돈이 지금의 절반만 돼도 이렇지는 않을 거예요. 아니, 군대만 가면 사람들이 그렇게 무능해지는 건가요? 천안함 사건 때도 제대로 된 증거조차 못 찾았잖아요? 세월호 때는 한 명도 못 구하고. 돈은 돈대로 줘, 사람도 줘, 그런데도 맨날 두들겨 맞기만 하니…… 그러면서 누가 이걸 비판하면 무조건 빨갱이라고 하잖아요. 종북이라고, 북한으로 가라고 하면서요. 제가 지금 종북 인사 1호를 모시고 있어서 이런 얘길 하는 건 아닙니다(웃음). 남한에선 뭐든 '빨갱이' 탓을 하고, 북한에선 뭐든 '미 제국주의자'들을 탓합니다. 사실 남한 정부 입장에선 분단 덕분에 돈을 맘껏 빼먹을 수 있죠. 미국 또한 분단 덕분에 우리한테 무기를 팔아먹을 수 있습니다. 만약 우리가 통일해서 38조 원을 안 쓰게 되면 어디서 이 돈을 빼먹을 거예요? 일본도 사정은 비슷하죠. 이렇게 보면 북한 군부가 반통일 세력입니다. 우리 정권을 잡고 있는 사람들이 바로 반통일 세력입니다. 미국도 일본도 중국도 우리의 통일을 바라지는 않습니다.

함세웅 통일은 됐어요.

주진우 됐어요?

함세웅 네!

주진우 언제요?

함세웅 이래서 현장에 계신 기자님하고 하느님을 믿는 저하고는 질적인 차이가 있는 겁니다. 우린 갈라진 적이 없어요.

주진우 갈라진 적이 없다고요? 우리가요?

함세웅 네. 그냥, 현상적으로만 갈라진 거예요.

주진우 …….

함세웅 1988년 문익환 목사님께서 북한을 방문해 김일성 주석을 만나고 또 서한도 가지고 돌아왔습니다. 그리고 당신 어머님께 북한 다녀온 얘기를 보고하면서 한 말이 "어머님, 이미 통일은 되었습니다"였다고 해요. 그 어머님이 김신묵 권사라고, 아주 독실한 개신교 신자였거든요. 문익환 목사님이 본래 『구약성서』 학자예요. 『구약성서』에 「이사야 예언서」라는 게 있습니다. 이건 일종의 꿈 이야기거든요. 본래 성서가 반 이상은 꿈 이야기입니다. 「이사야 예언서」 또한 유다가 비록 바빌론에 나라를 빼앗기고 망했지만 하느님께서 자유를 이뤄주신다, 평화를 이뤄주신다, 왕권을 찾아주신다, 이런 꿈 내용을 예언자가 선포하는 내용으로 되어 있어요. 제가 문익환 목사님의 글과 가르침을 배우고 성서를 익히면서 깨달은 것도 '아, 분단을 극복하려면 가장 중요한 자세는 통일은 이미 되었다라고 생각하는 거구나. 물리적으로, 정치적으로는 분단이 되어 있을지 몰라도 우리는 이미 남북을 넘나들고 있구나' 하는 거였어요. 그런 생각을 통해, 기도를 통해, 북한 동포를 마음으로 껴안아야죠. 이런 측면에서 저는 우리가 정치적인 분단을 넘어 함께 사는 지혜를 지니고 살아야 할 것 같다는 생각이 듭니다. 그러니까 신앙적인 측면에서, 철학적인 측면에서 저는 말씀드리는 겁니다. 통일은 이미 되었다고요. 다만 문제는 통일을 방해하는 세력들이 있는 거죠. 앞으로 우리가 할 일은 이런 사람들을 제거해가는 겁니다(청중 박수).

주진우 신부님 말씀대로 북한에 있는 동포를 사랑하고 껴안아야 합니다. 그런데 현재의 박근혜를 껴안기는 좀 그래요. 이상해요. 신부님께선 왜 박근혜를 껴안지 않으세요?

함세웅 사제는 여자를 껴안으면 안 돼요(청중 폭소).

주진우 다른 분은 다 안아주시잖아요.

함세웅 그렇죠. 제가 박정희도 껴안았죠. 죽고 나서.

주진우 남북 간의 대결 구도, 긴장 구도는 보통 큰 이슈 뒤에 형성됩니다. 국정원 댓글 사건 같은 것도 엄청나게 큰 이슈였는데, 간첩단 사건이 터졌고 남북 간의 군사적 충돌이 발생했습니다. 연평도에서 포격전이 일어났다 하면 그 시기 모든 이슈가 포화 속으로 빨려들지 않습니까? 모든 언론이 포격 뉴스만 다루는 거죠. 얼마 전에는 군부대에서 지뢰가 터졌죠? 이런 이슈가 터지면 다른 이슈는 전부 사라져버립니다. 물론 우리 꽃 같은 장병들이 다리를 다친 걸 생각하면 정말 괴롭습니다. 박근혜 대통령은 미국 대사가 테러를 당했을 때는 해외 순방 일정에서 귀국하자마자 곧바로 병원에 찾아가더니 우리 장병이 다리를 잃었는데 며칠이 지나서야 문병을 가더군요. 마침 그날 저도 병원에 가 있었습니다. 장병이 국가의 보호를 제대로 못 받고 있다기에 병원비를 건네려고 병원에 갔는데, 하필 그날 박근혜가 왔다고 저를 막 제지하더라고요. 아무튼 이렇게 남북 간에 충돌이 있으면 모든 이슈가 휘발됩니다. 그러면서 경제도, 외교도, 국가도 제대로 기능하지 못

합니다. 정권이나 언론은 북한을 잘 이용하고 있는 것 같아요. 같은 시스템이 계속 반복되는데도 대응할 뾰족한 방법이 없습니다. 선거 때도 남북 간에 군사적 충돌이나 분쟁이 일어나면 선거 분위기는 한쪽으로 급격히 기웁니다. 어떻게 해야 할까요?

함세웅 그게 참 안타까운 일인데요. 제가 고등학교 시절 혜화동에서 신학교를 다닐 때 캐나다에서 유학하고 오신 신부님이 영어를 가르쳐주셨어요. 그런데 그 신부님이 가끔씩 "일본이 우리의 표본이 될 수는 없지만, 일본에게도 배울 게 있다"면서 "미국을 넘어서야 한다" "'양키 고 홈'이라고 말할 수 있어야 한다" 이런 말씀을 하셨어요. 그때가 1957년, 1958년경이었으니까 한국전쟁이 발발한 지 7, 8년밖에 안 된 시기예요.

주진우 그때면 한국전쟁에서 미국이 우릴 살려줬다고 다들 말하던 시절이잖아요. 경제적으로도 완전히 미국에 종속돼 있었고요.

함세웅 그렇죠. 우리 천주교 행사를 할 때도 항상 미8군의 도움을 받던 때였어요. 명동성당에서 행사를 하면 미군 의장대가 옷을 갖춰 입고 와서 도열해 있곤 했죠. 그랬으니 당시 신부님이 하는 말씀을 우리가 제대로 이해할 수 있었겠어요. 그래도 신부님이 말씀하시는 거니까 정면에서 이의를 제기하지는 못하고 속으로 '어떻게 저렇게 말씀하시지?' 하고 의아해했었죠. 그런데 신부님 말씀이 일본의 경우는 미국 정부와 일본 정부가 협상을 할 때 일본 국민들을 막 부추겼다는 거예요. "'양키 고 홈' 하면서 데모를 해라!"라는 식으로요. 그래야지 미국과 협상할 때 일본을 위해 더 많을 것을 가져올 수 있다면서요. 그런데 우리는 "양키 고 홈"이라는 말을 입 밖에 꺼내기도 전에 막 잡아가고 눌러버리는 식이에요. 자발적인 미국의 식민지랄까. 실제로 일제가 물러간 뒤 1945년부터 1948년까지 미군정 시기에는 우리가 미국의 식민지나 다름없었죠. 1945년 맥아더 포고령에 따르면 틀림없습니다.[38] 그런데 이런 내용은 국사 수업에서 가르치지 않아요. 이런 부분을 우리가 잊어서는 안 되는데 말입니다.

제가 대학생이 되고 유학을 가서도 그 신부님의 말씀이 제 머리를 때렸어요. 1965년 로마로 유학을 가보니 저보다 10~15년 앞서 유학을 온 신부님들이 계셨어요. 어떤 분은 한국전쟁 이전에 유학을 오셨다고 했어요. 그런데 이분들 말씀이 "한국전쟁을 북이 단순히 남침했다고 생각해서는 안 된다. 이건 미국이 유도한 전쟁이라고 쓴 미국 학자들도 있다"라는 거였어요. 이게 무슨 말인가 싶었죠. 1949년에 미국의 군사고문단이 한국에서 철수해버려요. 북쪽에서 쳐들어올 가능성이 있다는 걸 충분히 알고 있으면서요. 비판적인 학자들은 이걸 전쟁 유도용이라고 본 거죠. 미국은 전쟁을 통해 번영하는 나라인데 일본이 제2차 세계대전에서 너무 빨리 항복을 해버렸다, 그러니 이미 만들어놓은 무기나

---

38 1945년 9월 한반도에는 38선을 경계로 각각 소련군과 미군이 입성한다. 38선 이남에 입성한 미군 극동아시아 총사령관 맥아더는 통치에 대한 포고문을 발표하면서 미군이 직접 한반도를 통치하는 미군정을 선포한다. 미군정은 해방 직후 한국민들이 자발적으로 결성한 건국준비위원회는 물론 중국 충칭에 있던 대한민국 임시정부 또한 인정하지 않았다. 한국인의 자주적인 통치 활동 및 권한을 일절 인정하지 않은 것이다.

폭탄들을 소화하고 당시 침체돼 있던 미국 경제를 활성화하기 위해서는 어디에선가 전쟁이 터져주어야 한다, 이를 위해서는 한반도가 적소다, 이런 배경에서 일어난 게 한국전쟁이다. 전쟁이 하루아침에 확 터진 게 아니라는 거죠. 이런 말씀들을 들으면서 처음엔 의문을 가졌다가 '아, 국제적인 시각을 넓혀야겠구나' 하는 생각을 하게 됐어요. 그간에는 한반도에서 정부가 주는 통제된 소식 속에서만 살아온 거죠.

이승만은 이렇게 통제된 정보를 적당히 이용하면서 훌륭한 분들을 공산주의자 내지 스파이로 내몰아 제거했죠. 조봉암 선생님이 대표적입니다. 진보당 당수였던 조봉암 선생이 1956년 대통령선거에서 거의 300만 표를 획득하자, 이승만 정권이 그를 간첩으로 몰아 1959년 사형시켜버렸죠. 이렇게 돌아가신 정치적 희생양이 너무 많아요. 이승만·박정희·전두환 이 사람들이 전부 이런 식으로 불법을 저질렀죠. 그래놓고 지금까지도 툭하면 '종북' '종북' 하는데, 지금 종북이 어디 있습니까? 종북 시민이 어디 있느냐고요? '종북' 타령 하는 그 자들을 찾아가보면 전부 다 친일파들 내지 매국노, 독재 유신 잔당들입니다. 박근혜가 그렇고, 김무성이 그래요(청중 박수). 이런 내용을 우리가 분명히 할 필요가 있습니다.

주진우 국제 정세가 그랬다고는 하지만, 북이 먼저 쳐들어온 건 사실이죠.

함세웅 에이, 그렇게 단순한 문제가 아니에요.

주진우 신부님, 교과서에도 다 나와 있습니다. 1950년 6월 25일 새벽 4시, 북한군이 탱크를 앞세워 밀고 내려오는데 우리 군인들은 술 마시고 휴가를 가 있는 바람에 한없이 밀리기 시작했다, 이렇게요(청중 웃음). 이건 팩트 아닌가요?

함세웅 과장이겠죠. 1945년 북에는 소련이 들어오고 남에는 미국이 들어왔잖아요? 그때 이미 한반도는 분단이 되었습니다. 그때부터 갈라진 38선에서 계속해서 싸움이 있었죠.

주진우 네, 국지전이 계속됐죠.

함세웅 그렇죠. 국지전. 그 국지전이 확산된 게 한국전쟁이지 하루 아침에 전쟁이 일어난 게 아니라는 겁니다. 1945년 8월 15일 분단된 상황에서부터 시작된 작은 싸움, 큰 싸움의 연장선상에서 한국전쟁을 바라봐야 한다는 거예요. 그렇게 해석을 해야지 어느날 새벽 4시에 갑자기 전쟁이 터졌다? 이건 국제 정세를 잘 모르는 사람의 시각이죠.

교회일치 원칙 생각하며 남북 화해와 일치 이뤄야

주진우 알겠습니다. 이상 함세웅 신부님의 주장이었습니다(웃음). 그런데 신부님, 1945년 해방되고 분단이 된 뒤로도 많은 분들이 통일을 위해 노력했잖습니까? 민족운동을 하던 분들이 다들 모여서 통일을 하려고 노력했는데, 그때도 언론을 필두로 미군, 친일 잔당, 특히 미국의 영향을 받는 몇몇 정치인들이 계속해서 훼방을 놓았지요.

함세웅 그랬죠. 저도 감옥에 가서야 김교식 선생의 〈장편 도큐멘타리 광복 20년〉(계몽사)을 읽으면서 많이 배웠어요.

주진우 감옥에서 역사 공부를 하셨네요?

함세웅 네, 그랬죠. 사실 〈광복 20년사〉도 완벽한 책은 아닙니다. 어쨌거나 이 책을 읽는 것만 갖고 정리가 되는 것은 아니었어요. 해방 이후 정국이 너무 복잡했으니까요. 정당이나 정파도 셀 수 없이 많고. 감옥에선 필기구가 없으니 쓰면서 정리할 수도 없었죠. 그래서 그때 제가 결심한 게 무슨 운동을 하든지 단체 이름은 절대로 바꾸지 말아야겠다는 것이었어요. 그래야 후학들이 공부할 때 외우기가 좋잖아요(청중 웃음). 아, 이놈의 정치인들도 그렇죠. 맨날 당을 새로 만들어놓으니 그놈이 그놈인데 헷갈리기만 해. 그래서 제가 천주교정의구현전국사제단, 이 이름을 40년 동안 한 번도 안 바꿨잖아요. 초지일관(청중 환호).

주진우 그래서 신부님이 새정치민주연합을 그렇게 싫어하셨군요.

함세웅 아녜요. 싫어하진 않고 그냥 조금 비판을 하죠. 다시 역사 얘기로 돌아가자면, 1945년 12월 27일 〈동아일보〉에 이런 기사가 납니다. '미국과 소련이 남북한 정치 상황을 놓고 협상을 벌인 결과 소련이 신탁통치를 주장해서 그렇게 하기로 했다.' 그런데 사실을 따져보면 신탁통치는 미국이 주장한 거였어요. 소련은 남조선과 북조선이 함께 통일정권을 이루면 좋겠다, 이런 입장을 밝혔고요.

주진우 그게 바로 역사적인 '〈동아일보〉모스크바 3상회의 오보' 사건이었죠.

함세웅 그렇죠. 당시에 미국 쪽 첩보를 갖고 기사를 쓴 건지 아닌지는 모르겠지만 어쨌거나 신탁통치를 하기로 했다는 그 기사를 보고 남북 간에 싸움이 붙어버린 거예요. 미국과 소련 간에 의견 조율이 안 된 상황에서 우리끼리 싸움이 벌어진 거죠. 그 싸움을 부추긴 것이 〈동아일보〉예요. 그런데 〈동아일보〉는 지금껏 그 기사에 대해 아무런 해명이 없어요. 그 바람에 우린 전부 다 신탁통치를 소련이 주장한 걸로 알고 있었잖아요. 미국은 정작 공을 던져놓고는 쏙 빠져버리고. 결과적으로는 그렇게 남북이 갈라지면서 남북이 단독 정부를 세우게 된 겁니다.

그런데 언젠가 강만길 교수님이 오스트리아를 방문하고 오셔서 이런 말씀을 하세요. "신부님, 저도 신탁통치에 대해 잘 몰랐는데 알고 보니 오스트리아도 유엔의 신탁통치를 10년 동안 받았다고 해요." 강 교수님 말씀에 따르면, 오스트리아의 경우도 공산 진영과 민주 진영이 얼마나 피 튀기는 싸움을 했던지 남북한은 저리 가라 할 정도였다고 합니다. 그런데 10년 동안 신탁통치를 받으면서 갈등이 중화되어 오늘날 중립국 오스트리아가 형성됐다는 거예요. 이걸 보고 강 교수님은 '우리가 당시에 너무 미숙했구나' 하는 생각을 했다고 합니다. 당시 우리가 과감하게 신탁통치를 수용해서 5년이든 10년이든 신탁통치를 받았다면 남쪽에서 독재자 이승만, 북쪽에서 독재자 김일성이 뽑히는 대신 여운형 선생님처럼 중도적인 정치 지도자가 뽑혔을 수도 있었겠구나, 그랬다면 우리도 아름다운 통일국가가 될 수 있었겠구나, 이런 생각이 들면서 마음이 아프더라는 거죠.

저도 그 말씀을 들으며 느낀 바가 많았습니다. 1945년 미국과 소련이라는 정치적 배후와 함께 남북을 이끌었던 양쪽 정치인들의 욕심, 우리들의 미숙성, 이런 것들이 복합적으로 얽히면서 결국 남북이 갈라졌죠. 이건 결국 우리들 공동의 탓입니다. 그런 만큼 지금부터라도 남북이 손잡고 대화를 나누면서 통일 반대 세력, 나아가 친일파, 독재 잔재, 분단 세력을 밀어내고 우리 스스로 길을 이룩해야겠다는 생각을 하게 됩니다. 이미 통일의 터전은 아름답게 마련돼 있습니다. 다만 친일 잔재, 독재 잔재 세력들이 큰 방해물이 되고 있습니다. 이걸 꼭 극복해야겠습니다.

주진우 전쟁 이후 이승만 독재에 반대했던 사람들은 빨갱이로 몰려서 많이들 죽었죠. 1960년대에도 그랬습니다. 신부님께서 활동을 시작하고 정권을 비판하는 일에 나섰던 1970년대에도 정부에 좀 반하는 얘기를 하면 '빨갱이' 내지 '종북' 얘기가 나왔나요?

함세웅 물론 그랬죠. 제가 유학 마치고 귀국해서 사회 활동을 하면서 많은 것을 보고 배웠습니다. 특히 한국전쟁 중에 벌어진 민간인 학살 사건에서 희생된 사회주의 세력 상당수가 일제에 항거한 분들이었어요. 일제강점기 일제의 하수인으로 활동했던 공무원이나 경찰 등은 자신들의 친일 행적을 알고 있는 사람들이 아주

200

거북하고 부담스러웠을 거 아니에요. 그래서 전쟁 중에 많은 분들이 당시 군경에 의해 정치적으로 학살당했을 가능성이 아주 높다고 하는 거예요. 이런 내용들이 저희들에게는 매우 충격이었지요. 우리 가톨릭교회의 경우는 미사를 봉헌할 때 '공산국가의 회개를 위해'라고 기도를 바치곤 했습니다. 소련의 회개, 공산국가의 회개를 위해 기도했던 것입니다. 이렇게 1960년대까지의 가톨릭교회는 철저한 반공 교회였습니다. 기도문 자체가 그랬습니다. 그런 풍토에서 자란 저 또한 철저한 반공주의자였어요. 저나 우리 신부님들이 민족 통일에 대해 열정을 갖게 된 건 1970년대 후반에서 1980년대 중반 무렵이었습니다.

1960년대 중반부터 가톨릭교회가 변하기 시작합니다. 제2차 바티칸공의회(1962~1965) 때부터였는데요. 제2차 바티칸공의회는 타 종교인을 존중해야 한다, 그리스도교를 믿지 않는 사람이라 할지라도 그 사람의 마음을 존중해야 한다면서 열린 자세를 가져야 한다는 쪽으로 선교 정책을 선회했죠. 특히 개신교 형제들은 같은 하느님을 믿는 형제자매들인 만큼, 역사적으로는 갈라졌더라도 신앙 안에서는 갈라진 게 아니다, 그러므로 열린 마음으로 서로 대화하라, 이렇게 저희들이 배우게 됐습니다. 이런 교회일치의 원리를 저희가 남북에도 적용시킬 수 있었던 거죠. 비록 남북이 갈라져 있고 정치적인 이념이 다르지만, 일제강점기 같이 독립운동을 했고 같은 선조를 모시면서 같은 역사적 삶을 살았다, 그러니 서로 다른 것을 넘어 일치를 추구하자, 이렇게 된 것입니다. 바티칸공의회는 개신교와 가톨릭이 교리를 따지지 말도록 가르칩니다. 교리를 따지면 끝이 안 나니까요. 교리는 예수님 이후에 사람들이 만든 거잖아요. 그래서 하느님께서, 예수님께서 말씀하신 이웃 사랑·형제 사랑이 기초가 되어 대화를 하는 것이 가장 중요합니다. 이처럼 남북도 정치적인 교조나 이론, 도그마 같은 걸 따질 게 아니라 '우리가 한민족이다, 한 선조의 후예다' 이런 마음을 갖고 접근해야 한다는 거죠. 이렇게 교회일치 운동의 원칙과 남북통일 화해의 원칙을 신학적으로 접합시키면서 저희가 조금 더 성숙한 생각을 가질 수 있게 되었습니다. 그러면서 1960년대 후반부터 남북의 일치 그리고 남북의 화해를 위한 기도로 기도 내용이 바뀌게 됐습니다. 통일을 위해 이런저런 시도도 하게 되었고요. 며칠 전 우리 주교님이나 사제단 신부님들이 북에 다녀오셨는데, 북에 가보면 우리가 긍정할 수 없는 요소들이 많습니다. 그럼에도 불구하고 우리가 공통점을 찾아보자, 민족의 일치와 화해를 위한 요소들을 찾아보자, 그러다 보면 우리가 보다 긍정적인 진전을 이룰 수 있겠다, 이런 생각을 하면서 여기까지 온 것이지요.

특별히 개신교 목사님들을 통해 우리가 더 자극을 받은 부분도 있습니다. 김일성 어머니가 강반석 씨라고, 기독교 집안에서 나고 자랐습니다. 아버지, 형제 등이 모두 기독교 목사죠. 그 집안이 지금도 북한에 살아 있습니다. 물론 정치적 이유에서긴 하겠지만, 어쨌거나 교단도 남아 있고 교회도 남아 있어요. 반면 가톨릭은 아무것도 남아 있지 않았습니다. 사제며 수도자들을 모두 청산했으니까요. 그런데 1988년 김일성 당시 주석이 북한에 성당을 세워야겠다는 생각을 하게 됩니다. 유럽과 남미, 아프리카로 진출하려면 아무래도 성당이 필요하겠다 싶었던 거죠. 그 뒤 중국이며 일본, 로마 등지에서 사제들을 모셔다 미사를 드리는 과정에서 우리들과도 미사를 함께 봉헌할 수 있는 길이 열린 거예요. 이런 내용을 우리가 남한 언론에 제대로 알려드리면 많은 분들의 생각이 좀 바뀌지 않을까 싶기도 한데, 어쨌거나 이번 기회에 가톨릭교회가 열린 자세로 민족 일치와 화해를 위해 노력하고 있다는 점을 제가 꼭 말씀드리고 싶습니다.

북한에 반대하는 것이 유일한 외교 정책인 나라

주진우 통일 이야기를 하니 박근혜 대통령이 떠오르네요. 우리가 김대중·노무현 대통령 때 북측과 소통을 통해 통일의 온기를 이어가고 있었잖아요. 그 이후 조금만 더, 몇 발짝만 더 나아갔더라면 남북이 손잡고 훨씬 잘살게 되지 않았을까요? 편지와 전화는 하고 살지 않았을까요? 이렇게 소통이 되고 왕래가 시작되면 그게 바로 통일이잖아요. 탈북자들 중에서는 남한에 왔다가 여기서 못살겠다고 돌아간 사람들이 있어요. 정부한테 계속 돌아가게 해달라고 부탁하는 사람도 있습니다. 우리가 이분들을 조금만 따뜻

한 시선으로 바라봐주면 좋을 텐데…… 계속해서 박근혜 정부는 대결 구도로만 가고 있습니다.

그런가 하면 〈조선일보〉는 통일펀드라는 걸 모으고 있죠. 돈을 모으는 〈통일과 나눔〉 재단 이사장이 안병훈이라고 박근혜 대선 본부에서 선거대책위원장을 하던 사람입니다. 〈조선일보〉 부사장을 지냈고 지금도 사외이사로 있습니다. 그 통일펀드를 내라고 기자들이 기업과 정부에 가서 온갖 '삥'을 뜯은 결과 현재 수천억 원을 모았다고 합니다. 그런데 본래 그들이 원하는 통일운동이라는 게 삐라 뿌리고 통일을 막는 규탄대회 열고 하는 것 아니었나요? 〈조선일보〉나 조갑제 씨가 그랬듯이 말예요. 말로는 "북한 인권을 개선하라" 하면서 실제로는 북한을 계속 괴롭히는 걸 통일운동이라고 우기는 사람들이 수천억 원씩 모아 통일운동을 하겠다고 하고 있습니다. 이렇게 나빠지기만 하는 남북관계의 물꼬를 틀 방법은 없는 걸까요?

사실 박근혜 대통령은 통일에 관한 한 좋은 위치에 있어요. DJ나 노무현이었다면 통일을 위해 몇 발자국 나아가는 것만으로도 '빨갱이다' '퍼주기다' 했을 사람들이 박근혜에 대해서는 뭘 해도 괜찮다는 식이잖아요. 그런 어버이들이 널려 있고, 엄마부대도 깔려 있습니다. 게다가 박근혜는 김정일하고 둘이 손잡고 말도 통했던 사람이잖아요. 서로 아버지를 우상화하면서 '열심히 살자' 이러고 돌아오셨잖아요(청중 웃음). 그러니 그분은 통일에 대해 마음만 먹으면 정말 쉽게, 아주 많은 성과를 낼 수 있는 위치에 있는 정치인이에요. 이분이 통일에 대해 전향적인 일을 하기만 하면 여러 사람의 마음을 얻고 북한의 마음도 얻을 수 있을 거예요. 그런데 그렇게 하지 않으려 하시네요.

함세웅 그 사람은 하면 안 돼요.

주진우 왜요?

함세웅 그걸 할 만한 사람이 해야죠.

주진우 아니, 그 사람이라도 해야 하는 거 아녜요?

함세웅 아닙니다. 자격 있는 분, 꼭 할 만한 분이 나서야지 남북의 일치와 화해라는 진정성이 이뤄지는 것이죠. 상업적으로, 거짓으로 접근하는 사람이 이룩하면 안 되는 거예요. 전 오히려 이게 역사적인 하느님의 섭리인 것 같아요. '넌 하지 마라, 그냥' 하는. '넌 그냥 아버지가 한 대로만 해라, 그러면 국민이 깨칠 것이다, 때를 기다려라' 하는 걸지도 모르죠.

주진우 어둠이 더 깊어져야 한다는 말씀이세요?

함세웅 성서적인 뜻을 아셔야죠. 기자님은 그런 걸 잘 모르시는 것 같아요(청중 웃음).

주진우 아니, 기자가 어떻게 성서적인 뜻을 알아요? 그런데 신부님, 저는 평양에 갔을 때 풍경이 참 아름답다고 느꼈어요. 개발은 덜 됐지만 1960~70년대 지은 옛 건물이나 거리를 잘 보존하면 평양 자체가 세계적인 관광 도시가 될 수 있겠다는 생각이 들었습니다. 맑은 대동강을 비롯해 아름다운 자연 환경도 인상적이었어요. 통일은 우리의 막힌 경제를 뚫어줄 마지막 기회가 될 수도 있습니다. 우리의 자본과 북한의 노동력이 결합한다면 막대한 경제 효과를 만들어낼 수도 있을 거라고 봅니다. 북한은 한국의 부자들에게 황금알을 낳는 투자처가 될 수도 있습니다. 그런데 우리와 교류가 끊어진 사이 중국이 북한에 들어가 개발을 하기 시작했습니다. 고층 건물도 들어서고 도로에 교통 체증도 일어나고 있다고 합니다. 우리가 북에 다가서지 못하는 동안 중국이 계속 영향력을 확대해 나가고 있어요. 이런 상태로 몇 년 더 지체되면 북한이 아예 중국의 자치주가 될까 두렵습니다.

함세웅 글쎄요. 그런 일은 없어야겠죠. 저는 다시 문익환 목사님 얘기로 돌아가서 하고 싶은 말이 있어요. 이분이 북에 가기 전에 시를 하나 쓰셨어요. 〈잠꼬대 아닌 잠꼬대〉라고, "난 올해 안으로 평양으로 갈 거야/ 기어코 가고 말 거야 이건/ 잠꼬대가 아니라고 농담이 아니라고/ 이건 진담이라고"로 시작되는 시입니다. 실제로 이분이 이런 생각을 갖고 서울역에 가서 "나 평양 가는 표 하나 주쇼" 하니까 역무원이 깜짝 놀라 "예? 평양요?" 하고 되묻더랍니다. 이분이 계속해서 "신의주 가는 표 하나 주쇼" "간도 가는 표 하나 주쇼" 하니까 정신 나간 사람인 줄 알고 역무원이 더는 상대하지 않았대요. 이걸 당신이 시로 쓰셨어요. 왜 우리가 평양을 기차 타고 못 가냐, 간도는 또 왜 못 가냐, 이런 질문을 제기하면서 민족의 일치와 화해를 지향하신 거죠. 문익환 목사님이 본래 간도 지방에 사셨어요. 용정에요. 윤동주 시인과도 초등학교 친구셨죠. 장준하 선생님과도 친구셨고. 그분이 이런 얘길 하실 때마다 전 그 말씀을 마음속에 되새기곤 했어요.

문 목사님은 성서학자셨어요. 성경을 공동 번역할 때 구약을 담당하셨죠.『구약성서』절반은 꿈 얘기라고 제가 말씀드렸잖아요? 우리가 꿈을 지녀야 합니다. 그래서 저는 구체적으로 현재 북한의 정치 상황이랄지 중국의 역량이랄지 이런 걸 넘어 우리가 당위적으로 이룩해야 할 통일의 의미가 무엇인지를 묻고 싶어요. 우리가 왜 민족의 일치와 화해를 이룩해야 하는지, 여기에 더 초점을 맞추면서 대화를 나누고 고민을 해야 할 것 같습니다. 그러다 보면 정치적인 걸림돌은 저절로 녹이고 이겨낼 수 있지 않을까 싶어요.

2000년경에 교황 대사로 일하셨던 모란디니 주교님이 계세요. 이탈리아 대주교님이신데, 지금은 은퇴하셨죠. 김대중 대통령이 북한에 가서 당시 김정일 국방위원장과 면담하는 걸 보고 그분이 너무 감동을 받았던 모양이에요. 그래서 이탈리아에 휴가를 다녀오시면서 신부님들과 만난 자리에서 이런 말씀을 하셨어요. "여러분, 앞으로 6자회담을 넘어 양자회담, 남북 2자회담을 하자고 주장하셔야 합니다. 물론 국제적으로나 외교적으로는 6자회담이 필요하고 이를 잘 이용해야 합니다. 그런데 그 6자회담의 당사국 중 남북을 제외한 네 나라, 그러니까 일본·중국·러시아·미국 중 어느 나라가 통일을 원하겠습니까? 네 나라 전부 아니에요. 그러니 그 사람들의 외교정책을 우리가 잘 이용하되, 남북 당국자가 회담을 통해 남북의 일치와 화해를 이뤄내야 하는 겁니다. 이게 여러분의 숙제입니다." 외국인이 이렇게 말씀하시는 걸 보고 제가 정말 부끄러웠어요. 그런 한편으로 용기를 얻었죠. 저는 사제니까요. 게다가 그분이 교황 대사니까 이게 교황님의 뜻이기도 하겠다 싶었죠. 제가 당시엔 이 얘기를 늘 익명으로 인용했지만, 이제는 그분이 은퇴하셨으니까 실명으로 말씀을 드립니다. 이런 식의 성숙한 외교 자세가 지금 우리한테 필요합니다.

나아가 정치인들에게 드리고 싶은 말씀이 있습니다. 우리가 노태우 정부 시절 펼쳐진 남북대화의 기조를 통해 유엔에 가입하는 한편 우리와 적대국이었던 중공, 즉 지금의 중국과 외교관계를 맺었잖아요. 소련, 그러니까 지금의 러시아와도 외교관계를 맺었고요. 당시에는 일종의 묵약이 있었죠. 우리가 중공·소련과 수교하는 대신 북한도 미국이나 일본과 국교를 맺도록 한다는. 그런데 결과적으로 북한은 지금까지 미국·일본과 수교를 맺지 못하고 있어요. 그렇다면 우리가 나서서 일본이 북한과, 미국이 북한과 국교를 맺게끔 도와주면 얼마나 아름다울까요? 이게 바로 성숙한 외교일 텐데, 오히려 우리가 앞장서 이를 반대하고 나섭니다. 얼마나 못난 짓입니까? 지금 외교란 게 북한에 반대하는 거예요. 이 짓을 하면서 돈을 쓰고 있는 거죠. 이거, 미친 짓 아닙니까? 만일 북한이 그런 나라들과 국교를 맺게끔 한국 정부가 나서면 북이 얼마나 고맙게 생각하겠어요? 외교란 이렇게 이끌어야 하는데 우린 그저 미국 무기 사들이고 군사 정책에 발맞추는 일만 펼치고 있어요. 저는 오늘 오신 대전·충남의 시민들부터 이런 사실을 깨닫고 이 내용들을 내 것으로 만들어 우리 가족과 이웃에게 알려주셨으면 합니다. 그렇게 평화와 통일의 선구자가 되셔야 해요. 전도사가 되셔야 합니다(청중 박수).

주진우 잘 들으셨다시피 신부님은 공산당을 싫어하십니다(청중 웃음). 어휴, 전 빨갱이 아니라고 노래도 불렀어요. 애국소년단이라는 데서요(웃음).

함세웅 주 기자님, 빨갱이란 말은 쓰지 마세요. 윤형중 신부님(전 〈경향신문〉 사장)이 그러셨어요. 비록 작품 속에 나온 거라 할지라도, 나쁜 사람이 하는 말을 자꾸 반복하지 말라고요. 그러면 그 단어가 자꾸만 널리 알려지게 된다고요. 그래서 저는 절대로 그런 말을 안 씁니다. 그런 단어는 없애야 해요.

주진우 내년에 빨갱이콘서트를 해볼까 하는데요?

함세웅 하하하.

주진우 아니 그럼 뭐라고 해요?

함세웅 인민콘서트?(청중 폭소)

주진우 인민콘서트요? 그건 좀 그렇잖아요.

함세웅 좀 품위가 있잖아요(청중 웃음). 해방 당시 남북 공통적으로 인민이라는 말을 썼어요. 그러다 남북 갈등 관계가 고조되고 남북 독재 세력들이 적대적 공생 관계를 형성하면서 말이, 단어가 달라지기 시작한 거죠. 요새 동무란 말 쓰나요? 같은 민족이라는 게 언어가 같고, 같은 역사를 공유하는 건데 말이 달라지고, 문화가 달라지고, 역사가 달라지면 다른 민족이 되는 거예요.

조계사, 명동성당 그리고 한상균 위원장

주진우 네, 알겠습니다. 오늘 강연이 시작되기 전에 대전·충남 분들의 질문을 받았습니다. 질문 몇 가지에 답하면서 강연을 이어가겠습니다. 첫 번째 질문. "한상균 민주노총 위원장이 조계사가 아닌 명동성당으로 피신했다면 어땠을까요? 나오지 않고 버틸 수 있지 않았을까요?" 이런 질문이 있는가 하면 "조계사에 피신한 한상균 위원장을 조계사 신도회가 갑자기 쫓아내려 해 굉장히 놀랐습니다. 이유가 있기는 했겠습니다만, 왜 그랬을까요?" 하는 질문도 있습니다. 저도 이 얘기를 한번 여쭤보고 싶었어요. 1987년 6·10 민중항쟁 때 시위대가 명동성당으로 다 쫓겨 들어갔었죠? 당시는 신부님께서 명동성당에 계실 때였습니다. 한상균 위원장 사건을 보면서 많은 생각이 드셨을 것 같아요.

함세웅 네. 안타깝고 가슴 아픈 일이죠. 저 개인적으로는 한상균 민주노총 위원장을 조계사에서 좀 더 보호하고, 좀 더 오래 함께 계셨다면 참 좋았겠다, 그런 생각을 합니다. 물론 불교계 스님들께서 많이 애써주신 건 알아요. 도법스님이나 화쟁위원회 스님들이 애를 많이 쓰셨죠. 그렇지만 총무원장 스님이 좀 더 결단을 내려서 조계사가 조금만 더 버텨주셨더라면 얼마나 좋았을까, 그런 생각을 혼자 해봅니다.

한상균 위원장이 불자라더군요. 그래서 최종적으로는 조계사를 선택하셨다고요. 그전에 명동성당에 갈까 망설이셨다고 합니다. 그런데 아마 명동성당으로 갔으면 자리를 잡기도 전에 쫓겨 났을 것 같아요. 지금 명동성당의 상황이 1970~80년대 상황과는 많이 다르거든요. 제가 교황 대사한테 비공식적으로 들은 바로 는, 1987년 당시 전두환 정부가 명동성당에 공권력을 투입하지 못한 이유가 있었다고 합니다. 본래 전두환 정부는 1980년 광주 학살에 대한 부채감을 안고 있었죠. 그 부채감이 상당히 컸기에 또다시 그런 일을 저지르는 것에 대해서는 자신이 없었습니다. 그럼에도 6월항쟁 당시에는 공권력을 투입하는 쪽으로 마음을 먹고 있었다고 합니다. 그런데 당시 우리가 88올림픽을 앞두고 있었잖아요. 올림픽에 참가할 유럽 국가 대부분이 가톨릭 국가예 요. 남미도 마찬가지죠. 그래서 이들 국가 외교관들이 '만일 명동 성당에 경찰이나 군인 등 공권력을 투입한다면 우리는 올림픽 참 가를 거부할 수 있다'는 식으로 한국 정부에 경고 메시지를 보냈 다고 들었습니다.

그뿐 아니라 당시는 외신기자가 많지 않았던 때입니다. 그런데 1987년에는 그 많지 않은 외신기자들이 전부 다 서울에 집결해 있던 상황이었어요. 일본 주재 특파원, 홍콩 주재 특파원까지 몇 백 명이 서울에 와 있었죠. 이런 상황에서 국가가 또 폭력을 행사 하면서 성당에 진입한다는 게 쉽지는 않았던 것 같아요. 물론 성 당에 들어와 있던 1만여 명의 시민 학생들의 결의도 대단했죠. 이 걸 뒷받침했던 시민들의 결의도 대단했고요. 결국 당시의 명동성 당은 시대가 그 상징적 의미를 만들어준 거라고 저는 해석하고 싶습니다. 이번에 조계사에 피신했던 한상균 위원장의 경우는 그게 아니었죠. 지금은 언론은 물론 시민의식도 그렇고 종교인도 그렇고, 1980년대만큼의 정열이 우리에게 없으니까요. 그것이 우리 시대의 한계임을 고백하면서 노동법이 개악되지 않게끔 우리 모두 관심을 갖고 지켜봤으면 좋겠습니다. 한상균 위원장과 함께 감옥에 갇혀 있는 많은 의인들, 많은 노동자·농민·인권 활동가 들을 생각하면서 그분들의 영육간의 건강을 기원합니다(청중 박수).

주진우 한상균 위원장의 죄목이 폭력 시위를 주도했다는 건데 사실 그것부터 말이 안 되죠. 우리 시민들처럼 평화적인 시위대가 어디에 있습니까? (시위에) 10만 명이 참가했는데도 별 사고 없이 지나갔잖아요. 그날 사다리 갖고 경찰들을 밀어붙이고 경찰차랑 줄다리기하는 사람들이 있었던 건 사실이죠. 하지만 그게 최대치였습니다. 제가 대학 다녔던 1990년대만 해도 시위를 하면 화염병과 쇠파이프가 기본이었어요. 그때는 페퍼포그(최루분사기)와 백골단이라는 게 있었으니까요. 대학 캠퍼스에서 총학생회장이랑 몇몇이 모여 노래 부르고 구호 좀 외치고 있으면 바로 페퍼포그 차에서 최루탄을 쏘고 백골단이 투입됐죠. 그러면 이걸 막으려고 대학생 사수대가 쇠파이프를 들고 나섭니다. 한쪽에서는 화염병을 던지죠. 이렇게 폭력 수위가 올라가다 나중에는 서로 보도블록을 깨서 던집니다. 그 와중에 누군가 최루탄에 맞아 병원에 실려가면 대학생들은 대학생들대로 열이 받아서 경찰들을 쇠파이프로 때리고 경찰이 들고 있던 방패를 뺏어오기도 하고 그랬죠. 이건 분명 폭력 시위죠. 화염병에 맞은 경찰들이 화상을 입고 죽기도 하고 그랬으니까요. 대학생들은 물론 더 많이 다치고 죽었고요.

그런데 이번 민중총궐기 때는 어떤 무기도, 화염병도 준비된 적이 없었어요. 그런데도 언론에 의해서 '역사상 가장 큰 폭력 시위'가 됐습니다. 이 시위를 주도한 사람이 한상균 위원장이라고요? 하지만 그날 한상균 때문에 거리에 나선 사람은 몇 명 안 됐을 거예요. 한상균 말을 듣는 사람도 없었어요. 저부터 그랬어요. 알고 보니 제가 민주노총 회원이더라고요.[39] 그래도 안 들었어요. 대신 전 한상균 위원장을 그동안 쌍용자동차에서 계속 봐왔어요. 지난주에 제가 쌍용차 해고노동자 자녀들을 보려고 친구 류승완 감독하고 평택에 갔었어요. 나이키 운동화 사들고요. 그런데 그 자리에 한상균 위원장 부인이 오셨더라고요. 사모님 말씀이, 쌍용차 노동자들은 한상균 위원장이 민주노총 위원장이 됐으니까 복직 문제가 좀 쉽게 풀릴까 기대했대요. 그런데 위원장은 수배되고 위원장을 보좌하던 다른 쌍용차 노동자들도 다 수배자가 돼버렸다는 거예요. 그 얘길 들으면서 굉장히 안타까웠어요. 고공 농성에, 단식 농성으로 내몰린 것으로도 모자라 급기야는 감옥에 다시 간다는 거니까요. 그 와중에 절에서는 자비를 베풀어야 할 스님들이 한상균 위원장을 계속 나가라고 내몰고…… 이런 걸 보면서 너무 슬펐어요. 우리 사는 현실이 너무 가슴 아파서…… 일주일 내내 가슴에 상처가 난 것처럼 아팠어요. 이분이 수배를 받

---

39 주 기자가 속한 전국언론노동조합은 민주노총 산하에 있다.

아 피해 있는 것을 보고 사람들이 계속 '폭력 시위'만 따지는데 조금만 시간을 갖고 생각해보면 알 수 있는 거잖아요. 이 사람이 왜 도망을 갈 수밖에 없었는지, 이 땅에서 해고 노동자로 산다는 게 어떤 의미인지…… 이런 의미는 생각해보지 않은 채 그저 '폭력 시위꾼 한상균' 이렇게만 규정해서 잡아가버린 지금의 상황이 너무 안타깝습니다.

안타까운 질문들이 또 들어와 있네요. "이 시대의 흐름을 바꿀 리더는 언제쯤 나타날까요?" "싹이 보이는 사람이 눈에 들어오시나요?" "야당은 이런 상황에서 정권 교체가 가능할까요?" "다음 대선에 적합한 인물은 누구일까요?" 아, 이런 질문도 있네요. "안철수에 대해서 한 마디 해주십시오"(청중 폭소).

함세웅 주 기자님이 먼저 말씀하시죠(웃음). 친하시잖아요.

주진우 네? 안철수 씨에 대해서요?

함세웅 네.

주진우 안철수 씨가 좋은 분이라는 말을 여기저기서 해서…… 일단 머리가 좋은 분이에요. 의사면서 컴퓨터 바이러스 백신을 만들어서 대기업에 팔아넘기지 않고 공익적으로 쓰이도록 해서 훌륭한 회사를 만들고, 그밖에도 여러 가지 훌륭한 일을 많이 하셨죠. 그런데 정치라는 건, 종합예술이고 모든 게 축적된 거라 많은 경험과 생각이 필요하다고 봐요. 특별히 남의 마음을 사는 게 정치죠. 남을 위해 많은 걸 해놓은 뒤 선거 때 이걸 가져오는 게 정치인데, 이 부분에서는 그분이 약간 미숙하지 않았나 싶어요. 제가 보기엔 문재인 대표나 안철수 의원이나 두 분 다 비정치적인 분들이에요. 그런데 가장 비정치적인 두 분이 지금 정치의 최일선에 서 있어요(청중 웃음). 지금 필요한 건 연애도 잘하고 화합도 잘하는 능력인데, 연애 경험 없는 남자 재인이와 연애 경험 없는 여자 철수가 지금 서툰 연애를 벌이면서 어려움을 겪고 있는 셈이죠. 두 분의 연애가 앞으로 어떤 결과로 나올지는 모르겠습니다. 지금까지만 보면 굉장히 좋은 재목이 정치 쪽에 와서 자기 능력이나 가능성을 보여주지 못하고 있는 것 같습니다.

다만 이것만은 생각해야 할 것 같아요. 안철수도, 문재인도 훌륭한 재목입니다. 새누리당 의원들하곤 비교할 수 없을 만큼 훌륭한 재목이죠. 그런데 여러분은 언론을 통해 안철수를 보고, 문재인을 봅니다. 그러다 보니 좋게 볼 수가 없습니다. 훌륭한 야권의 재목은 언론에서 절대로 키워주지 않거든요. 반대로 계속 흠집을 내려 듭니다. 흠집을 내서 망가뜨리려고 합니다. 저는 정부와 언론의 이 같은 온갖 흑색선전과 폄훼, 협잡 속에서도 두 사람이 대선 후보군에 남아 있는 것만으로도 굉장하다고 생각합니다. 물론 이 정도로는 부족하죠. 두 분 다 지금 하는 걸로는 리더가 되기에 부족합니다. 지금처럼 해서는 안 됩니다. 신부님이 안철수에 대해 한 말씀 해주세요.

함세웅 말씀드리기 전에 질문 먼저 드릴게요. 혹시 안철수 의원이 매력 있다, 그러니까 긍정적으로 평가한다, 이렇게 생각하는 분들, 자유롭게 손들어주세요. (20여 명 손들자) 손 좀 높이 들어주세요.

(몇 명인지 센 뒤) 자 그럼, 다시 내가 과거에는 안철수 의원에 대해 정말 많은 희망을 가졌었다, 그런데 지금은 매력이 없다, 이런 분들 손들어주세요. (청중 50여 명 손들자) 알겠습니다. 그만 내려주세요.

주진우 주진우 기자가 매력 있다고 생각하는 분 손들어주세요(청중 300여 명이 손들면서 폭소와 환호). 자, 이 정도예요, 신부님.

함세웅 (웃으며) 안철수 의원과 문재인 대표는 제가 껴안아야 할 사람들입니다. 그러니 오늘은 하고 싶은 얘길 다 말씀드리진 못하겠고 좀 외교적인 표현으로 대신하겠습니다. 작년엔가, 하루는 문성근 씨가 저를 찾아오셨어요. 이분이 통상 친노로 평가되는 분인데, 신당 문제를 놓고 이런저런 얘기를 하다 제가 약간 부정적인 뉘앙스로 "안철수 의원이 참 걱정된다" 뭐 이런 얘길 했어요. 그랬더니 문성근 대표가 "신부님, 안철수 의원을 껴안으셔야 합니다" 그러는 거예요. 그래서 제가 "왜요? 껴안을 가치가 있나요?" 하고 물었죠. "안철수 개인보다 '안철수 신드롬'에 주목해야 합니다. 안철수 의원에게 희망을 걸었던 분들이 품고 있는 정치적인 요청, 욕구, 이건 '기존 정치로는 안 되겠다, 정치가 변해야겠다'는 겁니다. 그런 신드롬이 있기에 안철수 의원을 껴안고 우리가 운동을 해야 합니다" 이러더군요. 그날 제가 그분한테 배웠습니다. "문 대표는 문익환 목사님 아드님답게 확실히 생각이 좋으시네요"라고 말씀드렸어요.

주진우 혹시 문성근 형의 말은 "껴안아서 질식시켜야 한다" 뭐 이런 거 아니었을까요?(청중 폭소)

216

함세웅 하하하. 주 기자님, 그건 왜곡입니다. 그건 〈조선일보〉식 왜곡이에요. 그런 거 아닙니다(웃음).

문재인 대표 얘기가 나와서 말인데, 제가 그분은 자주 만났어요. 가톨릭 신자이기도 하니까. 그런데 그분은 정치적인 한계가 있습니다. 본인은 분명 깨끗한 사람인데, 정치가 깨끗해서만 되는 게 아니잖아요. 물이 너무 깨끗하면 물고기가 살지 못한다는 말도 있고요. 결국 정치를 하려면 사람을 두루, 넓게 껴안아야 하는데 이 부분을 잘 못하는 거예요. 사실 두 분 다 비슷하게 미숙한 게 이 부분이죠. 이상적으로는 두 분이 손잡고 잘 나아갔으면 좋겠습니다만…….

우리 사제들도 궁금한지 제게 물어요. 요즘 어떻게 돼가는 거냐고요. 그럼 제가 이렇게 대답합니다. "아이 뭐, 걱정하지 마세요. 애들은 싸우면서 크는 겁니다"라고요(청중 웃음). 제 얘긴 여기까지만! 애들은 싸우면서 크는 겁니다. 그러니 걱정하지 마시고 둘 다 지지하세요, 허허(청중 박수).

불의한 권력과 언론에 맞서는 국민이 희망

주진우 "신부님, 행동하지 않았다면 편하게 살 수도 있었을 텐데, 불의를 떨치고 행동하는 용기의 원천이 무엇이었는지 궁금합니다."
함세웅 너무 교과서적인 질문 같네요. 제가 용기가 있는 게 아녜요. 전 겁이 많습니다. 본래 겁이 많아요. 다만 제가 늘 묵상하는 주제가 초지일관입니다. 처음 품은 뜻을 한결같이 간직하자는 거죠. 신학교 들어가서도 맨 처음 배우는 게 첫 마음을 한결같이 간직하라는 겁니다. 사제가 됐을 때의 첫 마음, 첫 미사를 드릴 때의 그 첫 마음을 한결같이 간직하라는 거죠.

제가 첫 번째 옥중 생활을 한 뒤 부임한 곳이 한강 인근, 지금의 동부이촌동 일대였습니다. 그 동네에 정계나 재계, 군에 계신 관록 있는 분들이 꽤 있었는데, 당시 신병현 부총리 부인이 저를 찾아와서 그랬어요. 제 강론을 듣다 보면 머리가 아프니 다른 성당으로 좀 옮기고 싶다고요. 그래서 제가 "괜찮다, 다른 성당으로 가셔도 된다"라고 하면서 그분한테 이렇게 질문했어요. "말다님, 혹시 성경을 다 읽어보셨나요? 아니면 제2차 가톨릭공의회 때 문헌은 혹시 읽어보셨어요?" 둘 다 읽어본 적이 없다기에 제가 그랬어요. "그럼 좀 읽어보세요. 저도 푹신한 안락의자에 앉아서 신자들이 가져다주는 양주 홀짝홀짝 마시고 고기도 좀 구워먹고 살았으면 좋겠어요. 그런데 우리 앞에 십자가 있잖아요? 성당 사제관 앞에 있는 저 십자가. 거기 못 박힌 예수님이 저한테 그래요. '야, 이놈아. 너 양주나 홀짝거리고 편안히 앉아 있으려고 사제가 됐느냐? 저기 감옥에 간 분들, 고통 받는 분들, 짓밟히는 분들, 고문당하는 분들이 계시는데 그분들은 어떡할 거야? 네가 그분들을 찾아가야지'라고요." 이게 사실 제 자신한테 하는 말이기도 하죠. 이렇게 끊임없이 제 자신에 대한 성찰이랄까, 이런 다짐을 하면서 살아가는 거죠.

주진우 신부님, 지난주에 이슈가 됐던 게 "일자리 문제를 방치하면 젊은이들 가슴에 사랑이 사라진다"는 대통령 발언이었어요.[40] 정말 주옥같은 발언을 하셨는데요. 저는 그분이 좀 사랑을 하셨으면 좋겠어요(청중 웃음). 정말이에요. 그분이 사랑을 좀 하셨으면 좋겠어요(청중 박수). 신부님, 대통령 말씀을 어떻게 생각하세요?

함세웅 다시 질문해줘요. 뭔 말인지 잘 못 알아듣겠어요(청중 웃음).

주진우 그러니까, 요새 젊은이들이 사랑이 없어서 결혼도 못 하고 출산도 못 하고, 그러다 보니 실업률만 높아지고 헬조선이란 말이 나온다, 뭐 그런 얘기죠.

함세웅 그건 그 사람 얘기지. 난 그 사람 얘기는 제대로 듣질 않아서.

주진우 신부님은 참 대단하세요. 대선 끝나고 박근혜 대통령이 당선된 뒤 잠깐 외국에 도망갔다 오고 나서 얼마나 놀랐는지 몰라요. 신문 1면을 딱 펴면 박근혜, 텔레비전을 켜도 박근혜만 나왔으니까요. 그래서 텔레비전을 막 꺼버렸는데 신부님은 온화한 미소로 끝까지 잘 보고 계시더라고요. 어떤 마음으로 그렇게 보고 계신 거예요?

함세웅 정신분석학에도 그런 게 나와요. 제정신이 아닌 사람은 그냥 가만 놔두라고요(청중 폭소).

주진우 이런 질문이 있네요. "신부님, 우리한테도 희망이 있는지요?"

---

40 박근혜 대통령은 2015년 12월 10일 청와대에서 열린 제4기 저출산·고령사회위원회 3차 회의에서 "만혼화 현상은 젊은이들이 제대로 된 일자리를 갖지 못하기 때문"이라며 "지금 우리나라가 이 문제를 해결하지 못하고 방치하면 젊은이들 가슴에 사랑이 없어지고 삶에 쫓겨가는 일상이 반복될 것"이라고 말했다.

함세웅 우리가 희망이죠.

주진우 우리가요?

함세웅 네, 여기 온 우리들이 희망이죠(청중 박수).

주진우 다른 질문 읽겠습니다. "신부님, 1970년대 중정에 끌려가고 감옥에 끌려갈 때 생명의 위협을 느끼거나 두려움을 느끼신 적은 없는지요?"

함세웅 저는 뭐 생명의 위협까진 느끼지 않았어요. 당시는 저희가 고문을 당한 분들에 대해 문제 제기를 하고 항거를 하던 상황이었죠. 불법 고문이나 전기고문을 폭로하는 한편, 최종길 교수[41]도 고문치사를 당했다고 주장하던 상황이었던지라 그 사람들이 우릴 끌어가서 물리적인 고문을 하진 못했던 것 같습니다. 만약 나중에 기자들이 우리한테 고문을 당했느냐고 물었을 때 우리가 "고문당했다"고 하면 기자들이 우리말을 믿을 것 아녜요? 그러니 우리한테는 그런 일을 하지 않았습니다. 물론 밤잠 못 자고 폭언을 듣는 일은 있었죠. 그래도 우린 성직자라 수사관들에게 존중을 받았던 편입니다. 그때 제 몰골이 말이 아니었겠죠. 며칠 동안 세수도 못 하고 입에서 냄새도 나고 했을 테니까. 그런데 당시 제가 수사를 받을 땐 두 사람의 수사관이 늘 함께 있었어요. 그러다 언젠가 점심시간에 잠깐 수사관 한 명과 같이 있게 됐는데 그 사람이 절 쿡 찌르면서 이렇게 말하는 거예요. "신부님, 정신 차리세요. 신부님 같

---

41 최종길(1931~1973): 서울대 법대 교수, 1973년 10월 16일 중앙정보부에 자진 출두해 유럽간첩단 사건 참고인으로 조사를 받던 중 19일 만에 의문의 변사체로 발견됐다.

은 분들이 계셔야 해요. 그러니 소신껏 행동하시고 떨지 마세요."

주진우 중정 요원이요?

함세웅 네, 그래서 저도 깜짝 놀라면서 '아, 이게 하느님의 도우심이구나' 했죠. 이분들이 마음속으로는 다 우리 편이구나 하면서요. 덕분에 그다음부터는 제가 더 용기를 갖고 소신껏 하고 싶은 말을 할 수 있었죠. 그때 확신하게 됐습니다. 어디를 가든지 하느님의 손길은 모든 사람을 통해 우리한테 전달된다는 것을 확신하게 됐습니다(청중 박수). 그러니 주 기자님도 한번 가보세요. 이제 가실 때가 된 것 같아요(청중 웃음).

주진우 지난 대선 끝나고 검찰이 사전구속영장을 청구하는 바람에 영장실질심사를 앞두고 있을 때 신부님과 함께 오신 명진 스님이 이러셨죠. "주 기자가 감옥에 가면 이 사회도 들끓고, 시민들의 마음에 불을 붙여 희망의 동력이 될 수 있어 괜찮아요. 주 기자도 이 기회에 수행을 해서 큰 인물이 돼야죠." 그러자 처음엔 저를 걱정하셨던 신부님도 "그런가요?" 하시면서 "주 기자, 가, 그럼" 하셨어요(청중 폭소).

함세웅 명진 스님은 좀 잔인하신 거고 저는 아픔을 담아 얘기한 거예요. "이제 감옥 가라" 하면서도 또 한편으로는 "감옥 가면 안 된다" 하는 엄마의 모순적인 사랑이 있죠(청중 폭소).

주진우 저는 큰 인물이고 뭐고 그런 것 다 싫어요. 몇 가지 간단한 질문을 더 읽어볼게요. "현 정권의 탄핵 가능성은 몇 퍼센트나 된다고 보십니까?" 이건 제가 답변할게요. 0퍼센트입니다, 0퍼센트. 정치역학상 탄핵이 될 리도 없습니다. 노무현 대통령의 탄핵이 비정상적인 상황이었던 거죠. 이 사건이야말로 우리 사회의 주류가, 이 땅을 지배하고 있는 친일 독재 세력이 얼마나 견고한지 보여준 것이었죠. 전두환, 이명박 이런 사람들, 오래 삽니다. 건강의 화신 같은 사람들입니다. 박근혜 대통령도 마찬가지입니다. 다들 건강관리 잘하세요. 좋은 것만 먹고요, 보톡스 열심히 맞고요, 비싼 헬스 장비에 트레이너도 있습니다.

자, 다음 질문입니다. 이 질문 많이 나오네요. "〈나꼼수〉 시즌 2는 없는 건가요?" "김어준, 김용민, 정봉주, 주진우 네 분은 다시 안 뭉치나요?" 등등. 사실 언론이 하도 망가져 있다 보니 〈나꼼수〉(팟캐스트 〈나는 꼼수다〉)가 반짝 인기를 얻었던 건데요. 그 자체는 우리 사회가, 특히 언론이 건강하지 않다는 증거였다고 봅니다. 진실에 대해 제대로 얘기하는 언론이 없다, 이런 뜻에서 뒷골목에 있는 청년들이, 아니 이젠 장년이 됐죠(청중 웃음), 장년들이 나섰던 거니까요. 여기에 사회가 바뀌어야 한다는 열망이 겹쳤던 건데 이제 다시 나와봤자 다 늙었고요, 식상합니다. 그러니 우리가 나오지 않아도 될 만큼 다른 언론이 분발해주셨으면 좋겠어요.

문제는 언론 지형이 점점 더 나빠진다는 사실입니다. 신부님 강연이 이렇게 훌륭해도 텔레비전에는 절대 못 나옵니다. 다들 신부님이 뉴스에 나오는 것 보신 적 없죠? 〈힐링캠프〉라는 프로그램 방청석에 나갔는데도 통편집당했습니다. 언론은 진실은커녕 진실 가까운 것도 보도하지 않고 있어요. 그저 정권에 유리하냐 불리하냐만 따지고 있습니다. 옳고 그르냐가 아니에요. 한상균 위원장이나 농민 백남기 씨 뉴스를 봐도 폭력 시위 얘기만 나오죠. 왜 칠순 노인이 거기에 가서 물대포를 맞아야 하는지에 대해서는 어느 언론도 이야기하지 않습니다.

함세웅 물론 답답하긴 하죠. 얼마 전에도 어떤 변호사님을 만났더니 너무 답답하다고 하세요. 그래서 제가 그랬습니다. "그럴 필요 없습니다. 독재자나 불의한 자본가나 언론 들이 아무리 계획을 세워도 역사는 그들이 계획한 대로 진행되지 않습니다." 항상 뜻밖의 사건, 돌발 사건은 있게 마련이에요. 이번 11월 14일 국민 총궐기대회 때만 해도 정부가 폭력 시위라고 거의 3주일가량 몰아붙였잖아요. 그러고 나면 저항이 잦아들 줄 알았겠죠. 그랬더니 11월 14일 집회에는 뛰어들지 않았던 다른 시민단체들이 연합해서 또다시 평화적 시위를 벌인 거예요. 이런 의미에서 누르면 누를수록 또 다른 제3의 것이 터져 나오고, 이게 국민들을 더 깨우치는 그런 효과가 있습니다. 지금 박근혜 정부가 추진하는 국정교과서도 그래요. 국정교과서는 새누리당의 장기집권 프로젝트라는 얘기들을 하죠. 일본처럼 여당이 영구집권을 하기 위해 지금 이런 일을 하는 거라고요. 그럼에도 불구하고 박근혜가 이런 일을 저지르자 그간 잠잠히 있던 국민들까지 관심을 갖고 '아, 이게 아닌데'라면서 들고일어나지 않습니까? 결국 많은 분들을 깨우치는 또 다른 효과가 나타나고 있는 거죠.

어차피 박근혜 정부 임기는 2년도 남지 않았습니다. 저는 늘

2030년의 역사를 미리 쓰곤 합니다. 지금이 2030년이라고 상정하고 2015년을 돌이켜보는 일기를 쓰는 거죠. "2015년에 국정교과서를 밀어붙였던 박근혜는 참 독하고 나쁜 여인이었다" 이런 식으로요. 이렇게 우리는 항상 미래를 앞당기면서 살아야 합니다. 여기 2015년에 사는 것이 아니라 2030년, 2050년을 내다보면서 지금의 현실을 이겨내야 해요. 이것이 성서에서 말하는 묵시적 사상 내지는 종말론적 사상입니다. 우리가 지금 사극을 보면서 '삼국시대 때 고구려·백제·신라가 있었구나' 하면서 편안하게 감상하지만 당시에는 그분들도 상당히 살벌하게 싸웠을 것 아네요? 마찬가지입니다. 지금도 남북이 긴장 속에 대치하고 있다지만 우리가 미래를 내다보면서 '분단을 넘어 일치를 꾀하려 노력했던 선의의 민중들이 있었다' 이런 서사를 만들어가야 한다고 봅니다. 그렇게 스스로 희망을 만들어가야죠. 부모님과 함께, 자녀와 함께, 조상과 함께, 스승과 함께. 이런 게 바로 신념의 삶이라고 저는 생각합니다. 이렇게 될 때 우린 박근혜를 이긴 거예요. 이런 의미에서 저는 우리가 정치를 넘어서는 어떤 민족적·시민적 지혜를 가질 수 있다면 참 좋겠습니다(청중 박수).

제대로 투표하는 것만이 희망의 불씨 살리는 일

주진우 이번엔 질문이 아니라 부탁이네요. "고등학교 교사입니다.

도서관에 〈송곳〉을 비치하려고 했는데 좌편향 서적이라면서 윗선에서 잘렸어요. 모든 것을 좌우로 재단하는 이 사회에 대해 일갈을 부탁드립니다." 네, 일갈할게요. 그 윗선이라는 자, 참 무식하시네요(청중 환호).

함세웅 〈송곳〉이 뭔가요?

주진우 〈송곳〉이라는 만화가 있습니다. 노동조합을 만든 노동자들의 이야기를 현실적으로 잘 그린 만화예요. 얼마 전에 드라마로 만들어져서 상당한 반향을 일으키기도 했습니다. 이렇게 정권에 비판적이거나 재벌에 비판적이면 일단 불온서적이라고 낙인찍어버리는 거죠. 제가 쓴 〈주기자〉도 국방부 금지서적이에요. 신부님도 일갈 한번 해주세요. 욕, 아니 문학적 표현을 쓰셔도 됩니다.

함세웅 교장·교감 선생님, 사표 내고 물러나십시오(청중 환호).

주진우 "주 기자님, 혹시 무서워서 아직 말하지 못……" 죄송합니다. 노안이 온 건 아닌데 잘 안 보여서요. 다시 읽겠습니다. "주 기자님, 혹시 무서워서 아직 말하지 못하고 보도하지 못한 게 있나요?"

함세웅 노안이 와서 보도하지 못한 내용은 없나요?(청중 폭소)

주진우 하하하. 흐려서 못 읽은 거예요. 제 답은요, 무서워서 못 한 건 없습니다, 없어요. 취재가 부족해서, 그래서 못 한 겁니다. 그래도 내년에는 제가 4년 넘게 쫓아다닌 이명박 프로젝트의 결실을 보려 합니다. 기다려주십시오. 이제는 즉석에서 질문을 받아보겠습니다.

청중1 실은 요즘 사는 게 너무 갑갑하고 답답하다 보니 과연 우리에게 희망이 있을까라는 생각을 하게 돼요. 저처럼 평범한 아줌마를 포함해서 평범한 시민이 이 시대를 위해 할 수 있는 일이 무엇일까요?

함세웅 네, 질문해주셔서 고맙습니다. 각자 살아가는 방법이 있죠. 종교를 가진 분들은 종교적인 신앙과 신념을 기초로, 또 종교가 없는 분들은 나름의 인생관, 역사관, 또는 민족관을 중심으로 부모님이나 선생님, 선배, 선조 들에게 배운 가르침 같은 것들을 주제어로 간직하고 살면 참 좋겠어요. 그 주제어를 중심으로 우리가 세상을 바라보게 되는 것이니까요. 조금 전 한상균 위원장 얘기가 나왔는데, 제가 그분 관련한 기사는 웬만한 건 다 읽었어요. 대학을 다니지 않은 분이 노동운동가로서 이처럼 치열하게 살아가는 게 참 대단하다, 그런 생각을 하면서요. 그런데 오늘자 〈한겨레〉에 화쟁위원장인 도법 스님 인터뷰가 실렸더라고요. 도법 스님이 한상균 위원장하고 밤을 새워가며 대화를 했대요. 그러면서 스님이 한상균 위원장을 평가하기를 "그분은 불덩어리였습니다"라고 하더라고요. 아, 그랬구나 싶었어요. 불덩어리는 세상을 태우잖아요. 세상을 깨끗하게 해주는 그런 힘이 있죠. 불덩어리를 잘못 만지면 내가 데니 잘 만져야겠죠.

우리 모두는 이 사회의 불덩어리예요. 더러운 것을 태우면서 진실을 밝혀야 합니다. 이 불덩어리를 함부로 대하면 꺼질 수도 있고 짓밟힐 수도 있겠죠. 그러니 각자 주부는 주부대로, 직장인은 직장인대로, 종교인은 종교인대로 신문이나 텔레비전 뉴스를 볼 때 그냥 흘려듣지 마시고 왜 저렇게 보도하는지 한번 뒤집어 생각해보셨으면 해요. 그런 보도를 하는 저의가 있고 나름의 계획이 있는 거니까요. 이런 걸 파악할 때 우리가 한 단계 더 올라갈 수 있겠죠. 새누리당이나 새정치연합 국회의원이 얘기하는 것, 박근혜가 얘기하는 것, 국무총리·검찰·법관 들이 얘기하는 것의 속내가 뭔지도 다 보일 거고요. 이런 것들을 꿰뚫어볼 수 있어야 합니다. 항상 집중하셔야 해요. 집중할 때 가장 중요한 것은 '내가 누구인가'라는 자기 자신에 대한 성찰과 함께 '부모님이 내게 무엇을 가르치셨나' 내지는 '이럴 때 나의 부모님이라면, 나의 스승이라면, 예수님이라면, 또는 부처님이라면 어떻게 하셨을까' 하면서 우리 생각을 확장해가는 거죠.

또 평범한 시민들이 해야 할 가장 중요한 일은 제대로 투표하는 겁니다. 지금 우리가 총으로 혁명을 할 수는 없잖아요. 그러니 투표를 제대로 해야죠. 감시를 제대로 해야 하고요.

주진우 한상균 위원장이 쌍용차에서 해고됐습니다. 동료 노동자 2천여 명도 함께 해고됐죠. 나중에 보니 회계장부가 조작된 것이었습니다. 경영 실적 안 좋은 걸, 경영진이 잘못한 걸 감추려 장부를 조작하고 노동자들을 해고한 거였죠. 그때 핵심 부서에 있던 직원들이 그 사실을 몰랐을까요? 아마 알았을 겁니다. 공장에 남은 직원들이 해고당하는 사람들, 파업에 나선 사람들의 심정을 몰랐을까요? 이것도 다 알았을 겁니다. 참 비겁한 행동이었습니다. 그렇다고 여기에 대고 '너는 왜 나서서 싸우지 않느냐'고 비난할 수만은 없는 거겠죠. 일제강점기에도 창씨개명을 할 수밖에 없는 사정이 있었을 테니까요. 이분들을 다 비난해서는 안 되겠죠.

저는 우리 모두가 자기 자리에서 할 수 있는 걸 찾았으면 합니다. 특히 젊은 분들은 좀 잘됐으면 좋겠어요. 즐겁고 행복했으면 좋겠어요. 그래야 옆 사람한테 긍정의 에너지를 전해주고, 옆 사람을 감화시킬 수 있습니다. 그래야 내 생각을 전파할 수도 있죠. 흔히 보수·진보를 말하는데 사실은 지키는 것보다 바꾸는 게 훨씬 어려운 일이잖아요. 평소에는 전부 나서서 싸우고 단식할 수도 없습니다. 그냥 자기 자리에서 행복하게 잘살아야죠. 대신 선거철이 다가온다 싶으면 그때는 그간 쌓아놓은 좋은 에너지, 긍정의 마음을 써야 합니다. 주변에 누가 좋고 누가 나쁜지 알려야 합니다. 누구를 찍어야 하는지 깨어 있는 시민들이 알려야 해요. 이건 잘 들으셔야 해요. 제가 누굴 찍으라는 얘기가 아닙니다. 하지만 잘못된 방향으로 투표가 이뤄질 것 같다 싶으면 그것만은 확실히 바로잡자는 겁니다. 상대를 죽이라는 얘기가 아녜요. 약을 타서 잠깐 재운다, 이것도 위험합니다(청중 폭소). 부모님한테는 어떤 방법이 잘 통하는지 알려드릴게요. "저 후보가 무슨 부정부패에 연루됐대" 이런 정보보다 자식의 직접적인 이익을 강조하는 게 더 효과적입니다. "나, 저 사람하고 잘 알아요. 저 사람이 대통령 되면 출세할 것 같아요. 저 사람이 국회의원 되면 내가 취직될 거예요" 이런 식으로(웃음). 정 안 되면 그 즈음에 부모님을 여행 보내드리는 것도 방법입니다(청중 폭소).

오늘 이 자리를 신부님의 기도로 마무리하도록 하겠습니다. 신자가 아닌 분들은 각자 자기가 믿는 분 또는 사랑하는 분을 위해 기도하시면 됩니다.

함께 하는 기도

거룩하신 하느님, 오늘 이곳 대전에서 뜻있는 많은 시민, 도민, 그리고 국민 들과 함께, 우리 사랑하는 주진우 기자와 함께 통일을 주제로 대화를 나눴습니다. 또 많은 분들의 의견을 귀담아들으면서 서로 해답을 모색했습니다.

민족의 일치와 화해를 위한 의지를 늘 한결같이 간직하겠습니다. 잔인한 일제에 나라를 빼앗긴 뒤 독립운동을 펼쳤던 순국선열들의 높은 뜻을 간직하겠습니다. 민족을 배반하고 친일 매국노의 길을 걸은 사람도 있습니다만, 안중근 의사를 비롯해 유관순 열사, 윤봉길 열사 등 그들보다 고결한 뜻을 지녔던 선열들의 삶을 늘 가슴에 간직하고자 합니다. 저희가 힘이 없고 부족한 탓에 일본이 항복했음에도 소련과 미국의 주둔으로 남과 북이 분단되고 결국 민족상잔의 아픔을 겪는 전쟁까지 치르면서 지금의 대결 상태에 이르고 있습니다. 우리의 뿌리를 찾아가 함께 나라를 되찾기 위해 독립운동을 벌였던 우리 선조들의 삶을 되새깁니다. 강대국에 의해 갈라진 분단의 아픔을 넘어 민족의 일치와 화해를 지향하는 성숙한 남북의 시민 또 국민이 되겠습니다.

외국의 많은 분들이 도와주신 은혜도 늘 가슴속에 간직하겠습니다. 특히 최근에 우리를 일깨워줬던 프란치스코 교황의 가르침을 기억하겠습니다. 교황께서는 "여러분, 남과 북의 인민들은 같은 언어를 쓰고 있습니다. 같은 말을 하고 있다는 것은 어머니가 같다는 뜻이고, 같은 형제자매들이라는 뜻입니다. 잘사는 남한이 북의 인민들을 도와줘야 할 책무가 있습니다"라고 하셨습니다. 한 사목자의 윤리적인 권고를 늘 마음속에 간직하겠습니다. 2000년에 약속했던 6·15 공동선언, 남과 북 그리고 우리 민족끼리 하나가 되겠다는 그런 다짐이 정권을 쥔 자들의 왜곡에 의해 거부되고 있지만 이를 넘어 우리 민족의 일치와 화해를 이룩하겠습니다.

민족통일을 위해 몸 바친 순국선열의 높은 뜻을 늘 되새깁니다. 가깝게는 문익환 목사님, 문규현 신부님, 임수경 의원 등 통일의 선각자들과 선구자들의 삶이 뿌리내릴 수 있게끔 더욱 노력하겠습니다. 분단을 악용하며 우리 국민에게 잘못된 가치관을 심어주는 거짓된 정치인들과 위정자들의 감언이설이나 협박에 속지 않고 더 성숙한 민족애를 지닌 국민이 되겠습니다. 거짓된 언론, 거짓된 재벌, 거짓된 정치인, 거짓된 관료를 뒤로하고 순국선열들의 뜻을 되새기는 성숙한 시민들이 되겠습니다.

함께한 대전과 충남, 또 전국에서 모인 우리들의 뜻을 확인해주시고 저희들 각자의 염원, 가정의 평화, 또 공동체의 축복을 이뤄주시길 간청합니다. 하느님, 오늘 함께한 저희들 각자의 염원을 들어주시고 더 기쁜 은총을 허락해주십시오. 정치·사회적으로 매우 암담합니다만 이것도 잠시입니다. 우리 안에 내재된 잠재력과 무한한 능력을 발휘해 불의한 어둠의 세력을 물리치고 아름다운 공동체의 꿈을 꼭 이루도록 하겠습니다. 저희들 모두를 깨우쳐주시고 특히 야당 정치인들을 깨우쳐주셔서 우리가 불의한 정권과 맞서 싸울 수 있게끔 큰 연대를 이룰 수 있도록 도와주시길 간청하며, 또 꼭 그렇게 하도록 다짐합니다. 저희들 각자의 염원, 우리 시대의 염원, 우리 민족의 염원을 두루 허락해주십시오.

이 모든 것을 성령 안에서 우리 주 예수 그리스도를 통해 비나이다.

성부와 성자와 성령의 이름으로, 아멘.

신념
신부님, 사랑이 뭐예요?

현대사 콘서트 / 광주

2015년 12월 12일

이 땅에서 민주주의가 뒷걸음치는 한 5·18은 여전히 현재진행형이라고 할 수밖에 없다.
사진은 5·18 광주묘역. ⓒ시사IN포토

10·26부터 5·18까지

주진우 안녕하세요, 주진우입니다(청중 박수). 함세웅 신부님을 모시고 현대사 특강을 진행하고 있는데요, 오늘이 마지막 날입니다. 오늘은 광주에서 신념에 대해 얘기해보려고 합니다. 여러분과 마지막 시간을 아름답게 채우고 싶습니다. 함세웅 신부님이십니다.

함세웅 안녕하세요(청중 환호), 반갑습니다. 오늘도 쪽말교도[42]들이 와 계신가요?(청중 웃음)

주진우 아이, 신부님. 그런 말씀 마시고요(웃음).

함세웅 오늘까지 다섯 차례 콘서트를 다니면서 쪽말교가 참 대단하구나, 하면서 감탄하는 중입니다.

광주와는 제가 인연이 많죠. 무엇보다 1980년 광주의 아픔을 저 또한 늘 간직하면서 지내왔고요. 5·18 바로 전날인 5월 17일 남산 중앙정보부, 그때는 계엄사령부 합동수사본부였죠, 그곳에 끌려가 한두 달 고생을 하기도 했습니다. 그때 풀려나왔더니 우리 동료 신부님들, 그리고 광주의 많은 신부님들이 옥고를 치르시고 또 서빙고 보안사로 끌려가 고문을 당하셨더군요. 그렇게 1980년을 아프게 지내고, 1981년부터는 거의 매년 5·18 희생자들을 추모하는 행사를 치렀습니다.

오늘 이곳, 김대중컨벤션센터에 오니 김대중 전 대통령이 생각나네요. 제가 민주화운동기념사업회에서 일할 때 김대중 전 대

---

42 주진우 기자 팬클럽인 '쪽팔리게 살지 말자' 회원들을 가리킴.

통령이 노벨평화상을 탄 걸 기념해서 이곳에서 아시아와 우리 남북의 평화를 위해 세미나를 개최하기도 했죠. 그런가 하면 제가 1976년 3·1 민주구국선언 사건으로 구속돼 1년 1개월 동안 서대문구치소에 있다가 대법원 확정 판결을 받고 이감돼온 곳이 바로 광주교도소였어요.

주진우 아, 그럼 광주에서 사신 적이 있는 거네요?(청중 웃음) 광주교도소에서는 얼마나 계셨어요? 1년쯤 계셨나요?

함세웅 아뇨. 교도소에서 항쟁 좀 하고 했더니 두어 달 만에 공주교도소로 쫓겨나버렸어요. 광주교도소에서는 특별 사동, 그러니까 장기수들이 계셨던 곳에 함께 갇혀 있었고요.

주진우 그렇다면 간첩들이랑 함께 계셨던 셈이네요(청중 웃음).

함세웅 간첩이 아니고 통일운동가들이셨죠, 허허. 당시 교도관들과 이런저런 얘기도 나눴던 기억이 납니다. 여기 갇혀 계신 신부님이나 다른 분들은 1929년 광주학생독립운동[43]을 하신 분들 내지는 독립운동을 하신 분들과 맥이 닿는 분들이니까 잘 대접해주셔야 한다, 이런 이야기를 교도관들과 했어요. 저와 서울신학교에서 같이 공부했던 동창들 중에도 광주 신부님들이 많습니다. 그래서 아주 친근한 곳이 광주예요. 이런 곳에서 젊은 분들과 대화를 나누게 돼 더욱더 기쁩니다. 지금 시대가 매우 어려운데, 이

---

[43] 1929년 11월 3일 광주시내에서 벌어진 한·일 학생 간의 충돌이 호남 지역, 나아가 전국 차원의 동맹 휴학 및 항일 시위로 번지면서 1930년 5월경까지 전국적인 영향을 미친 사건. 1919년 3·1운동 이후 최대 규모의 항일 시위로 기록돼 있다. 이를 기념해 11월 3일을 학생의 날로 지정했다.

렇게 어려운 시대일수록 우리가 희망을 만들고 길을 뚫는 선구자 역할을 해야 한다고 생각하면서, 아침에도 오늘 만나게 될 많은 분들을 마음에 품으면서 기도를 올렸습니다(청중 박수).

주진우 오늘이 공교롭게 12월 12일이에요. 시작은 1979년 10월 26일부터였죠? 부산·마산에서 민주화 시위가 들불처럼 번지던 중에 10·26 사태가 났습니다. 거센 민중의 힘이 김재규 중앙정보부장의 방아쇠를 당긴 거죠. 전 세계 독재자 중에 자기 딸 같은 여대생을 데려다놓고 술 먹다 총에 맞아 죽은 사람은 없었습니다.

어쨌거나 그로부터 얼마 뒤인 12월 12일 쿠데타, 군사반란이 일어났죠. 정승화 육군참모총장 밑에 있던 전두환과 노태우를 위시해 여러 군인들이 반란을 꾀했습니다. 당시 전두환은 보안사령관으로 무소불위의 힘을 발휘하고 있었죠. 본래 전두환이나 노태우는 박정희가 자식처럼 여긴 군인들이기도 했습니다. 박근혜 대통령도 전두환을 '오빠'라고 불렀죠. 당시 전두환은 박정희가 쓰던 돈이라며 박근혜 대통령한테 6억 원을 건네기도 했습니다. 헌납하겠다더니 소식이 없는 바로 그 돈이죠.[44] 어쨌거나 당시 정승화 참모총장은 뭔가 잘못돼가고 있다고 느꼈어요. 박정희의 직속 부하인 전두환, 노태우 그리고 그 졸개들이 정치권에 영향력을

[44] 2012년 대선 후보 토론 당시 이정희 통합진보당 후보가 "박근혜 후보는 평생 장물을 받고 살아온 분이다. 전두환 군사정권이 6억 원을 줘서 받았다고 고백하지 않았나. 그 돈이면 당시 은마아파트 30채를 살 수 있는 돈이었다"라고 공격하자 박근혜 새누리당 후보는 "당시 아버지(박정희 전 대통령)도 그렇게 흉탄에 돌아가시고 나서 어린 동생들과 살 길이 막막한 상황이었다. 아무 걱정 문제없으니 배려 차원에서 해주겠다고 하는데 경황없는 상황에서 받았다. 저는 자식도 없고, 가족도 없다. 나중에 사회에 다 환원할 것이다"라고 대답한 바 있다.

행사하려 드니까 이들을 변방으로 인사 발령을 내려 시도합니다. 이에 반항해 반란을 일으킨 거예요. 그러면서 12월 12일 정승화 참모총장을 체포하고는 "정승화와 김재규가 한패거리였다" 이렇게 발표해버렸죠.

그런 뒤 1980년 5월 17일 신군부는 계엄령을 선포합니다. 당시는 최규하(1919~2006) 총리가 대통령 권한대행을 하고 있었죠. 이에 광주에서 시민들이 들불처럼 들고일어났죠. 그 결과 광주에서 많은 분들이 희생되었고 아픔을 겪었습니다. 하지만 그 광주의 힘이 이 땅의 민주화를 이룩하고 자유를 이룩하고 법치주의를 이룩하는 고귀한 피가 되어주었습니다. 광주에 올 때마다 늘 무겁게 새기는 대목입니다. 1980년 12월 12일에 신부님은 뭐 하고 계셨어요? 그때는 감옥에 계실 때가 아니었죠?

함세웅 (잠시 생각하다) 네.

주진우 감옥에 하도 자주 들락거리셔서 '그때 감옥에 있었느냐, 민간인이었느냐' 이것부터 여쭤봐야 해요(청중 웃음).

함세웅 음, 그러니까, 1980년 12월 8일에 긴급조치 9호가 해제됐어요. 박정희는 10월 26일에 죽었지만, 그로부터 50일 넘게 저희들이 계속 감옥에 있었던 셈이죠. 그때는 제가 두 번째 감옥 생활을 하던 시기였어요. 오원춘 사건에 대해(45, 173~75쪽 참조) 문제 제기를 했다가 문정현 신부님하고 저하고 둘이 구속이 됐죠. 긴급조치가 해제되고 우리가 풀려난 12월 8일은 본래 가톨릭에서는 성모님 축일이에요. 원죄 없이 예수님을 잉태한 성모님의 축일이죠. 이렇게 신앙적으로 의미 있는 날 석방까지 됐으니 저로서는 참 감사한 마음이었어요.

그로부터 나흘 뒤가 12월 12일이었는데요. 이날은 서울교구에 있던 우리 동창 신부 12명이 사제서품을 받는 날이었습니다. 그래서 그날 다들 모였죠. 사제서품도 축하하고, 제가 감옥에서 나온 것도 축하하기 위해서요. 그렇게 모여서 기도하고 저녁 먹고 다들 헤어졌는데 얼마 뒤 동창 몇 명이 제 방에 찾아왔어요. 길이 다 막혀서 한강을 건너갈 수가 없다고 해요. 그래서 '이상하다, 무슨 일일까' 하면서 잠이 들었는데, 다음 날 일어나보니 12·12 군사정변, 그러니까 반란이 일어난 겁니다. 주 기자님이 설명하신 대로 전두환 보안사령관 일당이 권력을 장악하면서 정승화 육군참모총장을 체포하는, 어이없는 사건이 일어난 거예요.

당시는 김재규 중앙정부보장에 대한 군사재판이 진행되고 있었어요. 당시 김재규 변호를 맡았던 변호사들이 다 인권변호사들이었어요. 이돈명 변호사를 비롯해 이른바 1세대 인권변호사들로, 늘 우리를 변론해주던 분들이었죠. 이분들은 '우리가 김재규 장군을 꼭 살려야 한다. 그래야 박정희나 전두환의 모든 음모가 밝혀질 것이다. 재판을 진행하면서 우리도 법정 투쟁을 해야 한다'라고 말씀하시곤 했어요. 그래서 저희도 김재규 씨와 다른 다섯 명에 대한 구명 운동을 열심히 펼쳤죠. 이 사람들이 군사법정에서 진술한 내용을 외부에 전달하면서요. 그런데 이 와중에 12·12가 벌어지고 말았어요. 그러자 변호사님들도 크게 걱정하시면서 "정승화 계엄사령관이 부하에게 체포될 정도면 상황이 심각합니다. 주의 깊게 살펴보셔야 합니다" 하셨어요.

당시 전두환 보안사령관이 자행한 12·12 정변은 나중에 김영삼 정권 때 군사반란으로 확실하게 규정이 됐습니다. 전두환·노태우 두 사람은 사형까지 언도받았고요. 이 부분은 그나마 다행스럽습니다만, 5·18과 관련해서는 제대로 규명되지 않은 부분이 너무 많아요. 발포 명령자도 밝히지 못했고요. 박근혜처럼 불의한 사람이 정권을 잡게 된 것도 따지고 보면 이런 상황을 제대로 정리하고 넘어가지 못했기 때문인 것 같습니다. 그 뿌리를 제대로 잘 정리해야 다음 세대에서 아름다운 열매를 맺는데, 뿌리를 잘 정리하지 못해서 지금 더 아픈 고난을 겪고 있는 것이죠. 오늘은 광주시민들과 이런 부분을 함께 고민하고 싶습니다.

주진우 5·18 때는 어디에 계셨나요?

함세웅 그때는 남산에 끌려갔었죠.

주진우 아니, 끌려가서 뭘 했다, 이렇게 말씀해주셔야죠.

함세웅 끌려가서 조사받았죠(청중 웃음).

주진우 오늘 말씀을 왜 이렇게 짧게 하세요? 마지막 날이라고 그러시는 거예요?(웃음)

함세웅 1980년은 윤년이었어요. 그래서 2월 29일이 있었는데, 이날 저희들이 사면복권이 됐어요. 사실 저희야 복권이 되든 안 되든 큰 의미는 없었죠. 사제 생활에 제재를 가할 수 있는 것도 아니고, 제가 정치판에 나갈 사람도 아니었으니까요. 어쨌든 이런 상황 속에서도 저희는 김재규와 그 일행을 구명하기 위한 운동에 많은 힘을 쏟았어요. 그러면서 문익환 목사님을 비롯한 원로분들과 저희가 함께 가졌던 생각이, 당시 국회를 해산시켜야 한다는 거였어요. 그때 김영삼 씨가 신민당 총재였는데, 이분은 국회를 중심으로 정치를 끌고 나가고 싶어 했죠. 김대중 씨나 김종필 씨도 마찬가지였고요. 이분들에게는 각자 자신들의 정치적 목적이 있었던 겁니다. 하지만 우리는 군사정권 타파를 위해 유신 시대를 끝내고 기존 국회를 해산함으로써 총선으로 국면을 전환하길 바랐습니다. 정치인과 저희의 판단이 이렇게 달랐어요. 그 와중에 전두환 보안사령관이 중앙정보부장직까지 겸임하게 됐죠. 이건 제 해석입니다만, 전두환이 모든 정보를 다 갖게 되니 욕심이 생긴 것 같아요. 파일을 통해 사람들의 행적을 파악해본즉 약점 없는 사람이 거의 없었을 테니까요. 3김은 말할 것도 없고 내로라 하는 정치인, 사회 지도자들, 모두 별거 아니었겠죠. 그러니 뒷조사를 하는 한편으로 계속해서 계엄으로 압박을 가하게 된 거죠.

1980년 3월이 되니까 학생들이 개학을 하면서 아쉬운 대로 '서울의 봄'이 일어났어요. 5월에는 서울역에서 10만 명이 넘는 학생들이 모여 큰 시위를 벌였는데 나중에 들은 얘기입니다만, 이게 계엄사령부에서 유도한 측면이 있다는 거예요. 학생들이 시위를 많이 벌이니 혼란스럽다, 따라서 다시 압박할 필요가 있다는 식으로 계엄을 유도했다는 건데, 이런 내용들을 저희가 다 알 수는 없었죠. 결과적으로 목사님들이나 저희 같은 사제들이나 운동가들끼리는 나름대로 세부적인 생각 차이가 있었고, 김대중 씨 같은 정치인은 정치인대로 또 다른 꿈이 있었던 거죠. 전두환은 이 모든 정보를 다 파악하면서 비밀리에 계획을 세우고 있었던 거고요. 그러다 5월 17일 오후 4시 이화여대에서 모임을 갖고 있던 전국의 대학생 대표들을 기습 체포하는 것으로 전두환이 작전을 개시합니다. 그러면서 5월 18일 제주도를 포함한 전국으로 계엄령을 확대하는 조처를 내렸어요. 5월 17일 밤, 참으로 많은 분들이 체포되어 갔습니다. 저희도 그때 끌려가 두어 달 동안 고생을 좀 했죠. 그러면서 많은 분들이 조작된 김대중 내란음모사건에 연루돼 감옥에 가 재판을 받게 되었습니다. 지금 돌이켜보면 참 아쉽습니다. 김종필 씨야 걸어온 길이 좀 다른 사람이니까 차치하고라도 김대중·김영삼 두 분이 좀 더 정치적인 상황 판단을 잘해서 당시 국회를 해산시키고 총선을 이끌었더라면 역사가 바뀔 수도 있었을 테니까요.

그럼에도 불구하고 광주의 시민과 학생들이 들고일어나 민주주의의 가치를 지켜낸 것은 정말 대단한 일입니다. 그로써 광주가 아름다운 민주화의 성지가 되었죠. 다만 1980년에 그 고난을 당하면서, 주먹밥을 나누며 독재정권과 맞서 싸우면서 인권과 민주주의를 지키기 위해 노력했던 그 정신이 오늘날에도 광주에 과연 살아 있는지에 대해서는 우리가 깊은 질문을 던져야 할 것 같습니다. 제가 기도 중에 늘 깊이 생각하고 광주에 올 때마다 강조하는 것도 이 부분입니다.

김대중을 이을 호남의 정치인은 누구인가

주진우 광주여서 그런지 오늘은 마음이 굉장히 무겁네요. 신부님이 DJ 얘기를 꺼내셔서 그러는데요. 두 분이 인연이 굉장히 깊었습니다. DJ가 가택연금 당했을 때 집에 가서 미사를 해주셨고요. 그 뒤 함께 감옥에 갔을 때는 DJ에게 성경을 주셨다고 했죠. 물론 그 대가도 5천 원을 뺏어서 치약과 칫솔을 사긴 했습니다만(청중 웃음). 그 뒤로도 DJ가 감옥에 있는 동안 찾아가 기도도 해주시고, 미사도 해주시고, 이후로도 민주화운동을 계속 같이 하셨습니다. 장례 미사로 마지막 가는 길도 함께해주셨죠. 김대중 대통령께서 돌아가시기 직전 병원에 계실 때 제가 신부님을 모시고 세브란스 병원에 함께 간 일도 있습니다. 그때 마지막 기도를 해주시고 미사도 집전해주셨습니다. 애정이 깊었지만 미울 때도 있었죠? 솔직히 말씀해주세요.

함세웅 미워하지 않아요. 저는.

주진우 그래요? 아니, 그런데 욕은 왜 하세요?(청중 웃음)

함세웅 허허, 저는 욕도 잘 안 해요.

주진우 1987년에 YS하고 DJ하고 단일화시키려고 사제단 신부님들이 굉장히 노력했다고 들었어요. 하지만 결국 단일화가 무산되면서 신부님도 좌절하셨을 것 같아요.

함세웅 이해를 도우려면 옛날얘기부터 해야겠네요. 제가 김대중 전 대통령을 좋아하게 된 것은 학생 때부터였어요. 그분이 제가 유학 중이던 1971년에 신민당 대통령 후보가 되셨어요. 저는 유학 중인데도 김대중 씨가 후보가 된 게 좋았어요. 특별한 기준이 있었던 건 아녜요. 그분이 가톨릭 신자이자 장면 씨의 대자代子라는 이유에서 그냥 좋았어요. 조금 더 진취적인 정책을 갖고 있고 박정희에게 탄압을 받았다는 측면에서 또 마음이 갔던 거죠. 귀국해서 제가 첫 번째 사목을 맡게 된 곳이 연희동성당이었어요. 그때 김대중 씨가 계시던 동교동이 연희동성당 관할 영역이었던지라 보좌신부였던 제가 그 댁을 맡게 됐죠. 그렇게 1973년부터 그분과 가깝게 지냈어요. 그분과 저는 사제와 신자 관계인데다 시대를 바꿔야 한다는 생각도 같았으니까요. 만나면 늘 그런 대화를 하면서 지냈죠. 1976년에는 3·1 민주구국선언으로 같이 구속도 됐어요. 그분과 함께 인연을 이어가면서 저는 나름대로 긍지를 갖고 있었어요. 나이는 제가 훨씬 어립니다만 저는 사제고 그분은 그리스도교 신자여서 제가 성서와 신앙을 원칙으로 그분을 이끌어야 했으니까요.

그런데 주 기자님께서 말씀하신 1987년, 양김 단일화 문제는 사제의 영향력 밖이더군요.[45] 당시 우리는 단일화를 위해 양보도 불사해야 한다는 의견을 단호하게 전달했습니다. 저뿐만 아니라

---

45 1987년 6월항쟁의 최대 성과는 대통령 직선제 쟁취였다. 그해 연말 치러진 대통령 선거에 김영삼 씨와 김대중 씨가 동시 출마할 뜻을 밝히자 재야 시민단체·종교단체·학생단체 등에서는 '군정 종식 후보 단일화 쟁취국민협의회'를 구성해 단일화 촉구 운동에 나섰다. 그러나 후보 단일화는 끝내 실패로 돌아갔고 김대중·김영삼·김종필·노태우 4명의 후보가 각축한 가운데 그해 대선 승리는 노태우 민정당 후보에게 돌아갔다. 이로써 6월항쟁의 성과로 시민들이 기대했던 군정 종식의 꿈은 일차 좌절됐다.

다른 모든 신부님, 교구장, 김수환 추기경까지도 이렇게 말씀하셨어요. 그런데 이게 참 쉽지가 않더라고요. 당시 우리가 심정적으로는 김대중 씨 쪽에 마음이 가 있었죠. 역사적으로 보더라도 김대중 씨가 우선권을 갖고 있는 게 맞고요. 하지만 당시 정치적 상황에서는 군인들이 DJ를 너무 반대하니 작전상 김대중 씨가 일단 양보해 김영삼 씨가 먼저 대통령이 되고, 그 뒤에 김대중 씨가 대통령이 되는 게 어떻겠느냐는 안이 도출되었어요. 그런데 이 안을 두 분 다 수락하지 못했어요. 김영삼 씨는 김영삼 씨대로, 김대중 씨는 김대중 씨대로 각자 생각이 있었던 거죠. 주변 동료들도 그랬고요. 그 결과 네 명 다 출마해도 김대중 씨가 이긴다는 그런 논리가 나왔던 겁니다.

주진우 4자필승론 얘기하시는 거죠?

함세웅 맞습니다. 넷이 나와도 김대중 후보를 지지하는 세력이 워낙 튼튼하니까 틀림없이 이길 거라는 논리였죠. 그 바람에 투표 끝나고는 컴퓨터 조작을 했다는 이의 제기도 나왔습니다만.

주진우 그때도 그런 주장이 나왔어요? 지금하고 비슷하네요. 문재인·안철수는 열나게 싸우고, 선거 이후에는 개표 조작 시비 나오고 등등.

함세웅 1987년이 원조예요(청중 웃음). 아무튼 제가 김대중 대통령을 인간적으로, 신앙적으로 존경하고 정치적으로 높이 평가함에도 불구하고 그 뒤로 그분의 한계를 몇 가지 지적할 수밖에 없었습니다. 1987년 후보 단일화를 이루지 못했던 점, 대통령이 된 뒤로 호남의 인재를 제대로 끌어안기는커녕 동진정책을 통해 박정희나 전두환과 같이했던 불의한 사람들을 자기 참모로 선택했던 점 등이 대표적이었죠. 이 때문에 제가 정면에서 이분을 비판하기도 했습니다. 자녀들에 대한 감시를 철저히 하지 못해 결과적으로 세 자녀 모두 법정에 서게 된 불미스러운 과거 또한 안타까운 점이었죠.

물론 그분이 대통령을 그만두신 뒤로도 민족 일치와 화해를 위해, 통일을 위해 애쓴 점은 높이 평가하고 있습니다. 다만 이 과정에서 지금의 박근혜를 키워준 측면은 있어요. 집권 당시 박근혜를 청와대에 불러다 대화도 하고 북한에 가게 해서 김정일을 만나게 해준 사람이 김대중 씨니까요. 이 점 또한 지적하고 반성해야 한다고 생각합니다.

주진우 신부님, 정의는 왜 늘 질까요? 왜 우리는 주로 지는 편에 서 있는 걸까요?

함세웅 글쎄요. 주 기자 질문이 잘못된 것 같아요. 정의는 결코 지지 않습니다. 맥아더가 그랬던가요? 노장은 결코 죽지 않고 사라질 뿐이라고. 사실 맥아더는 별로 매력이 없는 분이에요. 어렸을 때는 선생님들한테 훌륭한 분이라고 배웠는데 자료를 보니 그분은 일본을 너무 좋아했고, 한국을 우습게 본 친일파 군인이었던 것 같아요. 일제 패망 이후 미군이 한국에 주둔하면서 내린 첫 포고령이 한국은 독립국가가 아니라 미국의 식민지라는 내용이었죠. 이 점 늘 가슴 아프게 생각합니다. 어쨌든 그분이 미국 국회에서 한 마지막 발언은 명언으로 남아 있잖아요? 정의가 패배하는 것 같지만 정의는 잠시 쉴 뿐이고, 정의는 언제나 승리하게 마련입니다. 아니 정의는 항상 이기고 있습니다. 이것이 정의관이고 성서에서 말하는 희망과 꿈이라고 생각합니다.

옛말에 때린 사람은 발을 뻗고 자지 못한다고 하지 않습니까? 오히려 매 맞은 사람이 발을 쭉 뻗고 잔다는 말이 있지요. 불의한 자, 도둑, 강도 들은 언제나 잡힐까 봐 늘 두려워합니다. 불의는 정의가 결여된 결과일 뿐입니다. 정의가 제자리에 서면 불의는 언제나 사라지기 마련이지요. 늘 정의를 품고 꿈을 안고 힘을 안고 희망을 안고 살아야 합니다. 그게 그리스도교에서 말하는 예수님의 십자가 죽음과 부활의 원리입니다. '십자가와 고통을 통해서 부활을 이룩한다.' 이 믿음을 정의에 연계하여 묵상하며 언제나 실망하지 않고 이기는 승리자의 자세로 살았으면 합니다. 우리는 늘 이기고 있습니다. 작전상 넘어지지만 다시 꼭 일어섭니다. 이것이 정의입니다.

주진우 의로운 길을 가는 것은 때로는 고통스럽습니다. 어떻게 견뎌내야 하나요?

함세웅 젊어서의 고통은 돈을 주고도 산다는 말이 있습니다. 고진감래苦盡甘來라는 말이 있지 않습니까. 인생은 그 자체가 고진감래지요. 예수님께서도 말씀하셨습니다. 십자가의 고통 후에 부활의 기쁨이 온다고. 예수님께서는 '해산하기 전에 여인이 걱정하고 있지만 아기를 낳고 나면 새 생명을 출산했다는 기쁨에 얼마나 기쁜가'라고 말씀하셨습니다. 이러한 의미에서 우리는 아름다운 미래, 의로운 세상, 평화로운 세상을 꿈꾸면서 현실의 모든 고통, 개인적·역사적 아픔을 이겨내야 한다고 생각합니다. 어떤 의미에서 인생 자체가 이러한 것이 아닐까요. 물론 목적이 중요하지만 목적보다는 목적을 이루는 그 과정 하나하나에 의미가 있습니다.

우리가 꿈꾸는 아름다운 미래와 의로운 세상이 당장에는 이루어지지 않더라도 정의를 위해, 아름다운 세상을 위해 희생하고 헌신하는 그 자체가 뜻이 있고 아름다우며 후대를 위한 큰 선물임을 확신합니다. 이러한 자세로 살아야겠지요. 이것이 성서에서 말하는 종말론적 희망 그리고 묵시록적 꿈입니다. 저는 신앙인으로서 이런 가치를 늘 지니고 이웃과 함께 확인하고 있습니다.

주진우 사실 광주 분들은 모든 걸 너무 잘 아시죠. 현대사도 잘 알고, 정치 상황 파악도 잘하시고, 전략적·전술적으로도 훌륭하시고. 그래서 저희가 정치적인 주제에 대해서는 특별히 드릴 말씀이 없어요. 다만 몇 가지 궁금한 게 있습니다. 일단 왜 광주에서는 지도자를 키우지 못하는 건지, 이 부분이 계속해서 마음에 걸립니다. 광주를 대표하는 정치인이 기억이 안 나요. 지금 대표하는 정치인은 박주선 의원 아닌가요?(청중, 항의의 뜻으로 웅성웅성) 여러분 뜻은 알겠는데 그래도 박주선이 제일 생각나요. 지난 대선 때 박근혜 지지 선언하려다가 무등산 어느 산장엔가 끌려가 감금당하시는 바람에 뜻을 접으셨잖아요(청중 웃음). 그 덕분에 국회의원도 되시고요. 요즘은 반노, 반민주당의 기치를 높이 쳐들고 계시죠.

아, 권은희 씨도 계시네요. 신성으로 당에 영입된 분이죠. 대선 직전 강남구 역삼동 오피스텔에서 국정원 댓글 사건이 터졌죠. 대치 상황이 벌어졌을 때 저도 그 자리에 있었습니다. 그때 이분이 수서경찰서 수사과장이셨어요. 당시 '셀프 감금녀'가 잠근 문밖에 그분이 서 계셨는데, 제가 막 흥분해서 욕을 했던 기억이 나네요. 지금 방 안에 현행범이 있는데 왜 체포를 하지 않느냐고요. 범죄 현장을 지금 은폐하고 있는데 이러다 피해가 더 커지면 어떡할 거냐고요. 그때 심정 같아서는 저라도 범인을 잡고 싶었어요. 문을 부수고 들어가서라도 잡고 싶었어요. 그래서 옆에 있던 민주당 의원한테 "당신이 들어가라. 당신은 면책특권이 있지 않느냐?"고 했더니 자기는 해장국을 먹고 오겠다면서 도망을 가버리더라고요(청중 웃음). 어쨌거나 그 이후에 정의와 소신을 말씀하시던 그분이 국회의원이 된 상황도 좀 이해가 되지 않아요. 당에 입당한 뒤 정치적으로 보여준 행동은 무엇인지 잘 모르겠어요. 무슨 일을 하는 건지도 잘 모르겠고요.

다음에 또 누가 있죠? 천정배 의원? 그분이 광주를 대표하지는 않을 테니 제쳐두겠습니다. 그밖에 또 다른 의원, 누가 계신가요? (청중 누군가 "강기정"이라고 대답) 강기정 의원요?(여기저기서 비웃는 소리) 허참, 왜 호남에서 호남 정치가 꽃을 피우지 못하는 걸까요? 광주는 민주화의 성지이자 민주주의의 성지입니다. 우리가 이만큼이나마 자유를 누릴 수 있게 해준 곳이죠. 그런데 왜 정치에서는 광주가 늘 변방에 있어야 하는 걸까요? 왜 민주당의 틀에 갇혀 아무런 역할을 하지 못하고 있는 걸까요?

함세웅 주 기자님이 한번 말씀해보세요.

주진우 제가요? 어려운 건 신부님이 답하기로 하셨잖아요(청중 웃음).

함세웅 제가 정치평론가가 아니니 뭐라 말씀드리기가 그러네요. 다만 오늘 주제가 신념이잖아요. 교회에서는 신앙이라고 합니다. 그건 그냥 믿는다, 따른다는 뜻이 아니에요. 자기가 믿는 신념, 신앙, 믿음을 실천하는 겁니다. 가톨릭 신자라면 예수님의 삶을 묵상하고 그분이 사셨던 삶, 그분이 우리에게 남긴 성서의 말씀을 실천하면서 예수님을 닮아가는 겁니다. 십자가를 지고 골고다 언덕을 오르는 것이 신앙인 거죠. 마찬가지로 같은 시대를 사는 공동체 구성원이라면 시대의 징표, 미래지향적 가치를 실천하기 위해 같이 그 길을 가는 것이 공동체 구성원으로서의 삶입니다.

그런 면에서 김대중 대통령이 나름대로 평가를 받는 건 1960년대 정치에 입문해서 2000년대 후반 돌아가실 때까지 원칙을 갖고 사셨기 때문입니다. 시대의 요구에 응답한 정치인이자 신앙인이자 한 사람의 시민이었다 할까요. 개인적으로도 그분은 몇 번씩 사선을 넘으셨어요. 물질적·권력적 유혹을 받았지만 거기에 넘어가지도 않았고요. 남북 일치와 화합을 위해 살았던 그 점 또한 모두가 높이 평가합니다. 그런데 왜 이분과 같은 정치인이 이 지역에서 나오지 않는 걸까, 이 점이 늘 아쉬운 대목인데요. 사실 돌이켜보면 노무현 대통령도 아쉬운 점이 많습니다. 그분이 대통령이 되자마자 대북송금 특검을 받아들였잖아요. 그걸 받아들이지 않고 북한과의 일치 운동을 밀고 나갔으면 남북관계가 훨씬 진전됐을 텐데…… 3~4년 시간을 놓쳐버린 거예요. 허비해 버린 거죠. 그러면서 전직 대통령을 비롯해 그 주변 정치인들과도 사이가 많이 나빠졌고요. 그래서 저는 광주에 올 때마다 김대중에게 매몰되지 말고 노무현에게 매몰되지 말라, 김대중과 노무현을 넘어서는 제3의 가치를 창출하라는 얘기를 많이 합니다. 수소 원자(H)와 산소 원자(O)가 만나 물(H_2O)을 만들기도 하지만, 어떻게 결합하느냐에 따라 완전히 다른 걸 만들어낼 수도 있잖아요. 그렇듯 김대중의 가치, 노무현의 가치를 능가하는 제3의 새로운 민족적 가치를 만들어내야 합니다.

그런데 지금 새정치연합 정치인들은 친김대중·친노무현 이 틀에 머물러 있으려고만 해요. 이게 그 사람들의 한계라고 봅니다. 지난번에 문재인 후보가 대통령선거에 나왔을 때도 저는 이렇게 조언했어요. "여러분, 김대중·노무현 얘기만 하지 마십시오. 새정치연합의 뿌리를 찾아가자면 자유당 때 이승만과 싸웠던 신익희, '못살겠다 갈아보자'고 외쳤던 그 신익희 선생의 정신, 또는 당시 부통령 후보 장면 선생의 정신으로 거슬러 올라가야 합니다. 그뿐 아네요. 이걸 훨씬 더 넘어서서 여운형, 김구, 안중근 의사의 정신, 항일 독립투사들의 정신까지 거슬러 올라가야 합니다. 여기에 민주당의 존재 의의가 있습니다. 그러니 이걸 되새겨야지 맨날 김대중·노무현만 찾아서야 정치가 되겠습니까?"

이런 메시지를 전달해봐야 현 정치인들은 수준이 너무 낮습니다. 지금, 여기만 생각하는 거예요. 과거 훌륭하신 분들의 뿌리를 찾아 올라가 10년, 50년, 100년 뒤를 바라볼 수 있는 그런 눈을 갖고 정치를 펼쳐야 하는데 전부 이기적이고 지역적인 탐욕에 매몰되어 있습니다. 이걸 깨는 것이 급선무예요. 저는 야당 정치인들이 이런 정신을 가져야 한다고 호소하고 싶습니다(청중 박수).

불의한 권력에 맞서다 끌려가다

주진우 국민은 제 수준에 맞는 지도자를 갖게 된다고 하죠. 미국 국민들한테는 오바마를 가질 자격이 있었던 거고요. 안타깝지만 우리 수준은 아직 박근혜인 거겠죠. 그래도 이곳 광주만은, 호남만은 좀 더 나은 정치 지도자를 가져야 하지 않느냐는 안타까움에서 이런 질문도 던져본 겁니다.

함세웅 이 자리에 계신 분들 모두가 광주와 호남을 대표하는 정치 후보생들입니다.

주진우 네, 그렇죠. 여기 계신 분들은 모두 박주선·권은희보다는 훨씬 나을 겁니다(청중 웃음). 제가 두 분 정치인을 무시하려는 건 아니고요, 냉정하게 봤을 때 그렇다는 겁니다.

함세웅 정치인 이름은 너무 많이 거론하지 마세요(웃음).

주진우 신부님이야말로 조심하세요. 대통령한테 '그 여인' 이런 식으로 말씀하시면 위험해요(청중 웃음). 그런데 신부님, 광주에는 얼마 만에 오신 거예요?

함세웅 한 석 달?

주진우 석 달 전에 무슨 일이 있으셨어요?

함세웅 여기 전교조 선생님들하고 우리 시대를 고민하며 함께 대화를 나눈 적이 있어요. 광주에 자주 와요.

주진우 그렇군요. 강연도 오고 다른 일로도 자주 오시는 모양이군요. 그런데 광주에 처음 온 게 광주교도소 수감되면서였다고 하셨잖아요. 그때 광주교도소는 다른 교도소하고 좀 달랐나요?

함세웅 네, 많이 달랐어요.

주진우 어떻게 달랐나요?

함세웅 뭐랄까, 아주 무서웠어요(웃음). 제가 있었던 광주교도소는 얼마 전에 없어졌더라고요.[46] 그 교도소에는 특별 사동이 따로 있었는데, 밤 12시만 되면 교도관이 와서 인원 점검을 했어요. 그런데 교도소 문이 철문이다 보니 교도관이 문을 따고 들어올 때 '끼익' 소리를 내며 문이 열리는 거예요. 그러면 일단 잠이 다 깨요. 그러고 나면 교도관이 감방을 돌면서 쇠창살 사이로 전짓불을 켜 죄수 눈에 비춰요. 이때 사람이 (눈이 부셔 어쩔 줄 모르는 흉내를 내며) 이렇게 꿈틀해야지 그다음 방으로 건너가는 거예요. 아마 죽었나 살았나 확인하는 거였나 봐요. 그렇게 몇 번을 당하고

---

46 1971년부터 광주 북구 문흥동에 있었던 광주교도소는 2015년 10월 삼각동으로 이전했다.

나니 '이 사람들 좀 봐라' 싶더라고요. 그래서 하루는 내가 전짓불을 비추는데도 움직이지 않고 그냥 가만히 있었어요. 그랬더니 교도관이 "어이, 이봐! 이봐!" 하고 소리를 지르더라고요. 그래도 가만히 있었더니 문을 두드리고 소리를 지르고 난리가 났어요. 개별 감방문은 그냥 열 수가 없으니까 보안과에 전화를 해서 열쇠도 가져왔죠. 그렇게 되기까지 한 10분은 걸렸을 거예요. 열쇠로 문을 연 교도관이 방에 들어와 저를 막 흔들었어요.

주진우 죽은 줄 알았겠네요.

함세웅 아마 그랬겠죠. 그래서 그때 제가 눈을 번쩍 뜨고 소리소리 질렀어요. 그땐 욕도 좀 했습니다. "어떤 새끼야!" 하면서요(청중 폭소). 아주 고래고래 소릴 질렀죠. "이건 고문이다! 잠자는 사람 잠도 못 자게 하냐!!" 그랬더니 그 교도관이 "뭐 이런 미친놈이 있나" 하면서 그냥 갔어요. 그 며칠 뒤 제가 소장 면담을 요청해서 정식으로 항의했어요. "아니, 대법원 판결문에 잠자는 사람한테 12시에 전짓불로 눈 비춰 깨우라는 내용이 있습니까? 이건 인권 침해입니다. 고치시오." 그 결과 이런 점호가 그 뒤로는 없어졌습니다. 당시 특별 사동에 계셨던 분이 70명 정도였는데, 그중 절반은 한국전쟁 때 잡혀온 간첩들이셨어요. 개중엔 팔다리가 잘린 분도 계셨죠. 그런 분들이 0.8평 독방에 갇혀 계셨던 거예요. 나머지 절반은 저처럼 긴급조치를 위반한 성직자나 학생들이었죠. 당시 유인태 의원도 민청학련 사건으로 들어와 광주교도소에 계셨고요. 그런데 이분들이 너무 싸움을 못 하시더라고요. 그래서 제가 싸움을 좀 벌여 광주교도소를 변화시킨, 그런 행적이 좀 있죠(청중 웃음).

주진우 그렇잖아도 유인태 의원이 말씀하시더라고요. 신부님이 정말 싸움꾼이었다고요.

함세웅 그분은 그때 저를 처음 봐서 그래요. 감옥에서의 첫인상 때문에 제가 대단한 싸움꾼인 줄 아시죠(웃음).

주진우 심지어 난폭하셨다고(청중 폭소).

함세웅 그러게 첫인상이 무서운 것 같아요. 제가 본래 온순하고 말 잘 듣고 법도 잘 지키는 사람인데 말이에요(웃음).

주진우 감옥뿐만이 아니죠. 사실 당시 중정은 지금 국정원과는 차원이 다를 정도로 공포의 대상이었는데요. 신부님처럼 온순하게 자란 분에게 그런 불의한 권력에 대들 용기와 배짱이 어떻게 생겨난 건가요?

함세웅 그건 용기나 배짱 때문이 아니고요. 제가 아까 말씀드린 신앙이지요. 그리스도의 제자, 예수님의 삶을 현재에 실천하는 그런 삶을 사는 것뿐이에요. 특히 기억에 남는 건 1973년 제가 유학을 갔다가 귀국했는데, 당시 몇몇 목사님들이 재판을 받고 계셨어요. 제가 유학을 가 있을 때도 1967~1968년 스페인 바스크 지역에서 독립운동을 하다 체포돼 사형을 언도받는 신부님들을 봤어요. 그때도 '저분들이 참 대단한 분들이구나' 하고 생각했었죠. 그런데 한국에 왔더니 우리한테도 그런 목사님들이 계셨던 거예요. 깜짝 놀랐죠. 그 이듬해인 1974년에는 긴급조치 1, 2, 3, 4호가 잇달아 발동되면서 학생 200명 이상이 구속되고 우리 지학순 주교님도 구속되셨죠. 그런 상황이 되면서 우리가 현장에 뛰어들게 되었는데, 주 기자님 말씀대로 당시는 중앙정보부가 정말 공포의 대상일 때였어요. 제가 그해 8월 말 중정에 처음 가게 되었죠. 한여름이었는데도 선배 신부님들의 충고를 따라 내복을 입고 갔어요.

주진우 8월인데 내복을 입으셨다고요?

함세웅 네, 선배 신부님들이 혹시나 매를 맞더라도 좀 덜 아프게 맞으려면 준비를 하고 가야 한다고 하시더라고요(웃음). 그래서 그분들 말씀에 따라 내복을 입고 갔는데, 다행히 처음에는 저를 수사실로 끌고 가지 않고 식당으로 데려갔어요. 에어컨이 나오는 식당이었어요. 거기서 점심을 먹이면서 이 사람들이 협박을 하더라고요. "신부님, 저 사람들은요, 5·16 때 강 건너면서 목숨을 건 사람들이에요" 하면서요. 그러니까, 박정희를 이런 식으로 표현하면서 왜 그런 사람들한테 대드느냐고 저를 윽박지른 거죠. 그래서 저도 이렇게 말했어요. 어린 나이였지만 저도 신부니까요. "네, 그러시겠죠. 그런데 저희들도 예수님의 십자가 죽음을 늘 묵상하고 순교자들의 삶을 되새기는 교육을 받아온 신학생들이자 사제들입니다. 정의를 위해서는 목숨을 걸 수 있습니다."

주진우 그렇게 식당에서 밥만 먹고 끝났다고요?

함세웅 네, 그때는 아마 우리를 살폈던 것 같습니다. 어떤 사람들인가 떠보려 했던 거겠죠. 어쨌든 그런 대화를 주고받은 게 중정에서의 첫 기억이었는데, 그로부터 몇 달 뒤 진짜 수사를 받으러 중정에 끌려가게 됐죠. 그때는 정말 두려웠어요.

주진우 그때도 내복을 입고 가셨어요?

함세웅 그때는 겨울이었으니 당연히 내복을 입고 가지 않았을까요? 어쨌거나 처음엔 두려움이 많았는데, 그렇게 두려움을 느낄 때 저희가 하느님께 드리는 기도가 있습니다. 저희들 용어로 '화살기도'라고 하는데 하느님께 가장 빨리 도달하는 기도라는 뜻이에요. 바로 그 화살기도를 간절하게 드렸죠. "하느님, 도와주십시오. 용기를 주십시오. 함께해주십시오. 제 신념을 굽히지 않게 해주십시오."

당시 중앙정보부가 신부들을 무리하게 고문하거나 하진 않았어요. 우리가 그 시절에 다른 사람들이 고문 받은 사실을 폭로하고 이에 항거하는 활동을 하고 있었으니까요. 그러니 중정 쪽에서 오히려 "아니, 우리가 언제 고문을 했나요? 나가서 고문당했다고 말씀하실 건가요?" 하는 식으로 나왔죠. 일종의 위장 작전이랄까요. 그렇게 저희는 앞서 고생하신 분들 덕분에 전기고문이라든가 물고문 같은 건 당하지 않고 넘어갈 수 있었습니다. 대신 밤잠을 못 잔다거나 모욕을 당하는 일은 있었죠. 하지만 이렇게 끌려다니면서도 '지금이야말로 성서에 나오는 순교자들, 예언자들, 또 우리의 순국선열들을 새롭게 만날 수 있는 기회다'라는 다짐을 스스로에게 일깨우곤 했습니다. 덕분에 두렵고 힘든 나날을 이겨낼 수 있었던 것 같습니다. 그러니까 신념이나 용기 때문이라기보다는 내면적으로 점점 굳어가는 내용들이 있었던 것 같아요. 또 실제로 수사를 받다 보면 수사관 중에서 내면적으로 우리를 도와주는 분들이 계십니다. 하느님은 그런 분들을 통해 우리에게 힘을 주셨던 거예요. 교도관이나 경찰 중에서는 이처럼 내면적으로 도와주는 분들이 많이 계십니다.

주진우 가슴에 정의를 품고 있는 교도관이 한 명 정도 있을지는 모르겠습니다만 나머지 아흔아홉 명은 아닙니다. 정봉주 의원이라고 아시죠? 〈나꼼수〉에서 함께 활동했던 멤버요. 그분이 구속돼서 저와 김어준이 서울구치소로 면회를 갔는데, 면회를 안 시켜주더라고요. 그래서 제가 구치소장한테 막 따졌어요. 김어준은 이런 때는 안 나서요. 중요할 땐 항상 뒤에 있어요(청중 웃음). 그래서 결국엔 제가 욕하고 따지고 막 그랬죠. "당신들 규정대로 한 거맞느냐? 위에서 뭐 지시받은 거 있느냐?" 그랬더니 구치소 서무과 누나 한 분이 저한테 와서 조용히 이렇게 얘기하시더라고요. "아니, 여기서 이렇게 싸우시면 어떡해요? 여기 올 확률이 제일 높은 분이"(청중 폭소). 그래도 제가 기자잖습니까. 그래서 탐사보도를 열심히 해서 그 구치소장의 오른팔을 구속시켰어요(청중 박수). 박수 치실 일이 아네요. 저는 감옥에 가면 거의 죽습니다. 그러니 절대 안 돼요(청중 폭소).

함세웅 이럴 때 주 기자님이 감옥에 가서 돌아가시면 쪽말교가 잘될 겁니다. 하하하.

주진우 아니, 감옥 가는 것도 싫은데 죽기까지 하라고요? 전 그런거 절대 싫어요(청중 폭소).

함세웅 저랑 같이 가시면 돼요.

주진우 신부님께 이런 말 하긴 그렇지만 저는 가족도 있어요. 그러니 저한테 자꾸 안중근이 되라고 하진 말아주세요(청중 웃음).

한국에서 가톨릭이 국민들한테 지지를 받고 사랑을 받게 된 데는 신부님을 비롯해 몇몇 의로운 신부님들, 천주교정의구현전국사제단 신부님들이 큰 역할을 하셨습니다. 그런데 이런 신부님들은 소수고 신부님 동창인 박홍 신부님을 비롯해 입만 열면 빨갱이 타령만 하는 신부님들도 참 많죠. 정진석·염수정 추기경님도 좀 그렇고요. 수많은 주교님들이나 대구교구의 정치적인 신부님들을 보면 가톨릭에 회의가 들기도 합니다.

목숨 바쳐 신념을 지키는 것이 곧 사랑

함세웅 중세 가톨릭도 원래는 독재였습니다. 사람들을 막 죽이고 부정부패도 심하고 마녀사냥도 하고 그랬죠. 그러다 깨끗해지는 거죠. 더러웠다 깨끗해졌다 하는 게 세상사입니다.

주진우 콜럼버스가 아메리카 대륙을 정복할 때 이야기가 생각나네요. 그때 콜럼버스가 한 손에는 총, 한 손에는 십자가를 들고 갔습니다. 신부 한 명을 앞장세우고요. 그 뒤 스페인의 정복자 프란시스코 피사로는 잉카 제국의 마지막 황제였던 아타우알파(1497~1553)한테 가서 그러죠. "이 땅의 모든 것은 하느님 것이고,

모든 진리 또한 하느님에게 속해 있다." 그러면서 황제에게 십자가와 성경을 전해줍니다. 진리라고요. 그러니까 황제가 "그런 말이 어디 있느냐. 난 안 들린다"라면서 성경을 던져버렸어요. 이걸 보고 신성모독이라면서 매복했던 스페인군이 공격을 시작해 잉카인들을 섬멸하죠. 그때 맨 앞에 서 있던 사람이 신부였어요. 비센테 데 발베르데라는 정복자는 살인자였어요. 그래서 종교가 필요했어요. 어릴 적 그런 내용을 읽으면서 종교에 대해 깊은 회의가 들더라고요.

가까이만 봐도 그래요. 갈 곳 없는 노동자가 해고를 당했어요. 감옥에도 다녀왔어요. 그런 이가 노동법을 개악해서는 안 된다고 집회를 열었는데 갑자기 폭력을 사주한 폭도의 우두머리가 돼버렸어요. 그래서 조계사로 피신 갔는데 스님들이 자꾸 빨리 나가라고만 하고…… 물론 조정하려고 애쓴 스님들도 계셨겠죠. 하지만 어떻게든 내몰려는 스님들이 없었다면 신도들이 와서 그렇게 사람을 막 끌어내려 했겠어요? 그 과정에서 한상균 위원장이 옷을 벗고 버텼다, 라는 식의 얘기가 나오는 걸 보고 정말 안타까웠어요. 아니, 갈 곳 없는 사람이라서 절을 찾아간 건데…… 종교가 가장 어렵고 힘든 사람을 품어주지 않고 그냥 내친다? 그게 너무 안타까웠어요.

함세웅 가톨릭교회가 한국에 들어온 게 지금으로부터 200년 전쯤이었어요. 당시엔 성리학이 조선을 지배하고 있었죠. 그런데 영조·정조를 거치면서 당대 정치 상황에 한계를 느끼고 세상을 개혁해야겠다고 생각한 지식인들이 서학, 그러니까 천주교를 만나게 됐던 겁니다. 그렇게 천주교를 접하고 보니 그 안에 만민평등 내지 인간의 존엄처럼 성리학을 뛰어넘는 내용들이 다 들어 있는 거예요. 이에 남인 학자를 중심으로 천주교가 이 땅에 뿌리를 내리게 됩니다. 천주교가 전래된 초기에 제사 문제로 갈등이 불거지긴 했습니다만 사실 제사 문제는 부차적이었어요. 핵심은 만민평등 사상이었죠.

그런데 당시 세례를 받은 사람 중 하나가 다산 정약용입니다. 정약용은 세례를 받고 요한이라는 세례명도 받았죠. 그런데 나중에 제사 문제 등을 둘러싸고 갈등이 생기니까 천주교를 떠납니다. 덕분에 강진에서 18년간 유배 생활을 하긴 했지만 목숨을 건질 수 있었죠. 반면 집안은 풍비박산이 납니다. 당시 천주교를 믿었다가는 오늘날 국가보안법을 위반한 것과 똑같이 국사범으로 처단당했으니까요. 이로 인해 큰형인 정약전은 흑산도로 유배를 갔고, 정약용의 바로 위 형인 정약종은 순교자가 됩니다. 정약종의 아들인 정하상도 순교했습니다. 그런데 정약용이 이런 얘기를 한 줄도 안 써요. 자기 형 얘기도 안 쓰고, 천주교 얘기도 안 씁니다. 흑산도에 간 정약전과는 편지를 주고받았지만 천주교 신자로 순교한 정약종 얘기는 일절 안 한 겁니다.

제가 박석무 선생님(다산연구소 소장)하고 민주화운동기념사업회에서 일을 함께 했는데요. 정약용을 놓고 조금 논쟁을 벌였습니다. 그분은 누가 뭐래도 정약용이 으뜸이에요. 자나 깨나 정약용 선생님이죠. 반면 저는 정약용이 처음에 선택한 천주교를 떠난 만큼 신의에 문제가 있는 사람이라고 이의를 제기하곤 했습니다. 그래도 박석무 선생님 덕분에 제가 정약용 사상을 더 깊이 깨닫게 된 측면은 있어요.

그런데 한번은 이분이 100여 명의 젊은이들 앞에서 다산 정약용에 대한 강의를 하게 됐다고 해요. 이날도 이분이 정치인으로서의 정약용의 훌륭한 면모, 〈목민심서〉의 사상 등에 대해 두어 시간 동안 열심히 설명을 하셨대요. 강의 뒤 독후감을 쓰게 했더니 100명 중 95명 정도가 정약용에 대해서는 아무런 언급을 하지 않고 신앙 때문에 목숨을 바친 정약종이 훌륭하다고 썼다는 거예요. 이날 그분이 저한테 와서 "저는 정약용 사상을 강의하면서 덤으로 형을 언급한 건데, 그 형을 존경한다는 대답이 95%가 나왔어요"라고 놀라워하시기에 제가 그랬죠. "거봐요, 선생님. 목숨을 바쳐야 해요"(청중 웃음). 그래요. 목숨을 바쳐야 합니다. 그래야 평가받습니다. 정약용이 학자로선 훌륭할지 몰라도 살아남으셨잖아요(청중 웃음).

주진우 그런데 왜 갑자기 이 얘기를 하시는 건가요? 저 들으라는 얘기죠?

함세웅 오늘 주제가 신념이어서 말씀드리는 거예요.

주진우 아니, 신념은 좋은데 왜 자꾸 순교를 하라고 그러시는 거예요(청중 웃음).

함세웅 제가 신혼부부들 혼인교리할 때도 똑같이 이 내용을 얘기

262

해요.

주진우 맘에 안 들면 순교하라고요?(청중 폭소)

함세웅 하하, 그게 아니고요. 현재 가톨릭에서는 결혼한 분들을 상대로 4시간 정도 혼인교리를 하고 있습니다. 성당에 다니지 않는 분들도 가톨릭 신자를 짝으로 만나면 같이 혼인교리를 하셔야 해요. 그런데 요즘 젊은 분들이 혼인교리 하면 좀 싫어하십니다. 이게 좀 재미가 없거든요. 혼인의 원칙 얘기하고, 기성 부부가 자기 체험 들려주고, 생명의 존엄 같은 걸 얘기하는 내용들로 돼 있으니까요.

어쨌거나 혼인교리 중 읽어주는 게 성경 「에페소서」인데, 「에페소서」 5장 22절에 이런 구절이 나와요. "아내는 남편을 존경하십시오. 남편에게 순종하십시오." 순종이라니, 이 단어가 나오면 여성들이 조금 떨떠름해하십니다. 지금 시대에 여성들이 이 단어를 좋아할 리 없으니까요. 그렇다고 우리가 성경 말씀을 바꿀 수도 없고…… 대신 남성분들은 이 구절을 들으면서 굉장히 좋아합니다. 하지만 인생에 공짜가 있나요? 그다음 구절을 보면 이렇습니다. "남편은 아내를 자기 몸처럼 사랑하십시오." 결국 순종과 사랑이 한 짝이 돼야 하는 것이지요.

원래 순종이란 단어는 라틴어 오베디엔시아obedientia에서 나온 겁니다. 순종은 듣는다audise는 뜻입니다. 우리가 음악기기를 오디오 시스템이라고 하잖아요? 두 사람이 동시에 말하면 의사소통이 안 됩니다. 그러니 아내의 아름다운 덕목은 남편이 얘기할 때

귀담아듣는 것이다, 듣고 응답을 해주는 것이다, 이게 2천 년 전에 가르친 아내의 덕목이었어요. 그렇다면 아내를 위해 남편은 어떻게 해야 할까요? 제가 결혼을 앞둔 예비 남편들한테 "사랑이 뭡니까?"라고 물으면 대부분 '그걸 질문이라고 해?' 하는 표정을 지으면서 대답도 안 해요. 제가 오늘 오신 분들에게도 질문 드릴게요. 사랑이 뭐예요? (청중 조용) 고민되시죠? 그렇다면 사랑의 모체는 누굴까요? 어머니죠. 우리가 어버이날 부모님 가슴에 꽃을 꽂아드리면서, 어버이날 노래를 부르면 가슴이 찡해지잖아요. 부모님들은 자식을 위해 헌신합니다. 언제든 목숨을 바치는 건 아니겠지만, 자녀들이 위기에 빠질 때마다 자기 몸을 던지면서 자녀들을 구합니다. 남편이 아내를 자기 몸처럼 사랑하라는 건, 그런 부모의 사랑을 남편이 아내에 대해 지녀야 한다는 것이에요. 아내를 위해서는 목숨을 바칠 수 있는 남편이 돼야 한다는 것이지요. 주기자님도 아내를 위해 목숨을 바치겠다고 약속하셨죠?

주진우 저는 그런 약속을 한 일이 없는데요.

함세웅 결혼은 그 자체가 그런 약속입니다.

주진우 어우, 그건 몰랐죠. 알았으면 안 했죠.

함세웅 아내가 위기에 빠졌을 때 아내를 버리고 도망가실 건가요? 아니면 아내를 구하기 위해 목숨을 바치실 건가요?

주진우 당연히 목숨을 바쳐야죠.

함세웅 봐요, 이렇게 진심이 나오잖아요. 가족을 위해서는, 부부를 위해서는, 나아가 시대를 바꾸기 위해서는 이런 헌신성이 있어야

264

한다는 겁니다. 가정 또한 이런 순종과 사랑이 상호작용을 할 때 아름다운 가정이 이뤄집니다. 그런데 오늘날 우리 현대 가정은 이혼율이 40%가량 된다고 하잖아요. 이건 책임감이 결여되어 그렇습니다.

우리가 이를 정치에도 그대로 대입할 수 있어요. 박근혜의 경우 후보 때 공약한 걸 지키지 않습니다. 다 거짓말이었죠. 자격 상실입니다. 그 자체로 대통령 결격 사유예요. 유럽 같았으면 탄핵을 받아도 열 번 이상 받았을 겁니다. 그런데도 권력을 남용하고 있으니 기가 막히지요. 그래서 우리가 오늘 신념을 주제로 얘기하고 있는 겁니다. 박근혜를 넘어 미래를 창출할 새로운 기틀을 형성하기 위해서요. 신념을 갖고 있는 광주시민, 호남 시민이 건재하는 한 야당 정치인도 뉘우치고 대통령도 회개하면서 민족화합을 이루는 아름다운 공동체가 꼭 이뤄지리라 확신합니다(청중 박수).

나라의 주인은 권력자가 아니라 국민이다

주진우 오늘이 신부님의 현대사 강의 마지막 시간입니다. 시간이 얼마 남지 않았습니다. 제게는 참 소중한 시간입니다. 저도 신부님 얘기 들으려고 이렇게 강연을 시작했어요. 혼자 듣기 아까워서 여러분도 함께 들으시라고요. 그간 '역사' '정치' '민주' '통일'에 대해 얘기를 나눴고, 오늘 주제는 '신념'입니다. 가능하다면 이 강연 내용과 신부님과의 추억을 엮어서 책으로 만들려 합니다.

자, 오늘 오신 분들께 질문 몇 개 받겠습니다. 먼저 콘서트가 시작되기 전 여러분이 포스트잇에 적어주신 질문부터 읽어볼게요. "주진우 기자님은 세례명이 뭔가요?"라는 질문이 있군요. 제 세례명은 루카입니다. 세례명은 있는데 세례는 받지 않았어요(청중 웃음).

이런 질문도 있네요. "MB는 구속되는 거죠?" 아뇨. 구속되지 않습니다. 박근혜 대통령은 아무도 두려워하지 않습니다. 어떤 개인도, 진영도 신경 쓰지 않습니다. 오직 한 사람, 이명박한테는 꼼짝을 못 합니다. 대선 때 그분이 뭔가 역할을 했겠죠. 강 파서 번 돈도 많았으니까. 하지만 만일 시민들이 깨어나 박근혜 대통령 지지율이 곤두박질치고 계속해서 궁지에 몰리게 되면 박 대통령이 이명박부터 구속할 겁니다. 하지만 지지율이 견고한 상황에서는 MB가 구속될 가능성이 없습니다. 변수가 하나 있습니다. 제가 이명박의 뒤를 줄기차게 밟고 있습니다. 성과도 있습니다. 취재가 잘된다면 이명박은 바로 구속입니다.

다음 질문으로 넘어갈게요. "신부님, 우리가 있는 자리에서 할 수 있는 건 뭘까요?" 비슷한 질문이 부산, 대구, 대전에서도 나왔는데요. 광주시민들은 더 이상 뭘 하시지 않아도 돼요. 그냥 잘사시면 됩니다. 여성분들은 지금처럼 미모 관리 좀 해주시고(청중 웃음), 남성분들은 여성분들을 위해 더 열심히 노력하면서 그렇게 행복하게 잘살아가면 됩니다. 그렇게 한 뼘 한 뼘씩 자기 자리에서 성장해 더 좋은 자리에 가게 되면 좋죠. 좋은 분들이 좋은 자리에서 좋은 역할을 하게 된다면 그건 사회에 굉장한 보탬이 될 테니까요. 우리 사회가 앞으로 나아가는 데도 도움이 될 것입니다. 그렇게 행복하게 잘 지내다가 선거철에 제 역할을 하시면 됩니다. 그날은 주인 노릇을 잘해야죠. 본래 대한민국의 주인은 국민인데, 지금은 그렇지가 않습니다. 박근혜가 주인이에요. '내 나라에서 나의 백성들이 왜 나를 싫어해?' 이런 식이죠. '난 나라를 위해 사는데, 나라하고 결혼도 했는데 날 싫어해? 그럼 빨갱이지' 하면서요. 그러니 선거일에는 제대로 주인이 되자는 겁니다. 다만 이날은 내가 잘하는 것만으로는 부족합니다. 주변을 둘러보셔야 해요. 그래서 누군가가 아무 생각도 없이 박근혜만 좋아한다, 그러면 어떻게든 이 사람을 일깨워주셔야죠. 신부님은 이 질문에 대해 어떻게 생각하세요?

함세웅 음, 저는 이렇게 답하고 싶어요. 저희가 신학교 생활을 하면서 사제 준비를 할 때 가끔 신부님들이 질문을 하십니다. "한 시간 뒤 지구에 종말이 온다면, 그 한 시간을 어떻게 보내겠느냐?" 그러면 어떤 학생은 "난 성당에 가서 기도하겠습니다. 남은 시간을 잘 준비해서 종말을 맞겠습니다" 합니다. 또 어떤 학생은 "오늘 제가 학교에 올 때 부모님께 인사를 못 드리고 왔으니 빨리 집에 가서 부모님께 마지막 인사를 올리겠습니다" "어제 친구들하고 좀 다퉜는데 화해를 못 했어요. 빨리 고백성사를 보고 화해를 하겠습니다"라고 해요. 그런가 하면 "어제까지 제출해야 할 숙제를 못 냈으니 빨리 한 시간 동안 숙제를 마치고 종말을 맞겠습니다"

하는 학생도 있었습니다.

주진우 정말 그런 사람이 있었어요?

함세웅 네, 있었어요. 그런데 신부님 말씀으로는 알로이시오라는 청년이 이 질문에 이렇게 대답했대요. "저는 여기서 놀겠습니다." 어렸을 적 이 얘길 처음 듣고는 '어떻게 종말을 한 시간 앞두고 놀겠다는 거지?' 싶었어요. 그런데 신부님께서 이렇게 해석을 해주시는 겁니다. "이 친구는 그때그때 할 일을 다 했기 때문에 지금이 노는 시간입니다." 그러니 한 시간 뒤에 지구가 종말할지라도 지금 놀겠다는 거죠. 그 말씀으로 우리에게 '항상 그때 해야 할 일은 그때 다 해야 한다'라는 교훈을 주셨습니다. 그러고 보면 사제가 되면서 우리가 늘 배운 게 종말론적인 자세를 지녀야 한다는 것이었습니다. 종말이라는 게 세상이 끝장난다는 의미도 있지만, 완성된다는 의미도 있어요. 예를 들어 제가 오늘 광주에서 좋은 분들과 이렇게 대화 모임을 가졌는데, 이게 내 생애 마지막 대화와 강의였다고 쳐요. 그럼 제가 혼신의 열정을 쏟아야겠죠. 교수에게 가장 아름다운 죽음은 강의하다 팍 쓰러져 죽는 거라 하잖아요. 신부에게 가장 아름다운 죽음은 미사 봉헌하다 팍 쓰러져 죽는 거죠. 이처럼 지금 내가 하는 일을 처음이자 마지막인 양 생각하면서 정성을 쏟아야 한다는 얘길 드리고 싶었습니다.

주진우 다음 질문 내용은 이렇습니다. "신부님, 스트레스 해소는 어떻게 하시나요?"

함세웅 저는 스트레스가 없어요. 잘 잊어버리는 편이에요. 저희는 아침에 일어나면 기도부터 하잖아요. 그렇게 미사를 드리는 것 자체가 스트레스 해소가 돼요. 왜냐하면 미사 시작하면 먼저 반성을 하거든요. 일종의 자기성찰이죠. 그러면서 내가 좋아하는 삶을 떠올리고 기도를 올리는 거예요. 성경 말씀을 읽고 듣고 묵상하고, 또 예수님의 죽음과 부활을 되새기면서 기도를 올리고 하는 거죠.

제가 인권의학연구소에서 (이사장으로) 일하고 있는데, 그곳에서 고문당하신 분들을 위한 치유 프로그램을 진행하곤 해요. 거기서 강의를 맡은 심리학자나 정신과 의사분들이 교육하는 방법을 제가 잘 지켜봤어요. 이분들은 첫 시간에 일단 고통을 안고 사는 분들의 마음을 편안하게 해드려요. "편안한 마음을 가지세요" 하면서 일단은 이완시켜요. 그러면서 그간 살아온 이야기를 나누고 부모님이나 친구나 곁에 있는 동료들을 떠올리게끔 해요. 감사와 집중과 이완, 이게 치유의 핵심이라는 겁니다. 그걸 보면서 제가 의사 선생님께 여쭤봤어요. "선생님, 저는 이런 프로그램에 참여할 때 몰입이 잘 안 되네요. 누가 최면을 걸 때도 전 최면이 잘 안 걸려요." 의사 선생님이 웃으시면서 "신부님은 신앙인이라서 삶 자체가 감사와 집중, 이완 속에 놓여 있기 때문에 아마 최면이 잘 안 걸리는 것 같습니다"라고 하더군요.

가톨릭에서는 묵주기도라는 걸 바쳐요. 예수님의 삶을 예수님의 어머니인 성모님과 함께 연계해 바치는 기도예요. 불교에서는 또 염주를 사용하죠. 똑같은 구슬을 돌리면서 기도할 때, 이렇게 반복되는 기도 속에서 나도 모르는 사이에 집중이 되면서 이완이 된다는 거예요. 그래서 고등종교 신앙은 그 신앙 자체로 우리의 고통이나 스트레스를 풀어주기도 하고, 또 집중을 통해 문제를 해결해주기도 하는 듯합니다. 여기서 가장 중요한 게 자기성찰과 자기반성이에요. 다음으로 중요한 게 내가 할 일에 대한 다짐 내지는 내가 어렸을 적 부모님이나 스승께 배웠던 좋은 가르침, 이런 걸 기억하고 되새기는 거죠. 초심도 좋고, 신앙의 첫 체험 내지는 첫사랑의 기억도 좋습니다. 그런 아름다운 체험을 기억하고 되새기면서 과거를 현실화하고, 나아가 지금의 현실을 미래로 이끌어 미래를 앞당겨 사는 거예요.

우리가 비록 2015년 어려운 시기를 살고 있지만, 2050년대에는 박근혜가 끝장이 나 있을 게 분명합니다. 그러니 미래를 내다보면서 현실의 어려움을 극복해야 합니다. 제가 감옥에 있을 때나 힘들었을 때도 늘 그랬어요. '내가 나중에 감옥에서 나가면 이 감옥 생활을 주제로 어떤 얘기를 할까' 이런 생각으로 주변을 관찰하다 보면 감옥 생활도 즐거웠어요. 저는 제가 배운 신학과 신앙으로 설명을 드렸습니다만, 여러분은 각자 미래를 선취하는 삶에 응용하며 살아갔으면 좋겠습니다(청중 박수).

주진우 다음 질문입니다. "기자님은 요즘 어떤 꿈을 꾸시나요?" 전 요새는 꿈을 꾸지 않아요. 꿈을 꾸면 무조건 야한 꿈을 꿉니다(청중 웃음). 〈힐링캠프〉 통편집 건은 어떻게 된 거냐고 질문하신 분들도 많네요. 음, 제가 〈힐링캠프〉라고 김제동 씨가 진행하는 예능 프로그램에 방청객으로 나갔던 게 지난 10월입니다. 가수 이승환 형이 주인공이었어요. 이승환 형과 저 그리고 친한 친구 몇몇이 평소에 장어 먹는 모임을 꾸리고 있어요. 류승완 감독, 강풀 작가, 김제동 씨도 그 모임 멤버예요. 그래서 우리 셋이 방송국에 가 방청석에 나란히 앉아 있게 됐어요. 방송 당일은 질문도 하고 답변하면서 웃기도 하고, 아주 즐겁게 녹화를 마쳤습니다. 우리들에겐 완벽하게 아름다운 추억이었죠. 사실 녹화 전에 제가 "저는 방송에 나가지 못할 거예요"라고 얘기했었어요. 이 정권이 저를 지독하게 싫어하잖아요. 여전히 구속시키고 싶어 하고요. 그런데 프로듀서와 총괄프로듀서 모두 문제없다, 괜찮다고 하는 바람에 녹화장에 갔던 거죠. 제가 그 말을 믿지는 않았지만, 그래도 한 장면 정도는 나올 거라고 생각했어요. 방송 전에 이승환 형도 "어찌 됐든 검색어 1위는 네가 될 거야"라고 했고요(청중 웃음).

그날 녹화 중에 강풀 작가가 이런 얘기를 했어요. "우리가 강동에서 장어 먹는 모임 멤버들인데 다 잘돼서 너무 좋다. 류승완 감독의 영화 〈베테랑〉이 대박이 났고, 내 만화 〈무빙〉도 흥행했고, 이승환 형은 콘서트가 너무 잘되고 있다. 제동이 형도 방송을 잘하고 있다. 그런데 이중 제일 잘된 건 진우 형이다. 감옥에 안 갔다"(청중 폭소). 그러고 나서 이승환 형이 또 이런 얘기도 했어요. "이 땅의 정의로운 사람들이 좀 잘됐으면 좋겠다. 진우 같은 친구가 잘되고 텔레비전에도 많이 나왔으면 좋겠다. 아니, 잘 나오는 것까지는 바라지도 않고 좀 안전하기라도 했으면 좋겠다. 진우가 취재를 갈 때마다 너무 위험해 보여서, 신변이 어떻게 될까 걱정이다" 그러면서 눈물을 보이셨어요. 이 형은 정말 겉과 속이 한결같아요. 노랫말처럼 정의롭고 따뜻한 분이거든요. 연애를 못 해서 그렇지…… 결국 이 장면은 편집됐죠. 제가 나오는 모든 화면과 내용도 다 잘렸고요.

그날 제가 한 질문은 딱 하나였어요. 편집에서 다 잘릴까 봐 일부러 얘기도 많이 안 했어요. 오히려 승환이 형이 저한테 질문을 많이 했죠. 그날 제 질문이 일단 "박근혜 대통령이~"로 시작되는 것이었어요. 제가 "박근혜 대통령이~" 했더니 녹화장에 있던 사람들이 다 화들짝 놀라는 거에요(청중 폭소). 그래서 이렇게 말했죠. "박근혜 대통령이 한·중 FTA를 곧 발효시킬 것 같은데, 최근 물밀듯이 늘어나고 있는 한·중 연예인 간의 결혼에 대해서는 어떻게 생각하시는지 궁금하다"(청중 폭소). 당시 승환이 형의 전 부인이 중국 연예인하고 결혼해서 계속 뉴스에 나오는 상황이었어요. 그날 제가 했던 질문은 이게 다였습니다. 결국 안 나왔죠. 이게 우리가 살고 있는 시대의 한 단면입니다. 자기들이 싫어하는 사람, 그중에서도 특별히 박 대통령이 싫어하는 사람은 텔레비전에 나오면 안 되는 현실에 살고 있어요.

다음 질문 볼까요? "애국소년단이 기부도 한다던데, 궁금합니다." 강동에서 장어 구워먹던 5인이 있었습니다. 이승환·류승완·김제동·강풀 그리고 저. 장어를 뒤집다가 착한 일을 함께 하자고 '차카게살자'라는 재단을 만들었습니다. 서로 좋은 일 많이 하고 있습니다. 오늘 이 자리에도 저와 제동이의 애국소년단을 응원하고 도와주신 분들이 많이 오셨습니다. 1만 원으로 모금 상한선을 두었는데 많이 도와주셨습니다. 감사히 잘 쓰고 있습니다. 얼마 전에는 제가 류승완 감독하고 평택에 가서 쌍용차 해고 노동자의 아이들을 만나고 왔습니다. 운동화를 사 들고 갔었죠. 물론 류 감독이 돈을 많이 냈습니다. 그전에는 제동이와 세월호 유가족 400명에게 밥과 운동화를 대접했어요. 제가 어릴 적에 운동화를 좋아해서 운동화에 대한 로망이 있습니다. 지금은 백남기 씨에게도 도움을 드리고 있습니다. 지뢰로 발목이 잘린 장병의 병원비도 내주었습니다. 위안부 할머니들과 그분들을 돕는 분들에게도 도움을 주었습니다. 제동이와 함께 수십 차례의 무료 강연을 다녔고요. 여러분이 기부한 돈은 이렇게 잘 쓰고 있습니다. 요즘은 처음으로 '돈이 좀 많았으면 좋겠다'는 생각도 합니다. 돈이 많으면 정말 좋은 일을 많이 할 수 있겠다 싶어서요.

객석에 계신 분들의 질문도 받아보겠습니다. 광주 분들이 정치적 식견이 굉장히 높잖아요. 〈나꼼수〉가 한창일 때 광주에 왔는데 제가 화장실에서 지퍼를 내리고 있는 상황에서도 "그런데, 주기자, 이건 어떻게 생각해요?"라면서 토론을 벌이자는 남자분들이 너무 많았어요(청중 폭소). 술 한 잔만 들어가면 저한테 "문재인이 잘 못하고 있어"라면서 따지는 분들도 많고요. 토론 말고 질문을 해주셔야 합니다. 무엇이든 물어보세요.

'기울어진 운동장'이 갑을 문화의 주범

청중1 저는 천주교 신자입니다. 그런데 주변 어르신들을 보면 "신부님은 교회 안에 계셔야지 왜 바깥에서 저러느냐"고들 말씀하세요. 사람들이 알아듣기 쉽게 설명을 해주시면 좋겠습니다.

함세웅 혹시 세례명이 어떻게 되세요?

청중1 에밀리아나입니다.

함세웅 네, 반갑습니다. 우리 에밀리아나님은 지난해 프란치스코 교황이 오셨을 때 하신 말씀을 잘 들으셨어요? 그런 교황님을 두고도 '교황님은 왜 자꾸 밖에 다니면서 야단이야. 가만히 좀 있지' 하는 사람들이 있어요. 이렇게 말하는 분들이 바로 교회에 갇혀 있는 분들이에요. 저는 지금 선교를 하는 거예요. 오늘 여기 오신 분들이 종교를 택하게 되면 1순위로 어떤 종교를 선택하시겠어요? 가톨릭을 생각하실 거예요. 예수님께서 "세상에 나가라!" 그러셨잖아요. 그래서 이렇게 세상에 나와 외치는 겁니다. 교회 건물 안에 갇혀 있지 말고 세상으로 나와, 민중들과 함께 뛰는, 그런 사제가 돼야 한다, 그것이 바로 예수님의 정신이다, 이런 얘기를 하는 것이죠(청중 길게 박수).

주진우 지난 대선 때 정수재단 장학회와 관련해 박근혜 당시 새누리당 후보가 기자회견을 했어요. 그때 제가 중간에 질문을 했습니다. 물론 제게 발언권이 주어진 건 아니었어요. 〈TV조선〉에 마이크가 가는 과정에서 제가 끼어들었어요. 저는 마이크가 없는 상태여서 소리를 질러 질문했죠. 그러자 박근혜 대통령이 사실과 다른 답변을 했어요. 그래서 또 재질문과 반박을 이어서 했어요. 그런데 뒤에 있던 기자들이 "기자가 질문을 해야지 왜 토론을 벌이고 있어?" 하더라고요. 그래서 제가 한 마디 했죠. "어떤 새끼야?" 그랬더니 상대가 눈을 깔더라고요(청중 웃음).

우리가 누군가와 관계를 맺고 얘기하는 게 다 정치입니다. 그리고 생활이죠. 떼려야 뗄 수 없는 관계입니다. 그런데도 어떤 사람들은 이렇게 얘기합니다. 성직자는 교회 안에 있어야 한다고요. 그러려면 정치가 제 할 일을 제대로 해야 할 거 아녜요? 그게 아니라면 뭘 하고 있는지는 알아야죠. 세월호 아이들이 '가만히 있으라'고 해서 가만히 있다가 어떻게 됐습니까? 차라리 말을 말지, 아무 말도 안 했으면 아이들이 밖으로 나갔을 거 아녜요? 지난 12월 6일이 세월호 600일이 되는 날이었는데, 전혀 달라진 게 없습니다. 사고가 왜 났는지 밝히는 게 어떻게 경제의 발목을 잡는 일이 되는 겁니까? 그 사람들이 어떻게 반정부주의자, 반시장경제주의자가 되는 거냐고요? 말이 안 되는데도 권력자들은 여전히 우리보고 가만히 있으라고 합니다. 그런데 우리가 잘 알지 않습니까? 우리가 가만히 있으면 그들이 강 파서 돈 챙기고, 자원외교 한다고 돈 챙기고, 보톡스 맞으려고 돈 챙긴다는 것을요(청중 웃음). 그러니 가만히 있으면 안 되죠. 깨어 있어야 합니다.

청중2 최근 제가 읽은 책 중 하나가 〈개천에서 용 나면 안 된다〉(강준만 지음, 인물과사상사 펴냄)라고 '갑질 공화국의 비밀'이라는 부제가 붙어 있어요. 저도 그 책을 읽으면서 개천에서 용이 나려면 그 자리에 올라가기까지 지원해주는 수많은 사람들이 피해를 보게 된다는 데 공감했어요. 저는 그런 갑질 문화가 우리나라는 물론 다른 나라에도 존재하고, 종교계나 학계에도 존재하리라 생각합니다. 이런 갑질 문화를 어떻게 하면 없애거나 줄일 수 있을까요?

함세웅 질문하신 분이 책을 읽으면서 공감한 부분이 있다고 하셨는데, 아마 질문하면서도 속으로 생각하는 답이 있을 거 같아요. 그걸 먼저 말씀해주시겠어요?

청중2 음, 인간관계에서 갑과 을은 언제든지 바뀔 수 있다고 생각합니다. 갑이 때로 을이 될 수도 있고, 을이 때로 갑이 될 수도 있죠. 그런데 이걸 잊어버린 상태에서 항상 자기가 갑의 위치에 있을 것이라고만 생각하기에 그런 문화가 지속되는 거라는 생각이 들었습니다.

함세웅 요즘 갑을 계약관계 때문에 문제가 많이 불거지죠. 제 생각엔 좀 더 본질적으로 접근해야 할 것 같아요. 사람은 존재론적으로 이기적인 존재입니다. 탐욕적인 존재예요. 「창세기」를 보면—물론 신화에 바탕을 두고 있기는 합니다만—인간은 하느님에게 대적하기 위해 하느님이 따 먹지 말라는 과일을 따 먹었습니다. 그 결과 에덴에서 쫓겨나고 벌을 받는 한계상황에 처하게 됐죠. 이 대목에 대한 해석은 여러 가지가 있습니다. 과거에는 "여성이 잘못했으니까 여성은 남성의 지배를 받아야 한다"는 식으로 가부장적 문화의 준거가 되기도 했죠. 반면 최근의 여성학자들은 "아

니다. 에덴은 여성이 주도했던 사회다. 남성이 여성을 졸졸 따라다니다 '너도 하나 먹어' 하니까 과일을 먹었던 것이다. 곧 「창세기」 자체가 모성사회를 암시하고 있다"라고 주장합니다. 똑같은 텍스트를 놓고 이렇게 달리 해석할 수가 있는 것이죠. 그런데 「창세기」를 신학적으로 해석할 때는 하느님이 인간에게 "네가 왜 따먹었느냐?"라고 질문한 데 주목합니다. 인간이 이 질문을 받고 책임을 지기는커녕 핑계를 대죠. 아담은 "하느님께서 짝 지워준 여자가 따줬습니다" 하면서 하와를 탓하고, 하와는 "뱀이 시켰습니다" 하면서 뱀한테 핑계를 대요. 다시 말해 자기가 한 일에 대해 책임이 없는 것입니다. 자유에 대해 책임이 없는 겁니다. 이것이 원죄이고, 사악한 거죠. 제가 공부하는 원죄신학에서는 이렇게 해석합니다.

김근태 의원 장례미사 때도 제가 김근태치유센터를 만들자고 강론했습니다. 우리는 원죄를 지었기 때문에 죄인들이에요. 다만 속은 사람도 잘못이지만 죄짓게 한, 속인 사람의 죄도 커요. 그런데 그간 우리는 속인 놈에 대해서는 죄를 제대로 묻지 않았어요. 그러니 사탄에 대해서는 잘못을 물어야 한다는 겁니다. 우리 시대에도 우리를 속이는 자들이 있죠. 〈조선일보〉가 대표적입니다. 원죄를 가져온 사탄과도 같은 존재가 〈조선일보〉인 거죠. 그러니 〈조선일보〉를 박살내면 세상이 아름다워진다, 이것이 바로 원죄신학입니다(청중 박수). 우리가 갑을 문화를 극복하기 위해서는 이런 원죄를 잘라 없애야 해요. 조·중·동 셋을 다 상대하려면 힘이 드니까 일단 〈조선일보〉 하나에 대해 확실히 죄를 묻고, 그 다음에 〈동아일보〉를 손봐줘야 합니다. 그나마 〈중앙일보〉는 요즘 JTBC 때문에 좀 나으니까 살려두자고요(청중 웃음). 그다음엔 KBS, MBC 이런 식으로 차례차례 손을 보면 갑을 문화는 절로 해결될 수 있습니다. 저는 이렇게 생각합니다.

주진우 진짜 부끄러운 일이긴 합니다. 〈조선일보〉는 일본을 향해 "천황폐하 만세"를 가장 크게 외친 언론이잖아요. 독립운동가를 계속해서 '폭도' '무뢰한'이라고 지칭했고요. 한국전쟁 때 북한군이 왔을 때는 "김일성 만세"를 제일 먼저 부른 언론이 〈조선일보〉이기도 합니다.[47] 그다음에 군사정권 때는 "박정희 만세" "전두환 만세"를 불렀죠. 그러면서 김대중 대통령이 당선됐을 때는 또 얼마나 태클을 걸었습니까. 노무현 대통령은 또 얼마나 흔들어댔어요. 사실을 왜곡해서라도 계속 잡아먹으려 들었습니다. 그런 언론사가 아직 남아 있다는 게 부끄러울 따름이죠.

잘 봅시다. 광주에서 촛불집회가 일어나면 경찰이 못 나서고 폴리스라인만 친 채 시위대를 따라가죠. 그 이유가 뭘까요? 차벽을 치지 못하는 이유가. 바로 시민들이 무섭기 때문입니다. 사실

---

47 〈미디어오늘〉은 〈조선일보〉가 1950년 6월 28일자로 "인민군 서울 입성-미국 대사관 등을 완전 해방" 제하의 호외를 발행한 사실이 확인됐다고 보도했다. 〈미디어오늘〉에 따르면 이 호외는 "조선인민군대는 정의의 총검으로 서울시를 해방시켰다. 서울은 완전히 우리 조선민주주의 인민공화국의 수도로 되었으며 서울 전체 시민들의 거리로 되었다. 이제 시민들은 행복하게 살게 되었다. (중략) 반동의 소굴이었던 치욕의 도시는 이제 진정한 인민들의 거리로 되었다"라며 인민군과 김일성 편에서 북한군의 서울 입성 소식을 전하고 있으며, '조선민주주의 인민공화국 만세!' '우리 민족의 경애하는 수령인 김일성 장군 만세!'로 기사를 마무리하고 있다. 〈조선일보〉는 이것이 자사가 발행한 호외가 아니라고 공식 부인했다.

서울에서도 우리 시민들처럼 평화로운 시위대가 어디 있습니까? 요새 누가 보도블록을 부숴 던지길 해요, 화염병을 던지길 해요? 그냥 걸어가다 앞이 막히면 다른 데로 돌아가잖아요. 그런데 경찰이 시위대를 일부러 자극합니다.

질문하신 분께서 갑을관계를 얘기하셨는데, 지난 대선 때 저는 굉장히 절실했습니다. 〈나꼼수〉 활동 중이었는데 정권 교체를 위해 혼신의 힘을 다한다고 했어요. 서너 시간만 잤어요. 할 수 있는 건 뭐든지 하자, 그런 생각을 갖고 있었습니다. 그런데 야권 진영 사람들에게는 이런 절박함이 별로 없는 것 같았어요. 반면 저쪽 갑에 있는 사람들은 오히려 절실했던 모양이에요. 정말 열심히 뛰었습니다. 정권을 잃으면 돈과 권력, 그밖에 모든 걸 잃을 판이었으니까요. 부정을 저지른 죄로 감옥에 가야 하는 사람이 많았으니까요.

사실 뭔가가 바뀔 수 있다는 희망이 보이면 갑질을 함부로 할 수가 없습니다. 중간에 있는 사람들도 양심을 지켜요. 일정하게 균형을 지키면서 이쪽이나 저쪽에 다 보험을 들려고 합니다. 그런데 뭔가 바뀔 수 있다는 판단이 사라지면, 희망이 죽어가면 갑을관계가 더 심화됩니다. 잘못했으면 바꿔야죠. 바꾸겠다는 의지를 보여야죠. 사기에 한 번 당할 수는 있습니다. 그런데 지금은 계속해서 사기치고, 계속해서 거짓말을 하는 구조잖아요. 박근혜 대통령이 자기가 한 공약 중 지킨 게 뭐가 있습니까? 애를 낳아놓기만 하면 정부가 잘 길러주겠다더니 무상보육 제대로 실시했나요? 반값 등록금을 제대로 실현했나요? 농민들 쌀값도 먹고살 만큼 보장해주겠다더니 그 약속을 지켰나요? 백남기 노인이 그 약속 지키라고 광화문에 갔다가 저렇게 되신 것 아닙니까? 이런 게 바뀌지 않으면 갑을관계가 더 심해지고, 기울어진 운동장 저 위편에 있는 사람들이 지배를 더 강화하려 듭니다. 아래편에 있는 사람들은 위쪽으로 기어 올라가려고 애를 쓰지요.

주변에 보면 광주에, 호남에 훌륭하신 분들이 많습니다. 검찰이나 법원, 정부 부처에서 고위 공무원으로 일하시는 분들도 많아요. 그런데 이분들을 만나보면 하나같이 대구 사람보다 더 대구 사람 같습니다. 더 나쁜 놈들이야(청중 웃음). 우리가 바뀐다고 생각할 수 있어야 해요. 바뀐다는 희망이 생기면 지금의 관계도 조금은 무너지지 않을까, 이런 생각을 해봅니다.

신부님은 고 김근태 의원과 각별한 사이였죠? 신부님이 고 김근태 의원을 특별히 아끼셨잖아요?

아름다운 청년, 김근태

함세웅 저는 김근태 의원보다 그의 부인 인재근 의원을 먼저 만났어요. 1970년대 중반 박정희 유신 독재에 맞서 싸울 때 인재근 의원이 여성 노동자들과 늘 함께 명동성당에 왔어요. 전두환 신군부 독재와 싸울 때도 인재근 의원이 늘 앞장섰죠. 저는 인재근 의원을 김근태 씨의 부인이자 인천에서 활동하던 여성 노동자로 알고 있었습니다. 1990년 중반쯤 상도동성당에 있을 때, 이화여대 동문들이 성당에서 모임을 가졌어요. 그때 인재근 의원이 참석했어요. 신기해서 인재근 의원에게 "어떻게 여기에 왔어요?" 하고 물었더니 동료들이 "신부님, 이분이 이화여대 사회학과 출신인 거 모르셨어요?"라고 하더군요. 저는 깜짝 놀랐어요. 김근태 의원과 인연을 갖게 된 배경이에요.

김근태 의원은 1970년대에는 수배로 인해 늘 도피 생활을 했죠. 1980년대 활동을 시작했다가 1983년에 민주화운동청년연합(민청련)을 결성하게 되었는데 모임 장소가 서울 아리랑고개에 있던 상지회관이었어요. 제가 수녀님들께 얘기해서 빌렸습니다. 바로 그곳에서 민청련이 설립되었는데 김근태 의원이 초대 회장으로 선출되었죠. 이때를 전후로 김근태 청년을 자주 만나게 되었는데 경제학과 출신으로 성격도 밝고 모든 일에 신중한 분이었죠. 그런데 이분이 1985년 전두환 독재 시절에 남영동 대공분실에 끌려가 모진 전기고문을 받았지요. 영화로 표현되었지만 그 내용은 형언할 수 없는 아픔이었습니다. 이때 김근태 의원이 전기고문 후유증으로 시꺼멓게 된 발꿈치의 상처를 인재근 의원에게 전달했고 인재근 의원이 기지를 발휘해 증거로 확보했지요.

김근태 의원이 재판 과정에서 저를 뒤돌아보며 몇 번이나 "죄송합니다. 죄송합니다" 하는 거예요. '왜 내게 죄송하다고 하는 걸까?' 하고 의아했는데 그분이 심한 전기고문을 당하던 중에 '배후를 지목하라'고 해서 할 수 없이 저와 권호경 목사님 이름을 댔다는 거예요. 그래서 제가 김근태 의원의 배후가 됐지요. 그분이 석방된 후에 이러한 내용을 들으면서 더욱 동지적 일체감을 갖게 되었답니다.

주진우 제 배후도 언제나 신부님이십니다. 저는 고문 전에 공개적으로 분명히 밝힙니다.

함세웅 출소 후에 환영회를 하게 되었는데 처음에 김근태 의원이 말을 어눌하게 하는 거예요. 고문 후유증이었죠. 그래서 모두들 '야 이제 김근태는 회생하기가 어렵겠구나. 저렇게 어눌하게 평생을 살아야겠구나' 하고 모두들 걱정하며 마음 아파했어요. 저는 그날 "김근태는 모진 전기고문을 이겨낸 불굴의 청년이며, 이런 고통을 이겨내는 초월적 힘을 지닌 인간의 가장 위대한 면을 우리에게 보여주는 구체적 증언자다"라고 칭송했습니다. 그 뒤 기회 있을 때마다 저는 '고문을 이겨낸 초월적 의지의 인간' 김근태를 예찬했습니다. 도스토옙스키가 시베리아 유형 생활을 거치면서 저술했던 자전적 소설 〈죽음의 집의 기록〉의 수용소 생활을 연상케 하는 주인공이었어요. 곧 인간은 모든 동물 중에서 가장 위대한 존재, 불가능을 뛰어넘을 수 있는 위대한 존재라는 것을 저는 김근태 의원을 통해서 늘 확인하곤 했습니다. 그런 의미에서 김근태 의원은 고난과 상처로 얼룩진 우리 한민족과 한반도의 상징이기도 합니다. 사실 형들이 월북했음에도 불구하고 그것을 두려워하지 않고 과감하게 남한의 인권 회복과 민주화를 위해서 투신했던 이 청년의 결단은 분단의 아픔과 특히 종북을 외치는 거짓된 무리들을 이겨낼 수 있는 우리 시대의 희망, 등불이라고 저는 생각했습니다.

그분이 선종하기 두어 달 전, 서울대병원에 입원했을 때 인재근 의원이 제게 김근태 의원 세례를 부탁했어요. 그래서 제가 시간이 있으니 교리 준비한 다음에 미사봉헌하면서 후에 하자고 약속했죠. 그런데 그만 병세가 악화되어 2011년 12월 말에 중환자실에서 세상을 떠났습니다. 그가 선종하기 직전 저는 중환자실로 달려가 그분에게 세례 성사와 함께 마지막 기도를 올리며 하느님께 은총을 간구했습니다. 그래서 그분의 세례명을 인재근 엘리사벳님의 의미를 생각하며 엘리사벳의 남편 즈카리아 예언자의 이름으로 정해드렸습니다.

참으로 과묵한 청년 김근태는 독재와 분단의 아픔 속에서 젊음과 양심을 이 땅의 민주주의를 위해 바친 훌륭한 청년이었어요. 부정과 부패로 얼룩진 정치 현실 속에서도 양심을 지켰던 아름다운 정치인이었습니다. "2012년을 정복하라!"는 그분의 마지막 말씀을 실현하지 못해 우리는 결국 아직도 이명박, 박근혜로 이어지는 어두운 유신 독재 시대에 살고 있습니다. 하지만 김근태의 청년 정신으로 아름다운 민주주의 공동체 그리고 민족의 일치와 화합을 이룩하는 통일 공동체를 이룩했으면 하는 바람입니다.

김근태 의원 장례를 지켜보면서 저는 이러한 지향으로 늘 기도했습니다. "하느님 제발 의인들의 아름다움이 확인되는 아름다운 세상을 일으켜주십시오. 불의한 자들을 송두리째 제거해주십시오."

주진우 전기고문을 당하면서 죽음은 김근태의 코앞에 다가와 있었습니다. 김근태는 "무릎을 꿇고 사느니보다 서서 죽기를 원한다"라는 노래를 속으로 불렀다고 합니다. 김근태는 초인이었습니다. 고문 경찰의 손목시계를 보면서 고문 시간과 내용을 기억했습니다. 전기 충격에 몸서리치면서도 시집간 딸을 걱정하는 고문 기술자, 아들 체력장을 이야기하는 경찰을 기억했습니다. 정신이 몽롱한 상태로 사인을 하면서 고문 경찰 이근안의 이름을 머리에 새겼습니다. 그리고 세상에 알렸습니다. 지금도 김근태 선배의 희생 덕에 우리가 고문 없는 세상에서 살고 있다고 생각합니다.

신부님의 영향으로 저는 김근태 선배를 존경하고 좋아했습니다. 저는 김근태가 우리 시대 지도자가 되기를 바랐습니다. 그래서 참여정부 시절 남영동 대공분실에서 대담을 갖자고 제안했습니다. 국가 폭력을 넘어서는 모습을 보여주자는 의미였어요. 그런데 남영동 이야기가 나왔을 때 선배의 굳은 표정과 부르르 떨던 모습을 잊을 수가 없습니다. "주 기자, 도저히 그건 못 하겠어" 하시더군요. 김 선배는 평생 치과에 가지 못해 치아 상태가 좋지 않았습니다. 치과 의자에 대한 공포 때문이었지요. 치과 의자가 전기고문 의자와 비슷했다고 합니다.

세상을 바꾸겠다는 신념으로 흔들리지 말자

청중3 올해 만 서른입니다. 이번에 세월호 사건을 겪으면서 우리 어린 학생들한테 어른으로서 이런 울타리밖에 되어주지 못한 것 같아 무척 마음이 아팠습니다. 어른으로서, 우리 아랫세대 친구들에게 좀 더 좋은 기성세대의 모습을 보여주고 싶습니다. 좀 포괄적인 질문이긴 합니다만 좋은 어른으로 살기 위해서는 어떤 마음가짐과 자세를 갖고 살아야 할지, 신부님께 여쭤보고 싶어요.

함세웅 글쎄요. 대단히 어려운 질문이네요. 어제 아침에 제가 〈한국일보〉에 실린 서평을 봤는데요. 서울대 종교학과 교수님이 쓰신 책인데 이분이 본래 히브리어 책에서부터 시작해 중동 지방 고어, 성경 등을 공부한 분이라고 해요. 그런데 이분 말씀이 우리 그리스도교가 성경을 너무 문자화해 해석하고 있다는 거예요. 본래 성경이란 것은 교회 건물 안에 갇혀 있는 것이 아닌데도 말이죠. 그러면서 이분이 〈신의 위대한 질문〉이라는 책과 〈인간의 위대한 질문〉이라는 책(배철현 지음, 21세기북스 펴냄)을 잇달아 펴냈어요. 이 책에 보면 구약에서 가장 중요한 하느님의 질문이 "아담아, 너 어디 있느냐?"라는 거예요. 아까 말씀드린 대로 아담과 하와는 (선악과를 따는) 잘못을 저지른 뒤 숨어버렸어요. 그런데 하느님이라면 이들이 숨어도 어디 있는지 다 아실 거 아녜요? 그럼 '요놈아' 하고 그냥 잡아버리면 되지, 왜 그렇게 물었을까라는 의문이 제기되죠. 왜 하느님은 "아담아, 너 어디 있느냐"라고 물었을까? 이를 통해 성서가 우리에게 제시하는 바는 '네가 지금 어디 있느냐? 네가 서 있는 자리가 정말로 바른 자리냐?'라는 질문이라는 게 신학자들의 해석입니다. 그런 끊임없는 질문 앞에서 우리가 살아가야 한다는 것이지요. 신학적으로는 십자가의 예수님, 베들레헴의 마구간에서 태어나신 그 예수님을 생각하면서 우리가 어디를 향해 가야 하는가, 라는 미래지향적인 의문을 끊임없이 일깨워야 한다고도 얘기할 수 있겠죠.

제가 질문하신 분께 드리고 싶은 말씀은 이겁니다. 그간 살아오면서 겪었던 강렬한 체험이 있을 거예요. 그게 10대 때였든 20대 때였든, 그 체험의 아름다움을 간직하면서 그것을 꽃 피우는 삶을 사셨으면 좋겠다는 겁니다. 질문하신 분께서는 앞으로 지금껏 살아온 것보다 더 긴 세월을 살아가실 텐데, 그 세월 동안 어떤 마음으로 살아갈지, 구심점을 갖고 살아갈 수 있으면 참 좋겠어요. 이번 주일의 성서 말씀 주제가 「필립보서」 4장 4절에 나오는 말씀이었어요. "주 안에서 항상 기뻐하라. 내가 다시 말하노니 기뻐하라." 다시 말해 '늘 기뻐하라. 하느님 안에서 기도하고 감사하면서, 이웃의 삶에 관심을 가지면서, 기쁨을 만들고 기쁨을 주는 그런 삶을 살도록 하라'는 거죠. 이 말씀을 나눠드리고자 하니 지금 질문하신 여성분께서 이 내용을 좀 더 크게, 풍요롭게 보완해주시면 참 좋겠습니다.

주진우 현실은 괴로워 죽겠는데 기뻐하라네요(청중 웃음). 저는 그냥 수준 낮은 조언만 하겠습니다. 일단 지금의 미모를 계속 유지하십시오(청중 웃음). 친구들이 시기하고 질투할 정도로 멋지게 사십시오. 그렇게 살다가 말을 붙여오는 남자가 〈조선일보〉를 보면 발로 차버리고(청중 폭소), 〈시사IN〉을 구독한다 하면 한번 만나주세요. 〈애국소년단〉 들으면 밥 한번 먹어주시고요. 그런 식으로 깨어 있는 사람들과 연대를 하면서 즐겁게 잘 놀고 잘 살다가 때가 오면 아까 말씀드린 대로 하면 됩니다.

함세웅 참, 아까 스트레스 얘기를 물어보신 분께 제가 보완 답변을 좀 드릴게요. 우리 주 기자님은 힘들고 어려울 때 욕을 하라고 하셨는데, 그러셔도 됩니다. 대신 그냥 욕만 하면 내 인격이 파괴돼요. 그러니 욕을 할 때는 "하느님!" 이렇게 하느님을 일단 부른 뒤 욕을 하세요. 그럼 그게 기도가 됩니다(청중 폭소). 성경을 보면 「시편」의 기도 중 저주시편이라는 게 있어요. 나쁜 놈, 악한 놈, 침략자들을 향해 "하느님, 이 원수들을 물리쳐주십시오. 죽여주십시오. 후손들을 없애주십시오"라고 저주한 게 기도가 된 거죠. 이런 살아 있는 기도를 하는 것도 스트레스 해소 방법 중 하나입니다.

청중4 함 신부님이나 정의구현사제단 그리고 젊은 청년들의 희생 덕분에 우리가 이렇게 자유와 인권을 누리고 있습니다. 그래서 후배 세대들에게 우리가 꼭 빚을 갚아야 한다는 마음을 갖고 삽니다. 그런데, 제가 지금 걱정되는 것은 이대로 가면 지리멸렬해지면서 우리 대한민국이 그만 가라앉을 것 같아서입니다. 지금 야당 상황을 봐도 호남을 대변한다는 사람들이 야당을 살리기는커녕 죽이는 것으로 보입니다. 박지원·박주선·김한길 의원이나 안철수 의원이나 다들 마찬가지입니다. 물론 비판이야 얼마든지 할 수 있죠. 비난도 할 수 있고요. 그렇지만 야당을 죽이는 게 목적은 아니지 않습니까? 그런데 이걸 막을 수 있는 사람이 대한민국에 보이지 않습니다. 그래서 더 참담합니다. 신부님 같은 원로 지식인, 그리고 양식 있는 지식인들께서 감옥에 한 번 더 가실 마음으로, 이 문제를 해결하는 데 앞장을 서주셨으면 합니다.

함세웅 정치권에 대한 문제는 질문하신 분이나 저나 똑같은 마음입니다. 그럼에도 우리가 말을 좀 아끼고 있는 건, 우리가 함부로 누군가를 지탄하거나 하면 곧바로 조·중·동이 왜곡을 하고 나서기 때문입니다. 그래서 지금 침묵 속에 지켜보고는 있습니다. 선거까지 아직 시간이 좀 남았으니까, 그사이에 우리가 극적으로 변화를 이뤄낼 호기를 만들어낼 수도 있을 거라 기대하고 있습니다. 현재 새로운 신당 운동이 많이 일어나고 있습니다. 이곳 호남에서도, 수도권에서도, 노동자·농민 쪽에서도 그렇습니다. 그런 만큼 박근혜를 반대하는 모든 민주 세력, 또 친일 잔재를 청산하고 민족정기를 세우려는 모든 통일운동 세력이 함께 모여 총선과 대선에서 이길 수 있는 그런 연대의 기틀을 이룩하자는 운동을 지금 계획하고 있습니다. 그러니 조금만 기다려주세요. 제가 대전에서도 비슷한 질문을 받고 "걱정하지 마세요. 애들은 싸워야 큽니다"라고 말씀드렸는데요. 야당 정치인들도 싸워야 큽니다. 그러니 너무 걱정하지 마십시오.

주진우 새정치연합에 희망이 없다고들 얘기합니다. 문재인 대표

288

가 보여준 것도 별로 없습니다. 안철수 의원은 보여준 게 더 없죠. 우리 모두 잘 알고 있습니다. 그런데 잘 생각해봅시다. 지금껏 민주당이나 야당은 보여준 게 없었어요. 잘한 것도 없었습니다. DJ의 경우도 지금이니까 의로운 길을 걸었다고 평가하지, 당시에는 언론이 빨갱이 취급을 했습니다. 임기 말기에는 무능한 사람, 파렴치한 사람 취급을 했고요. 그때나 지금이나 마찬가지입니다.

그렇지만 암흑 속에서도 빛이 보입니다. 문재인, 안철수에 박원순까지, 야당에 후보들이 즐비합니다. 정권과 언론에서 그렇게 폄훼하고 흔들어도 지지율이 떨어지지 않습니다. 야당에 언제 이만큼이나마 거물급 인재들이 있었나요? 저는 기억이 나지 않습니다. 1990년대 후반, 2000년대 초반에는 거의 희망이 없었어요. 그러다 오세훈 시장이 똥볼을 차주고 박원순이 서울시장에 당선되면서 비로소 희망이 반짝거리기 시작했습니다. 지금 좌절이 커서 실망감이 큰 건데, 돌이켜보면 5년 전, 10년 전은 더 어두웠습니다. 그때 제가 여의도에서 정치부 기자를 하고 있었는데, 돌아오는 길에 맨날 울고 왔어요. '이게 사는 건가. 이런 참혹한 현실을 후대에 물려줘야 하나?' 싶어서요. 그때에 비하면 지금은 굉장히 나아지고 있습니다. 신부님도 여기 계시고요, 저도 지금 여기 있습니다. 제가 여기 있다는 건 아직 살 만한 공기가 남아 있다는 거예요. 숨 쉬기도 어려웠다면, 희망이 보이지 않는다면 전 벌써 도망갔을 겁니다, 사실.

함세웅 제가 보완하고 싶은 얘기가 있는데요. 의학에서 말하는 바이러스라는 게 잡았다 싶으면 신종으로 변화가 돼서 골치죠. 그래서 퇴치하기가 굉장히 어렵습니다. 그런데 지금 정치 상황이 신종 바이러스와 비슷해요. 박근혜도 그렇고요.

주진우 그 바이러스는 진짜 좀 독합니다(청중 웃음).

함세웅 신종 쿠데타라 할까요, 신종 바이러스라서 그렇습니다. 이걸 잡을 백신 내지는 좋은 약을 개발해야 하는데 아직 야당에서 이걸 발견하지 못하고 있는 거죠. 그러니 우리 국민 모두가 이 신종 바이러스를 어떻게 퇴치할 수 있을지 함께 연구해야 할 것 같습니다. 이걸 잘 연구해서 새해에는 희망을 갖고 국회에서 새누리당을 완전히 퇴치할 수 있게끔 각성해야죠(청중 박수).

주진우 자, 이제 저희한테 주어진 시간이 다 지났습니다. 광주에 와서 저희가 무슨 얘기를 했나 싶네요. 아까도 말씀드렸지만, 광주에 오면 늘 마음이 무겁습니다.

함세웅 주 기자님은 어떤 신념으로 살고 계세요?

주진우 저는 신념 같은 건 별로 없고요. 좌우명이라고 해야 하나…… 중학교 땐 그런 게 있긴 했어요.

함세웅 중학교 때 좌우명이 뭐였는데요.

주진우 "쪽팔리게 살지 말자"(청중 웃음).

함세웅 쪽팔리게 살지 말자?

주진우 또 있었어요. "멋대로 살자." "멋지게 살자." "돈이 없지 가오가 없냐."

함세웅 '가오'는 일본말이에요.

주진우 죄송합니다(웃음). 그게 제가 책가방 앞에다 써놓았던 문구예요. 사람이 한 번 사는데 좀 멋있게 살아야죠. 그렇게 살다 가면서 사람들한테 "야, 저 친구 참 멋있었어" 이렇게 한 마디 듣는 게 제 소망입니다.

함세웅 네, 주 기자님의 신념의 삶, 다 같이 한번 외쳐주시죠. "쪽팔리게 살지 말자!"(청중 웃으며 한목소리로 "쪽팔리게 살지 말자!")

주진우 아이, 쪽팔리게 이게 뭐예요(청중 폭소). 아무튼 광주시민을 모시고 저희가 신념을 주제로 마지막 강의를 마쳤습니다. 저희가 신부님 덕분에, 광주시민들 덕분에 이만큼이나마 살고 있습니다. 민주라는 물과 자유라는 공기를 마음껏 마시고 있습니다. 고문도 안 당하고 마구 잡혀가지도 않습니다. 그래도 알면 알수록 아직 부족하고 가야 할 길이 먼 것 같습니다. 신부님, 광주시민을 위해 그리고 신념을 갖고 살아가는 이 땅의 많은 민중을 위해 마지막으로 기도 부탁드립니다.

긴 시간 함께해주셔서 감사합니다.

함세웅 고맙습니다.

함께 하는 기도

거룩하시고 영원하신 하느님.

오늘 12월 12일, 한 해를 마감하는 끝 달에 우리의 의로운 도시 광주에 와서 뜻있는 많은 분들과 함께 신념을 기초로 우리 시대를 진단하고 또 고민하고 성찰하며 아름다운 미래를 설계했습니다.

무엇보다 우리 각자의 고민과 아픔과 염원을 헤아리시어 해결해주시고, 또 염원을 일으켜주시기를 간청합니다. 함께한 저희들과 사랑하는 가족들, 남북의 겨레를 기억하고 지켜주시고, 특히 감옥에 갇혀 있는 그리운 형제자매들을 풀어주시며 은총을 나눠주시기를 기원합니다. 제주 강정마을의 평화일꾼들, 밀양 송전탑을 저지하기 위해 애쓰는 주민들, 비정규직 형제자매들, 세월호 참사 희생자들과 가족들, 국정교과서 저지를 위해 애쓰는 많은 청년 학생들과 교사·교수들, 지성인들, 우리 시민들 또한 기억하며 기도합니다. 아픔을 안고 사는 저희들의 시대적 고민과 염원을 들어주시기를 간청합니다.

하느님, 이곳 광주에서 1929년 일제 침략 시기 일본인 학생들의 폭력에 맞서 싸웠던 독립 학생들의 그 굳센 의지와 아름다움, 그리고 여학생들의 모욕을 함께 아파하며 나섰던 남학생들의 그 의기심을 늘 되새깁니다. 1980년 광주의 참상 앞에서 주먹밥을 나르며 시민의식을 갖고 인권을 위해, 자유를 위해, 평화를 위해, 통일을 위해 애쓰셨던 그 고귀한 시민들의 뜻을 되새기며 광주를 기초로 호남, 나아가 남북한 모두에 아름다운 공동체가 이루어지기를 바랍니다.

2015년, 우리가 대단히 암울하고 부끄럽고 아픈 모순의 현실에 처해 있습니다. 그렇지만 우리 각자가 부모님으로부터 물려받은 생명의 고귀함을 늘 생각하며 어릴 적 지녔던 순수함과 진지함, 그리고 지금껏 살아오면서 간직한 가장 진하고 아름다운 체험과 신념을 기초로 우리 자신과 우리 가정, 공동체, 이 세상을 변화시키고자 합니다. 하느님, 이 같은 저희들의 염원을 받아주시고 수렴해주셔서 꼭 실천해주십시오. 우리의 뜻이 정치인들에게 전달되어 정치인들이 자신들의 책무를 깨닫고 우리 국민들을 위해 봉사자의 아름다운 삶을 살게 해주십시오. 분열을 넘어 불의한 친일 잔재, 독재 잔재, 유신 잔재, 분단 세력, 부패 세력, 신자유주의, 부패 관료, 썩은 언론인들을 퇴치하고 아름다운 공동체를 이룩할 수 있도록 우리 국민과 정치 세력, 사회단체 모두를 하나로 묶어주십시오.

선거를 통해 이 세상과 현실을 바꾸겠습니다. 오늘 우리와 함께한 시민들, 그리고 우리 동지들이 앞장서겠습니다. 저희를 통해 우리 지역과 우리 사회 모두를 아름답게 변화시켜주시고, 아름다운 꿈을 이룩하는 주님의 아름다운 증언자이자 복음의 선포자가 되게 해주십시오. 함께한 저희들과 사랑하는 이웃 모두를 영육간에 축복해주시고, 함께한 주진우 기자와 〈시사IN〉의 모든 기자들을 축복해주시며, 사회를 밝게 하는 소금과 빛이 되게 해주십시오.

우리 각자의 염원을 하느님이 아시오니 다 드러나게 해주소서. 이 모든 것을 성령 안에서 우리 주 예수 그리스도를 통하여 비나이다.

성부와 성자와 성령의 이름으로 아멘.

누가 우리 시대 지도자인가

2015년 가을 주진우 기자와 역사, 정치, 민주, 통일, 신념 등 다섯 가지 주제로 서울, 부산, 대구, 대전, 광주에서 이야기 마당을 열었습니다. 다섯 마당 얘기를 글로 엮어 이렇게 책으로 출간하니 매우 기쁩니다.

주 기자와 함께한 이야기 마당은 10여 년 전 만난 또 다른 청년 주진우를 찾아가는 과정이었습니다. 정의가 무너지는 세상에 분노하지만 늘 새롭고 아름다운 공동체를 만들겠다는 열정이 넘치는 젊은이들을 만나는 자리였습니다.

이야기 마당을 시작한 때는 올해 총선을 앞둔 시점이었습니다. 아주 많은 분들이 다가오는 4·13 총선에 대해 비관적으로 생각했고 수구 세력의 독재는 더욱 기승을 부려 우리 사회 공동체의 미래는 암울할 것이라 예측했습니다. 그런데 결과는 뜻밖이었습니다. '뜻밖'이라는 점을 신학적으로 해석하면 그것은 바로 '하늘의 섭리'입니다. 그렇습니다. 현실과 역사에는 언제나 뜻밖의 사건이 있습니다. 그러나 '뜻밖의 사건'도 엄밀하게 분석하면 필연의 결과입니다. 이를 우리는 역사적 교훈이라고도 합니다. 깨어 있는 시민이 역사와 정치를 바꾼다는 정언과도 상통하는 가르침입니다.

선거 결과에 대해 우리는 모두 국민의 절묘한 선택, 아름다운 선택이라고 흐뭇해하고 있습니다. 그러나 여기에 머물러서는 안 됩니다. 2017년은 1987년 6월 민주항쟁 30돌을 맞는 해이며 대통령을 바꾸는 해입니다. 6월 항쟁 같은 결집으로 오늘의 정치, 경제, 사회, 언론을 훨씬 능가하는 청년 시민 문화, 통일 시대를 이룩하여 새로운 미래를 설계해야 합니다.

진정한 민주주의 실현과 남북의 화해와 일치를 염원하며 이 책을 읽는 독자들과 함께 다음의 몇 가지 주제를 좀 깊이 생각하고 싶습니다.

'불법적인 폭력으로 지배'하는 나라, 대한민국

'저주받은 자들아, 나에게서 떠나 악마와 그 부하들을 위하여 준비된 영원한 불 속으로 들어가라.'(「마태오」 25장 41절)

한국의 사법부, 경찰 등 주요 공안 담당 기구들은 권력을 보위

하는 수단으로 존재했습니다. 참으로 가슴 아픈 일이지만 우리 사회에서 독재가 가능한 이유입니다. 일제가 36년 동안 조선을 강점하며 통제와 억압 그리고 수탈을 자행한 지배 수단은 강력한 군부와 경찰력을 중심으로 한 행정 권력이었습니다.

이승만과 친일파가 반공이라는 냉전시대의 이분법적 사고로 국가권력을 장악하고 미군정을 통해 합법적으로 독재가 가능한 바탕을 만든 것입니다.

5·16 군사반란으로 권력을 장악한 박정희 일당은 중앙정보부를 창설해 행정 권력을 통제하고 민주주의와 통일을 지향하는 민주 시민과 청년, 학생 들을 억압했습니다. 전두환의 광주민주항쟁 유혈 진압은 국민을 통제와 억압, 수탈의 대상으로 생각하는 한국 현대사의 상징입니다.

제가 이야기 마당을 시작한 역사적 사건은 유신 시대입니다. 불법적인 3선 개헌으로 권력을 연장한 박정희는 유신 악법을 만들고 자신과 권력에 저항하는 모든 사람을 불법으로 감금하고, 폭행하고, 죽였습니다. 심지어 헌법을 개정해야 한다고 말하는 것조차 국가 변란 사건으로 조작한 시대였습니다. 무섭고, 엄혹하고 암울하기만 했던 그 시기에 미래가 보장된 청년, 학생 들이 자신의 생명과 삶을 담보로 민주주의와 통일을 위해 투쟁했고, 그분들이 저와 우리 동료 사제들을 세상 한가운데로 불러내 함께 하자고 초대했습니다.

지난 40여 년간 급격히 도시화가 진행되었고, 학교가 늘어나 국민들의 정신과 지적 능력이 향상되어 민주주의와 통일에 대한 생각과 방안이 다양한 방식으로 진전되었습니다. 그러나 공안 기관을 중심으로 한 행정 권력은 독재를 보위하는 수단으로 군림하며 교묘한 수단과 방법으로 여전히 국민을 폭력적으로 통제하고 억압하고 있다는 명백한 사실을 우리는 기억해야 합니다.

민주주의는 정의 실현입니다

'너희는 무엇보다도 먼저 하느님의 나라와 정의를 구하여라. 그러면 그 외 모든 것은 덤으로 받을 것이다.' (「마태오」 6장 33절)

그렇습니다. 톨스토이는 『부활』에서 이 성경 말씀을 결론의 주제어로 선택했습니다. 사람들은 먼저 구해야 할 정의는 뒤로한 채, 덤에만 매몰되어 있으니 이 세상이 온통 범죄와 탐욕, 전쟁과 싸움으로 점철되어 있음을 지적하고 있습니다. 그렇습니다. 정의가 하느님의 대표적 속성이며 사회 공동체의 기본 핵심 요소입니다. 그 때문에 아우구스티누스는 『신국론』에서 "정의가 없는 국가는 거대한 강도 집단"이라고 했습니다.

친일과 독재를 정당화하는 수단으로 역사를 왜곡하고, 권력을 유지하기 위해 재벌을 옹호하고 경제 독점을 통해 노동자와 국민을 수탈의 대상으로 하는 모든 사회 제도는 혁파하고 개혁해야 합니다. 1인당 국민소득이 3만 달러 수준에 이른다고 합니다. 경제협력개발기구OECD 가입국 중에서 한국의 경제 성장률은 최상위입니다. 그럼에도 불구하고 절대 다수 국민의 삶이 갈수록 어려워지고 있습니다. 나눌 재화가 부족한 것이 아니라 부의 잘못된 분배 정책으로 불평등을 조장하는 정책이 문제입니다. 모든 국민의 교육, 의료, 주거와 생존은 사회가 보호해야 하는 보편적인 인권입니다.

한국 사회 개혁은 합의제 민주주의 실현을 위한 선거 제도에서 시작됩니다

'망할 것들!

권력이나 쥐었다고 자리에 들면 못된 일만 꾸몄다가

아침 밝기가 무섭게 해치우고 마는 이, 악당들아!

탐나는 밭이 있으면 빼앗고

탐나는 집을 만나면 그 집과 함께 임자도 종으로 삼고

밭과 함께 밭주인도 부려먹는구나!

나, 야훼가 선언한다.

나 이제 이런 자들에게 재앙을 내리리라!' (「미가예언서」 2장 1~3절)

정치와 사회 모든 제도는 공동선을 실현하는 수단입니다. 그러나 우리 국가 공동체를 유지하는 사법, 행정, 입법 제도와 모든 사회 제도는 권력을 보호하는 방편으로 사용되고 있습니다.

국민들의 정치 혐오는 지역주의에 안주한 무능한 정치인들에게서 비롯된 것이며, 정당의 가장 큰 기득권은 영호남을 분할해 정치를 독점하는 것입니다. 지금의 선거 제도는 정책 대결보다 상대방을 비난하는 지역감정으로 당선이 보장되는 적대적 공생 정치의 결과입니다. 선거 제도 개혁을 통해 정치를 복원함으로써 청와대 중심의 행정부 독재를 끝내고 균형과 견제라는 진정한 삼권분립의 민주주의를 실현할 수 있습니다.

민주주의 실현과 남북 화해와 일치를 실천하는 대통령을 뽑아야 합니다

'너희 가운데에서 높은 사람이 되려는 이는 너희를 섬기는 사람이 되어야 한다.' (「마르코」11장 43절)

일제강점기에 누구나 살기 위해 크고 작은 친일 행위를 했습니다. 그 모든 행위를 단죄할 수는 없습니다. 그러나 자신과 그 일족을 위해 나라와 민족을 팔고, 일제의 주구로 민족 공동체를 탄압하는 데 앞장서 부귀영화를 누렸다면 그는 매국노, 친일파입니다. 역사와 민족의 이름으로 준엄하게 비판하고 처단해야 합니다. 권력을 유지하기 위한 수단으로 국민을 탄압하고 죽였으면 독재자입니다. 어떤 방법으로든 이를 미화하고 정당화하려는 행위와 수단은 그저 독재의 연장일 뿐입니다.

갈라지고 흩어진 민족 공동체는 화해와 협력을 통해 일치를 이루어야 합니다. 부모, 형제, 자매, 친척으로 이루어진 가족은 이념을 초월합니다. 민족 문제는 이념을 넘어서는 것입니다. 한국 사회 지도자는 적어도 민족의 화해와 일치를 이루고, 친일과 독재를 정당하게 비판하고 우리 사회 공동체 구성원 모두가 이에 대한 분명한 가치관을 정립하도록 이끌어야 합니다.

이러한 역사관과 가치관으로 스스로 헌신과 희생을 실천하는 사람이 우리 시대의 지도자가 되어야 합니다.

민족의 화해와 일치, 고통 받고 억압받는 모두가 세상의 주인 되는 아름다운 민족 공동체를 위해 기도합니다.

감사합니다.

2016년 8월 함세웅 신부